암흑의 조선

暗黒なる朝鮮

이시준 · 장경남 · 김광식 편

제이앤씨
Publishing Company

식민지시기 일본어 조선설화자료집 간행사

1910년 8월 22일 일제의 강점 이후, 2010년으로 100년이 지났고, 현재 102년을 맞이하고 있다. 1965년 한일국교 정상화 이후, 한일간의 인적・물적 교류는 양적으로 급속히 발전해 왔다. 하지만 그 양적 발전이 반드시 질적 발전으로 이어지지 않았음이 오늘날의 상황이다. 한일간에는 한류와 일류, 영화, 드라마, 애니메이션, 만화, 음악, 소설 등 상호 교류가 확대일로에 있지만, 한편으로 독도문제를 둘러싼 영유권 문제, 일제강점기의 해석과 기억을 둘러싼 과거사 문제, 1930년대 이후 제국일본의 총력전 체제가 양산해낸 일본군 위안부, 강제연행 강제노역, 전쟁범죄 문제 등이 첨예한 현안으로 남아 있다.

한편, 패전후 일본의 잘못된 역사인식에 대한 시민단체와 학계의 꾸준한 문제제기가 있었고, 이에 힘입은 일본의 양식적 지식인이 일본사회에 존재하는 것도 엄연한 사실이다. 이제 우리 자신을 되돌아보아야 한다. 우리는 일제 식민지 문화와 그 실체를 제대로 규명해 내었는가? 해방후 행해진 일제의 식민지 문화에 대한 비판적 연구가 행해진 것은 사실이지만 그 실체에 대한 총체적 규명은 아직도 지난한 과제로 남아 있다.

일제는 한국인의 심성과 사상을 지배하기 위해 민간설화 조사에 착수했고, 수많은 설화집과 일선동조론에 기반한 연구를 양산해 냈다. 해가 지나면서 이들 자료는 사라져가고 있어, 서둘러 일제강점기의 '조선설화'(해방후의 한국설화와 구분해, 식민시기 당시의 일반적 용어였던 '조선설화'라는 용어를 사용) 연구의 실체를 규명하는 작업이 요청된다.

이에 본 연구소에서는 1908년 이후 출간된 50여종 이상의 조선설화를 포함한 제국일본 설화집을 새롭게 발굴하여 향후 순차적으로 자료집으로 출간하고자 하니, 한국설화문학・민속학에서 뿐만이 아니라 동아시아 설화문학・민속학의 기반을 형성하는 기초자료가 되고, 더 나아가 국제사회에서의 학문적 역할을 증대하는데 공헌할 수 있기를 바라마지 않는다.

숭실대학교 동아시아언어문화연구소

소장 이 시 준

우스다 잔운(薄田斬雲)과 『암흑의 조선(暗黒なる朝鮮)』의 「조선총화」

김광식, 이시준

1 머리말

근대 설화연구가 민간설화의 채집과 그 체계적인 분류를 통해 본격적으로 시작되었다고 할 때, 설화집에 대한 구제적인 검토가 요청된다. 본 총서에서는 근대 시기 일본어로 채집된 자료집을 다루고자 한다. 최인학의 지적 이후,[1] 선행 연구에서는 일본어 최초의 자료집으로 다카하시 도루(高橋亨; 1878-1967)의 『조선의 물어집 및 속담(朝鮮の物語集附俚諺)』(日韓書房, 이하 『조선 이야기집』으로 약칭)을 들고 있다. 물론, 다카하시의 『조선 이야기집』은 설화와 고전소설만을 취급한 본격적인 자료집으로, 1910년에 간행된 설화집으로 그 가치가 있다. 그러나 그 보다 2년 전에 같은 출판사에서 발행된 우스다 잔운(薄田斬雲; 1877-1956)의 『암흑의 조선(暗黒なる朝鮮)』(京城 : 日韓書房, 1908)에 최초의 설화집이 수록되어 있음을 확인할 수 있다. 기존 연구에서는 우스다에 대해 전혀 언급되지 않았지만, 이번 출간을 통해

1) 최인학은 1970년대에 이미 「아마도 일본인이 출판한 것 중 최초」의 자료집이라 평가했으나, 「주의를 끄는 점은 발단부분에 〈지금은 옛날(今は昔)〉식의 표현을 각 이야기마다 적용하고 있는데, 이는 일본의 설화집 『今昔物語集』의 수법을 다카하시가 적용하고 있다고 사료된다. 그러나 이런 표현은 한국 설화연구에 대한 오해의 소지가 있다」고 지적했다(崔仁鶴, 『韓国昔話の研究　その理論とタイプインデックス　』(東京 : 弘文堂, 1976, 13　14쪽).

재검토가 요구된다.

2 경성일보 기자 우스다 잔운

현재 한국에서도 일본에서도 우스다는 거의 생소한 인물이지만, 우스다는 근대 일본문학 이론의 선구자 쓰보우치 쇼요(坪内逍遥, 본명은 유조雄蔵 1859-1935)의 제자로, 자연주의적 경향의 소설가로 활약했다. 그 후 언론인, 편집인, 집필가로 활동하며 다수의 저작을 남기고 있다. 『일본 근대문학 대사전(大事典)』(1977)에는 우스다에 대해서 다음처럼 기록되어 있다.

우스다 잔운(薄田斬雲; 1877-1956) 소설가, 저널리스트. 아오모리현 히로사키시 출신. 본명은 사다타카(貞敬). 1899년 동경 전문학교 문학과 선과(選科)를 졸업, 경성일보 기자, 와세다 대학 출판부 편집원이 됨. 1904년부터 1907년 전후에 왕성하게 활동하고, 「몽기(흐릿한 기운; 濛氣)」(『太陽』1906. 12), 「평범한 비극(平凡な悲劇)」(『新小説』1907.7)등 단편소설 외에, 희곡, 번역, 수필 등을 『태양(太陽)』, 『신소설(新小説)』, 『와세다문학(早稲田文学)』, 『취미(趣味)』에 집필. 저서로는 『천하의 기자 天下之記者(山田一郎君言行録)』(1906.5, 実業之日本社), 『편운집(片雲集)』(1906.8, 敬文社), 『요보기(ヨボ記)』 등.[2)]

우스다가 1906년에 집필한 『천하의 기자』는 야마다 이치로(山田一郎; 1860-1905)라는 프리 저널리스트의 전기로, 야마다는 동경 전문학교(와세다 대

2) 大塚豊子「薄田斬雲」, 日本近代文學館編, 『日本近代文學大事典』第1巻(東京:講談社, 1977, 202쪽).

학의 전신)의 설립에도 관여한 인물이다. 『천하의 기자』와 수필집 『편운집』에는 쓰보우치 쇼요의 추천사가 실려 있다.

위의 인용문 중 우스다가 경성일보 기자로 활동했고, 『요보기(ヨボ記)』를 간행했다는 서술은 우리의 관심을 끈다. 우스다는 1908년 6월에 경성(지금의 서울)의 일한서방에서 『요보기』를 간행한다. 우스다는 '여기야'나 '여기 봐'처럼 사람을 부르는 표현인 '여보'에 고의적으로 비슷한 일본어 발음인 老耄(노모; 노망나다, 늙어빠지다)라는 한자를 병용하고 있다. 그러나 일본인 조선어연구자 가지이 노보루(1927-1988)의 지적대로 '요보'란 '야'정도의 호칭으로도 여겨지고, '이 조선 놈'으로도 여겨진다. 즉 우스다에 의하여 '여보'는 완전히 본래의 의미를 벗어나, 이질적인 일본어인 '요보'로 변하게 된 셈이다.[3] 이처럼 조선인의 차별어로 변형된 '요보'는 식민지기에 널리 정착되었고, 식민지기에 일본인 중에서도 요보의 사용은 "지극히 잘못된 것임"을 지적하는 주장까지 나올 정도였다.[4] 우스다의 『요보기』는 차별용어를 보급시킨 책으로도 기억해 둘 필요가 있다.

『요보기』에 수록된 「경성의 일년」에 따르면, 우스다가 "처음으로 경성에 온 것은 1907년 2월 24일 밤"[5] 이었다. 1909년 4월 잡지 『조선』(일한서방)에 기고한 글에는 경성에서 동경으로 귀국했음을 알리고, "2월 하순의 오후, 왜성대에 올라"[6] 남산에서 경치를 조망했다는 기록이 있는 것으로 보아, 우스다는 1907년 2월부터 1909년 3월 경까지 약 2년간에 걸쳐 경성일보 기자를 역임했다고 추정된다.

『경성일보(京城日報)』는 초대 조선총감 이토 히로부미의 주창으로 창설

3) 梶井陟, 『朝鮮語を考える』(東京 : 龍渓書舎, 1980), 35쪽.
4) 松田甲, 『朝鮮漫録』(京城 : 朝鮮総督府, 1928)의 「요보라는말(ヨボという語)」(174쪽)을 참고.
5) 薄田斬雲, 『ヨボ記』, 112쪽.
6) 薄田斬雲, 「餘寒の東京」, 『朝鮮』3巻2號, 1909.4, 77쪽.

되어, 조선총독부의 모든 시정방침이나 정치선전은 본지를 중심으로 행해졌다. 원래 『경성일보』는 옛 주한 일본공사관의 기관지였던 『한성신보(韓城新報)』와 『대동신보(大東新報)』를 매수, 합병하여 이토가 『경성일보』라 명명한 것이다.[7] 1906년 9월 1일에 창간된 경성일보는 다음해 4월 21일까지 일본어판과 한글판을 동시에 발간하는 등 조선인을 의식한 신문으로 조선인에게 끼친 영향을 엄밀히 검토할 필요가 있다. 그러나 1945년 12월까지 발행된 경성일보의 초기 기사는 소실되어 1915년 9월 2일 이후의 기사만을 확인할 수 있다. 한편 2002년 前 동경대 교수인 식물학자 마키노의 표본에 쌓인 신문 중에 1907년부터 1912년에 걸친 20일 여치의 경성일보가 발견되었으나,[8] 경성일보의 초기 상황을 파악하기에는 한계가 있어 여기에서는 회고기사를 통해 우스다가 재직했던 당시의 상황을 복원하고자 한다.

창간 당시 경성일보의 사장은 이토 유칸(伊東祐侃: 前 오사카 아사히 신문 편집장)이었다. 당시 신문계는 군웅할거 상황으로 경영이 곤란하였으나 "점차 안정되어, 1908년 6월 이토씨가 사직하고, 오오카(大岡力)씨가 이를 대신하여 새로운 방침을 정해 적극주의를 취하고 1909년 4월 곤란을 극복하고 양반, 유생 및 실업가로 구성된 관광단을 조직, 친히 일본의 실황을 시찰하여, 일선 융합을 도모하는데 매우 양호한 결과를 거두었다"[9] 고 경성일보 사지는 기록하고 있지만, 실제로는 내부 사정이 매우 복잡했다.

이토 사장과 경영을 담당했던 도리고에(鳥越圓次郎), 총감부 담당기자

---

7) 李錬, 「朝鮮総督府の機関誌『京城日報』の創刊背景とその役割について」, 『メディア史研究』21, 2006.12, 89쪽. 경성일보에 관한 연구로는 정진석 「총독부 기관지 경성일보 연구」, 『경성일보』1(서울: 한국통계서적센타, 2003)와 森山茂徳, 「現地新聞と総督政治－『京城日報』について－」, 川村湊他編, 『岩波講座 近代日本と植民地7 文化のなかの植民地』(東京: 岩波書店, 1993)등을 참고.

8) 정진석, 「해제 식물학자 마키노(牧野富太郎)의 표본에 숨어있던 경성일보」, 『경성일보 補遺編』(서울: 한국교회사 문헌연구원편, 2003)을 참고하였다.

9) 藤村忠助編, 『京城日報社誌』(京城: 京城日報社, 1920), 2-3쪽.

다케다(武田卓二) 등에 대해서 배척의 기운이 고조되었는데, 그 중심 인물은 주필 핫토리 노보루(服部暢; 前 동경 아사히 신문 기자)였다. 핫토리는 편집과 인사권을 쥐고 있었는데, 여기에 마키야마(牧山耕藏; 1913년 조선공론사 사장 겸 편집인, 조선신문사 사장 역임), 마루야마(丸山幹治, 丸山侃堂; 前 일본신문 기자, 1920년대 중반 경성일보 주필이 됨)와 회계 및 영업을 담당한 마쓰모토(松本雅太郎) 등이 가세하였다. 이런 상황은 경쟁 신문사에 의해 가십 기사거리가 되었고, 결국 이러한 대립이 원인이 되어 이토 사장과 핫토리 주필은 1908년 사직하게 된다.10)

앞서 언급했듯이 초기 경성일보의 인사는 핫토리에 의해 이루어졌다. 핫토리는 당시 와세다 대학 강사였던 다나카 호즈미(田中穂積; 1876-1944)의 권유로 경성일보에 전직을 결심하게 되었다. 마루야마 또한 다나카와 동향 나가노현 출신으로, 다나카가 핫토리에게 추천하여 입사하였다. 한편, 1882년생으로 1906년에 와세다 대학 문학부 정치경제과를 졸업한 신입사원 마키야마는 와세다 대학의 설립자의 한 사람인 다카다 사나에(高田早苗; 1860-1938)가 핫토리에게 추천하여 입사하였다.11)

이처럼 초기 경성일보의 인맥은 와세다 대학을 중심으로 한 인맥이 강했음을 알 수 있다. 우스다 역시 이와 관련되었을 것으로 추정되는데, 구체적 증거는 찾을 수 없었다. 마루야마는 창간 반년 후에 "우스다 잔운이 사회부 담당으로 부임하여 어느 정도 진용(陣容)이 정비되었다"12) 고 진술할 뿐이다.

10) 藤村生(藤村忠助),『京城日報社由来記　歴代社長の能不能と其退社理由』,『朝鮮及滿洲』(202, 1924.9.)를 참고.
11) 丸山幹治,『二十年前を回顧して』,『朝鮮及滿洲』(233, 1927.4.)를 참고하였다.
12) 丸山生,「創刊當時の思出」(二),『京城日報』1926.9.2, 2면.

3 조선 체류시의 집필 활동

만 30살이 되어 조선에 부임한 우스다는 2년간 경성일보 기자로 일하면서, 일한서방의 월간 종합잡지『조선』에 다음과 같은 글을 기고하고, 3권의 단행본을 일한서방에서 출간했다.

잡지『조선』 게재 작품	단편「몰락 没落」(1巻2號, 1908.4) 고전소설「여장군 (백학전) 女将軍(白鶴傳)」(2巻6號, 1909.2) 고전소설「여장군 (백학전 속) 女将軍(白鶴傳 接前)」(3巻1號, 1909.3) 수필「변함없는 동경 依然たる東京」(3巻1號, 1909.3) 수필「여한의 동경 餘寒の東京」(3巻2號, 1909.4)
단행본	『요보기』(1908.6), 『암흑의 조선』(1908.10) 『조선만화(漫畵)』(1909.1)

잡지『조선』에 실린 글 중「여장군(백학전)」이 특히 주목된다.「여장군(백학전)」은 한국의 고전소설『백학선전(白鶴扇傳)』을 압축한 내용이다. 선행연구에 따르면『백학선전』은 수많은 이본이 유포되었음을 확인할 수 있다. 이본 중「여장군(백학전)」이라는 표제는 없으며,「백학전」이라는 표제로 간행된 이본은 2종이 확인되나,[13] 한글을 읽지 못했던 우스다가 이를 직접 번역했다고 볼 수는 없고, 조선인에게 초역을 부탁했거나 전해들은 이야기를 바탕으로 개작했다고 여겨진다.[14] 한편, 구한말 부산 세관에 근무

13) 김명한,『「백학선전(白鶴扇傳)」연구』, 한국교원대학교 석사논문, 2003, 8-9쪽.

14) 우스다는 1913년에 평양의 기생학교 교과서를 번역하여 싣고 있는데, "나는 언문을 읽을 수 없기에 일어학교를 졸업하고 일본어를 잘하는 한인에게 번역시켰다"고 밝히고 있다(薄田斬雲,「朝鮮の俗謡」, 青柳綱太郎編,『朝鮮』(京城 : 朝鮮研究会1913), 117쪽).

했던 아르노스(H.G. Arnous)가 1893년 독일어로 간행한 『조선 설화와 전설』에는 「견우와 직녀(별들의 사랑)」가 실려 있는데, 그 기본 토대는 『백학선전』을 중심으로 이루어져 있다. [15] 기존에 알려진 『백학선전(白鶴扇傳)』 이본보다 아르노스가 채록한 것과 우스다의 「여장군(백학전)」의 내용이 매우 흡사하여 두 자료의 영향관계 및 비교 검토가 필요하다 할 수 있겠다. 한편 아르노스의 독일어본은 일본의 아동문학의 창시자로 알려진 이와야 사자나미(巖谷小波, 大江小波; 1870-1933)에 의해 개작되어 「별의 인연(星の縁)」으로도 수록되어 흥미롭다. [16]

『조선 만화』의 삽화는 경성일보사에서 그림과 교정을 담당했던 도리고에(鳥越靜岐)가 담당했다. 일한서방에서 출간된 조선잡지사편의 『한국요람(韓國要覽)』(1909.10)의 뒷면에 실려 있는 광고 문안에는 『요보기』와 『암흑의 조선』의 재판 간행 소식을 전하고 있다. 경성일보의 초기 기사 소실로 인해 현재로서는 확인할 방법이 없으나, 3권의 단행본은 경성일보에 연재되었을 가능성도 있다. 『요보기』에는 「횡성수설 한국 이야기(珍紛韓話)」가 수록되어 있는데, 전술한 마키노 식물학자의 표본에 숨어 있던 1909년 10월 24일치의 5면에는 「횡성수설 한국 이야기」가 계속해서 연재되고 있음을 확인할 수 있다.

---

15) 아르노스, 송재용, 추태화역, 『조선의 설화와 전설－아르노스가 기록한 조선의 이야기－』(서울: 제이앤씨, 2007)의 역자 서문을 참고하였다.

16) 사자나미(大江小波)는 『세계 옛날이야기 문고(世界お伽文庫)』28冊(東京 : 博文館, 1912)에 「별의 인연(星の縁)」을 수록했다. 개정판(『改訂袖珍世界お伽噺』3集1918、10集1922)에는 「별의 인연」을 비롯하여 「돌의 행방(石の行方, 이른바 개와 고양이 불화의 유래)」, 「큰뱀의 꿈(大蛇の夢, 홍길동전의 번안)」등 3편이 아르노스의 독일어판을 저본으로 번안, 수록되었다.

4 「조선총화」에 대해서

우스다가 조선체재시 출판한 3권의 단행본 중 『조선만화』는 삽화와 더불어 조선의 견문을 키워드 별로 간결하게 정리한 책이고, 『여보기』는 조선 체류 1년간의 경험을 바탕으로 한 수필집이다. 우스다는 『암흑의 조선』 서문에서 "본서는 조선의 암흑을 향해 성냥을 한 개비를 태운데 불과하다. (중략) 본서는 저서인지 편저인지 모르겠다. 타인의 기록을 발췌한 부분도 있고, 재료 수집(蒐集)상 어쩔 수 없으므로 양해를 바란다"고 기록하고 있다.[17] 『암흑의 조선』은 아직 알려지지 않은 조선을 일본인 독자에게 전할 목적으로 간행된 책인데, 군데군데 조선의 풍습을 미신으로 규정하는 등 근대 문명인 우스다의 차별관이 보이기는 하지만, 조선에서 집필한 3권의 단행본 중 조선의 풍습과 민속을 가장 충실히 기록하고 있다. 귀신의 종류, 무녀, 용신제, 결혼에서 장례까지의 풍습, 조선의 가요, 조선인이 지은 하이쿠[18] 등이 실려 있다. 위의 우스다의 기술과 같이 타인의 기록을 발췌한 조선인이 지은 하이쿠 등도 흥미롭지만, 가장 주목되는 것은 「조선 총화(叢話)」이다. '총화'라는 용어는 조선시대 전기의 학자 성현의 『용재총화(慵齋叢話)』를 연상시키지만, 여기에서 따온 것 같지는 않다. 『용재총화』는 1909년 일본인의 의해서 조선고서간행회에서 간행된 『대동야승(大東野乘)』에 수록되면서 일본인 사이에도 알려지게 되는데, 우스다의 책은 그 일년 전에 출판된 것이다.

다카하시의 『조선 이야기집(朝鮮の物語集)』이 '물어(物語; 이야기)'라는 일본식 용어를 사용한 것처럼, 우스다 역시 '총화'라는 당대 일본 개념을

17) 薄田斬雲, 『暗黑なる朝鮮』(京城:日韓書房, 1908)의 서(序).
18) 5,7,5조로 구성된 일본의 정형시.

사용한 것으로 보인다. 최신판 일본사전 『고지엔(広辞苑)』에도 '총화'란 "여러 이야기를 모은 것"이라 설명되어 있는데, 근대 일본 초기에는 설화집이라는 의미로 사용된 예가 있다. 번역시의 대가로 알려진 우에다 가즈토시(上田万年; 1867-1937)가 번역한 그림 동화 『늑대(おほかみ)』(東京: 吉川半七, 1889)는 가정 총화(家庭叢話) 1권으로 출판되었다. 우스다가 이 책의 존재를 인식했는지는 알 수 없지만, "조선의 총화도 일본과 마찬가지로, 대개는 동물이 사람으로 변하는 것은 있지만, 서양처럼 마술 할멈 이야기 등은 거의 없다"(163쪽)라는 기록으로 보아 '총화'를 설화로 인식했음이 분명하다.

『암흑의 조선』의 본문은 267쪽인데, 그 중 「조선총화」는 163쪽에서 232쪽에 걸친 70쪽 분량이다. 27편이 수록되어 있는데, 회화체로 간결하게 서술되어 있다. 전술한 바와 같이 우스다는 조선의 가요, 속요 및 고전소설 『백학선전』 등에도 관심을 지니고 이를 기록하였는데, 「조선총화」에는 속담 〈(2) 올챙이 시절을 잊지마라〉를 제외하고는 순수하게 설화만을 수록하고 있다. 설화의 채집 경로에 대한 언급은 없지만, "한인 사이의 전설에 의하면"(164쪽), "한인의 이야기에 의하면(180쪽)", "유행했다고 전해지고 있다"(202쪽), "왜냐고 한인에게 물어보니"(221쪽) 등의 표현이 있어, 구전을 채록한 흔적이 보인다. 또한 〈(21)뱀의 기원〉의 서두는 "이것 또한 한인의 이야기에 의한 것으로"로 시작되고 있는데, 당시의 구전을 기록했을 가능성이 높다. 수록작품 중에는 불교와 관련된 설화가 많이 있는데, '스님'(僧さん 184쪽, 197쪽 등), '명승'(名僧 186쪽), '중'(坊主 202쪽, 225쪽 등), '땡추중'(賣僧 218쪽) 등 여러 호칭이 존재하여 있어, 복수의 화자(話者)에 의해 채록되었을 가능성을 시사해 준다.

수록된 작품과 시간적 공간적 배경은 〈표1〉과 같다.

〈표1〉「조선총화」에 수록된 작품 및 배경

작품명	등장 인물명	시간적 공간적 배경	비고
(1)국왕이 될 상	수리, 탈해	신라 초기	
(2)올챙이 시절을 잊지마라			속담
(3)출세한 거지	복동이		
(4)동대문과 수표교		동대문과 수표교	
(5)토끼의 지혜			
(6)낙지 입도			
(7)불사의 승		신라시대, 경상도	
(8)전생의 친구	이서방, 김서방	청일전쟁의 40년전	청일전쟁후 객사함
(9)토끼의 간계			
(10)알에서 탄생했다	단군, 혁거세, 탈해		
(11)조선 우라시마		경상도 합천 해인사	청일전쟁때 목도장 분실됨
(12)용의 물			
(13)뇌물의 시작		오백년전	
(14)불교 개종자	김모씨	전라도 지리산, 용산 노들	
(15)고양이와 시체	사제	이백 사오십년전	경어체로 작성됨
(16)까마귀의 말	사제 모제 형제		경어체로 작성됨
(17)효행의 착오			
(18)땅속의 부처		고려시대	
(19)여우의 지혜			
(20)용의 왕족		고려시대	

(22)나병 기담	이모 관찰사	삼백년전	
(23)뱀 이야기			
(24)일곱번째 공주			
(25)준치의 불평			
(26)말 도둑	이모 명군수	동대문	
(27)궁수의 실책			

5 「조선총화」의 분류와 특징

우스다는 설화 수록에 앞서 설화 속의 동물에 대해 다음과 같이 주장하고 있다.

동물 중에는 선한 것과 악한 것이 있는데, 여우, 호랑이, 멧돼지, 뱀, 두꺼비는 인간에게 해를 끼치고, 여우, 개구리, 거북이, 용은 반드시 인간을 돕기 마련이다. 호랑이는 조선에서 가장 악한 것으로 젊은 여자로 변하여 문을 두드려 유혹하여 사람을 잡아먹는다고 전해지며, 이 이야기를 들으면 아이가 울음을 멈춘다고 한다. (중략) 두꺼비는 백살이 되면 인간으로 변해 건장한 사내로 변해 호랑이의 하수인이 되어 악을 행한다. (163-4쪽)

위의 주장처럼 우스다는 선악 이분법으로 여우, 호랑이, 멧돼지, 두꺼비 등을 악한 존재로 규정하고 있다. 특히, 호랑이와 두꺼비를 부정적으로만 묘사하고 있다. 그러나 이는 성급한 결론으로 조선 설화의 다양성을 제대로 인식 못한 한계를 노정하고 있다. 또한 채록한 설화를 기록하는 과정에서 오해로 보이는 기술이 보인다. 〈(10)알에서 탄생했다〉는 알에서 태어났다는 박혁거세와 석탈해와 더불어, "단군은 야수의 알에서 태어났다는 내력이 있는데"(191쪽)라는 기술이 있어 착오가 보인다. 이러한 이론적 한계와 오해에도 불구하고 우스다가 기록한 본문은 주관적 의견을 배제한 간결한 문체로 서술되어 있어 주목된다.

「조선총화」의 설화의 특징으로 첫째는 구전설화의 성격이 강하다는 점이다. 전술한 바와 같이 "한인의 이야기에 의하면" 등의 기록이 자주 보이며, 흥미로운 사실은 〈표1〉과 같이 『암흑의 조선』의 내용 전체가 평어체로 기록된데 비해, 오직 〈(15)고양이와 시체〉와 〈(16)까마귀의 말〉만은 경어체로 기술되어 있다. 이들 2편은 사제, 모제[19] 형제와 관련된 설화인데, 편집상의 실수라기보다는 경어체 자체가 구전적 색체를 띠고 있다고 볼 수 도 있다.

그리고 〈(13)뇌물의 시작〉은 오백년 전, 〈(15)고양이와 시체〉는 이백 사오십년 전, 〈(22)나병 기담〉은 삼백년 전 이야기라고 구체적으로 서술하고 있는데, 이것 또한 들은 내용을 그대로 표기했을 가능성을 시사한다. 그밖에 〈(9)토끼의 간계〉는 『삼국사기』의 귀토(龜兎)설화, 〈(10)알에서 탄생했다〉에 등장하는 단군, 박혁거세, 탈해 이야기는 『삼국유사』에서도 접할 수 있고, 『삼국유사』에서 파생된 문헌설화로부터 일정 부분 영향을 받았음을 시사해 주지만, 그 서술은 구전적 요소가 강하다.

둘째로는 구전설화의 요소가 강하나, 우스다의 의견이 때때로 개진되어 있다는 점이 주목된다. 비록 이야기자체를 저해할 정도는 아니지만 26편 중 3편에 우스다의 의견이 보인다.

---

19) 한국어를 모르는 우스다는 사챠(サチャ), 모차(モチャ) 형제로 표기하였으나, 『한국구비문학대계』3-2(성남시: 한국정신문화연구원)의 유사설화 〈새소리를 알아듣는 사제(思齊)의 형제〉(488-493쪽)의 표기에 따랐다. 참고로 『한국구비문학대계』7-11의 〈짐승의 말을 알아듣는 사직이〉(722-727쪽)에는 '사직이' 형제로 표기되었다.

〈(1)국왕이 될 상〉에는 신라 3대왕 수리의 이빨이 36개나 있어 왕으로 추대되었음을 기술하고 나서 "상당히 엉터리 및 속임수적 경향이 보이지만 어쨌거나 이런 전설이다"(166쪽)라고 언급하고 있다. 〈(4)동대문과 수표교〉의 서두에는 "이용후생에 정통한 한인을 좀처럼 무시할 수 없다"(180쪽)고 언급하는 등 우스다 특유의 조소(嘲笑)가 엿보이며, 〈(13)뇌물의 시작〉에는 한인의 말대로 "불과 5백년 사이에 뇌물 수법이 오늘날처럼 진보했다고 한다면, 조선인도 무시할 수 없이 영리하다"(200쪽)고 언급하고 있다. 이러한 서술은 다른 한편으로 보면 우스다가 당시의 조선사회를 뇌물이 성행한 사회로 인식했음을 보여준다. 이처럼 3편에서 보이는 우스다의 언급은 조선에 대한 우월의식이 엿보인다는 점에서 주의를 요하며, 이러한 서술태도는 설화채록자로서의 역할에 일정한 한계를 노정하고 있어, 자료집으로서 한계가 있다고 할 수 있다. 하지만 우스다의 의견 개진은 26편 중 3편에 한정되어 있어 다카하시가 『조선 이야기집』에 각주를 달면서 주관적 의견을 개진하는 것에 비하면 제한되어 있다고 할 수 있겠다.

셋째로는 「조선총화」는 소담과 신이담과 동물담이 그 중심을 이룬다. 조희웅과 권혁래는 『조선 이야기집』의 선행연구에서 설화류를 동물담, 소담, 신이담, 풍수담, 운명담, 열녀담, 일반담 등으로 구분하고 있는데, 이를 참고로 「조선총화」의 수록 작품을 분류하면 다음과 같다.

가) 소담(笑談): 〈(3)출세한 거지〉, 〈(4)동대문과 수표교〉, 〈(6)낙지 입도〉, 〈(13)뇌물의 시작〉, 〈(17)효행의 착오〉, 〈(18)땅속의 부처〉, 〈(21)뱀의 기원〉, 〈(22)나병 기담〉, 〈(25)준치의 불평〉, 〈(26)말 도둑〉, 〈(27)궁수의 실책〉.

나) 신이담(神異談): 〈(1)국왕이 될 상〉, 〈(7)불사의 승〉, 〈(10)알에서 탄생했

다〉, 〈(11)조선 우라시마〉, 〈(12)용의 물〉, 〈(14)불교 개종자〉, 〈(15)고양이와 시체〉, 〈(16)까마귀의 말〉, 〈(20)용의 왕족〉, 〈(24)일곱번째 공주〉.

다) 동물담: 〈(5)토끼의 지혜〉, 〈(9)토끼의 간계〉, 〈(19)여우의 지혜〉, 〈(23)뱀 이야기〉.

라) 운명담: 〈(8)전생의 친구〉.

이처럼 『조선총화』는 소담과 신이담이 그 중심을 이룬다. 정명기의 연구에 의하면, 일제 치하에 간행된 재담집은 20여 종에 달하는 것으로 확인되는데,[20] 20세기 초 항간에는 소화 및 재담을 중심으로 한 설화가 구전되고 있었음을 확인할 수 있다. 우스다의 자료집에는 이러한 상황이 반영되어 소화 및 재담을 중심으로 구성되었다고 여겨진다.

한편 권혁래의 분석에 의하면, 다카하시의 『조선 이야기집』 또한 소담과 신이담의 비중이 압도적인데, 소담에는 거짓말과 계교를 써서 상대방을 속이는 이야기가 가장 많음을 지적하고 있다.[21] 실제로 『조선 이야기집』에는 〈거짓말 겨루기(嘘較べ)〉, 〈가짜 점쟁이(贋名人)〉, 〈무법자(無法者)〉, 〈음란한 중(淫僧食生豆四升)〉 등 작품의 제목만을 보아도 '거짓말', '가짜' 등이 산재하는데 비해, 「조선총화」에 수록된 작품에는 우선 부정적 제목이 없고, 본문 중에도 거짓말이라는 단어조차 보이지 않는다. 동물담을 제외하면, 〈(18)땅속의 부처〉에서 땡추중이 신자를 속이고, 〈(22)나병 기담〉에서는 하인이 관찰사를 속이는 이야기 2편이 있을 뿐이다. 다카하시의 조선연구에 관한 선행 논문은 다카하시를 부정적 조선인관 창출의 이데올로그로 평가

20) 정명기, 「일제 치하 재담집에 대한 검토」, 『국어 국문학』149, 2008.9, 413쪽; 정명기 편, 『한국 재담 자료 집성』, 전3권(서울: 보고사, 2009)을 참고.
21) 권혁래, 「근대초기 설화・고전소설집 『조선물어집』의 성격과 문학사적 의의」, 『한국언어문학』64, 2008. 226쪽.

하고 있는데,[22] 우스다 역시 차별적 조선관의 소유자였다. 그러나, 『조선 이야기집』은 차별적인 조선관을 직접 들어내고 있는데,[23] 전술한 바와 같이 「조선총화」 중 3편에 우스다의 의견이 개진되어 있으나, 『조선 이야기집』에 비해 한정되어 있다. 차별적 조선관의 소유자라는 공통점에도 불구하고, 설화 서술에 나타나는 이러한 차이에 대해서는 앞으로 보다 정밀한 연구가 필요하다고 생각되나, 시대적 차이와 설화연구에 대한 근본적인 인식의 차이 등이 작용했다고 판단된다. 이를테면, 우스다는 저널리스트의 입장에서 흥미본위로 전해들은 설화를 기록한 반면, 다카하시의 자료집은 조선인 연구의 일환으로 수립되었다는 차이점이 있을 듯 하다.

넷째로 「조선총화」는 식민지 시기 자료집에 보이는, 소위 「일선동조론(日鮮同祖論)」과 일정한 거리를 유지하고 있으며, 이로 인해 설화의 개작 또는 의식적, 무의식적 개작의 가능성이 적었다고 생각된다. 우스다는 벨츠(Erwin Von Balz; 1849-1913, 독일 의사 및 연구가) 박사의 한일 비교연구를 인용해, "한국의 상류층과 일본의 야마토족(大和族)의 용모가 매우 닮았다고 기술하고 있다"(166쪽)며, 정취있는 연구로 언급하고 있다. 「일선동조(日

---

22) 예를 들면 『오늘의 동양사상』13호(2005年 가을·겨울호) 특집호에는 8편의 다카하시에 관한 논문이 실렸는데, 최영성의 〈다카하시 도오루의 한국유학관 비판〉을 비롯한 대다수의 논문이 다카하시의 유학관을 비판하고 있다. 실제로 이노우에의 지적처럼, 다카하시의 조선 유학관은 시국에 따라 변모를 거듭했다. 다카하시는 당초에 이퇴계를 평가하지 않았으나, 중일전쟁 이후, 그 평가가 급변하여, 일시동인(一視同仁)의 슬로건 아래, 조선인을 국가총동원 체제에 편입시키기 위해 일본에 영향을 끼친 이퇴계를 평가하기 시작했다(井上厚志, 「近代日本における李退渓研究の系譜學」, 『総合政策論叢』, 島根県立大學総合政策學会, 第18号, 2010.2, 76－77쪽). 다카하시의 부정적 조선인관에 관한 연구로는 박광현의 「경성제대 '조선어학조선문학' 강좌 연구 - 다카하시 토오루(高橋亨)를 중심으로」(『한국어문학연구』한국어문학연구학회, 제41집, 2003.8.)과 權純哲의 「高橋亨の朝鮮思想史研究」(『埼玉大學紀要教養學部』33-1,1997.11.) 金廣植의 「高橋亨の『朝鮮の物語集』における朝鮮人論に関する研究」(『學校教育學研究論集』24,東京學藝大學,2011) 등을 참고.

23) 다카하시의 설화 중 주석만을 살펴보아도 차별적 조선관이 산재하고 있다. 예를 들면 "시간 관념이 없는 한인"(44쪽), "신라 이후 언제나 지나의 속국이었다"(55쪽), "이 나라 우민이 믿는 여러 귀신"(91쪽) 등을 볼 수 있다.

鮮同祖)」에 관심을 보이고는 있지만, 수록한 설화는 그것과 거리를 두었다. 「조선총화」는 한국병합 이전의 1908년에 간행되었다는 점에서 조선과 일본 설화의 친밀성을 강조하는 의도적인 「일선동조론」적 경향이 적다. 특히 〈(10) 알에서 탄생했다〉는 석탈해에 대한 이야기인데, 근대 일본의 수많은 논자가 탈해의 출생지 다파나국(多婆那國)은 일본이라 주장하며 탈해 일본인설을 언급하며, 탈해를 「일선동조론」의 증거로 이용하는 것에 대해서, 「조선총화」에서는 탈해가 "어느 지방의 왕과 여왕국의 여자"(192쪽) 사이에서 태어난 것으로 기록되어 있을 뿐, 다파나국(일본)에 대한 기술이 보이지 않는다. 아마도 근대 일본인의 기록 중, 석탈해의 탄생을 언급하며 다파나국(일본)과의 관련성 즉, 「일선동조론」을 언급하지 않은 극히 예외적인 서술로 보인다.[24]

권혁래는 일본인이 설화를 채집하여 이를 활자화하는 과정에서 일본 설화의 요소가 개입되었을 가능성을 지적한 후, 〈토끼의 재판〉 유형이 다카하시 이후의 일본인의 자료집에서는 일관되게 토끼 대신 여우가 등장한다고 지적하고 있다. 또한 『조선 이야기집』의 〈말하는 남생이〉는 한국설화가 남생이(거북이)보다는 주로 '개'가 등장하는 데 비해, 일본 설화에 거북이 등장하기 때문에 다카하시가 '개'를 '거북이'로 바꾸었을 가능성을 배제하기 힘들다고 지적하고 있다. [25]

「조선총화」에는 〈토끼의 재판〉이나 〈말하는 남생이〉 유형의 이야기가 수록되어 있지 않지만, 〈(11)조선 우라시마〉에서 용궁으로 안내하는 역할은 '개'가 담당하고 있어 흥미롭다. '우라시마'는 일본의 '우라시마 타로'로 알려

24) 근대 일본의 탈해 담론에 대해서는 김광식 「근대 일본의 신라 담론과 일본어 조선설화집에 실린 경주 신화·전설고찰」(『연민학지』16, 연민학회, 2011)을 참고.
25) 권혁래, 앞의 논문, 230쪽.

진 설화인데, 일반적으로 어부 노총각이 늙은 어머니와 살다가 거북이를 잡았는데, 거북이를 풀어준 덕분에 용궁에서 환대를 받고 3년을 살다가 열면 안된다는 상자를 받아 돌아와 보니, 어머니는 돌아가신 뒤였다. 상자를 열자 우라시마가 노인으로 변했다는 이야기이다.[26)]

「조선총화」의 서술방식은 우스다의 주관이 일부 반영되어 있지만, 비교적 채록자의 역할을 충실하게 수행하고 있다. 그리고 설화 속에는 교훈성이 배제되었다는 점에서 자료집으로도 그 가치가 인정된다. 이는 문체에도 반영되는데, 기자 겸 소설가였던 우스다에 의해 언문일치체로 재미있고 박진감 있게 전개되어 있다.

이처럼 「조선총화」는 저널리스트적 시점에서 우스다가 개작을 유보하고 들은 내용을 충실하게 기록한 것으로 보이며, 당대의 항간의 구전적 경향을 일정 부분 반영하여 소화 및 재담을 중심으로 한 구전설화집이라 할 수 있었다.

6 맺음말

지금까지 우스다의 조선 체류 시절을 고찰하고, 일본어 최초의 한국 설화집 「조선총화」의 내용을 살펴보았다. 우스다의 설화집은 개작을 유보하고, 구전을 채록한 자료집으로 그 가치가 인정됨을 확인할 수 있었다. 그러나 「조선총화」의 채록 과정에 대한 언급이 없어 자료집으로서 일정한 한계를 지니고 있는 것 또한 사실이다.

「조선총화」와 『조선물어집』은 일한서방에서 간행되었음을 기억할 필요

26) 三舟隆之, 『浦島太郎の日本史』(東京: 吉川弘文館, 2009), 9-14쪽.

가 있다. 다카하시는 『조선물어집』 출간에 앞서 「조선총화」를 읽었을 가능성이 크다. 1908년 수록된 「조선총화」는 다음해 재판을 발간했고, 다카하시도 우스다도 일한서방의 월간 종합잡지 『조선』에 논문을 투고하며 일한서방과 관련을 맺고 있기 때문이다. 흥미로운 것은 『조선 이야기집』에 수록된 작품 중에는 「조선총화」와 공통되는 이야기는 없다는 점이다. 이는 다카하시가 「조선총화」에 수록된 작품을 의식하여 중복되지 않는 자료집을 수록했거나, 흥미본위의 「조선총화」에 대한 반발심리가 작용했을지도 모른다. 이에 대한 고찰과 함께 1910년 이후에 간행된 일본어의 조선설화집에 대한 비교 고찰은 앞으로의 과제이다.

참고문헌

薄田斬雲, 『暗黑なる朝鮮』 日韓書房, 1908.

崔仁鶴, 『韓國昔話の研究－その理論とタイプインデックス－』 弘文堂, 1976.

권혁래, 「근대초기 설화 고전소설집 『조선물어집』의 성격과 문학사적 의의」, 『한국언어문학』 64, 2008.

김광식, 「우스다 잔운(薄田斬雲)의 한국설화집 「조선총화」에 대한 연구」, 『동화와 번역』 20, 2010.

김용의, 「우스다 잔운(薄田斬雲)의 『조선만화(朝鮮漫畵)』에 묘사된 조선의 생활문화」, 『일본어문학』 49, 2011.

박양신, 「명치시대(1868-1912) 일본 삽화에 나타난 조선인 이미지」, 『정신문화연구』 101, 2005겨울호.

이시준, 「植民地期 日本人 作家, 우스다 잔운(薄田斬雲)의 朝鮮 見聞記에 관한 고찰」, 『외국문학 연구』 45호, 2012.2

정명기, 「일제 치하 재담집에 대한 검토」, 『국어 국문학』 149, 2008.9.

정희정, 「근대기 재한 일본인 출판물 『朝鮮漫畵』」, 『미술사논단』 31호, 2010.12

조희웅, 「일본어로 쓰여진 한국설화/한국설화론(1)」, 『어문학논총』, 국민대 어문학연구소, 24집, 2005.2.

『한국구비문학대계』3-2, 7-11, 한국정신문화연구원.

梶井陟, 「近代における日本人の朝鮮文学観(第一部)－明治·大正期－」, 『朝鮮学報』, 朝鮮学会,第119·120輯, 1986.7.

薄田斬雲著

暗黒なる朝鮮

暗黒なる朝鮮

序

一本書は、韓國の暗黑面として豫告したのを呼びにくいから、暗黑なる朝鮮と改題した。

一本書は朝鮮の暗黑面に向つてマッチ一本を摺付けたに過ぎない。若し夫れ炬火を投ずべくんば、此書記載の各項目が、各千頁の大册を要するであらう。併し、暗黑な溫突にはマッチ一本の閃光も無きに優る事萬々であらう。炬火を投ずるに十數年の準備を要する。

一此書は著者か編者か分らない。他人の記錄から拔抄した個所もあるだらう、材料蒐集上已むを得ぬ次第、御斷りをして置く。

明治四十一年九月京城旭町に於て

斬雲誌

暗黒なる朝鮮

目次

目次終

暗黒なる朝鮮

薄田斬雲著

妖怪鬼神

◎韓國《かんこく》には神《かみ》と云ふ古來の名詞《めいし》はない。韓人《かんじん》に問《と》ふと、昔《むかし》はありたれど、今《いま》はないと韓人。今では鬼神《きしん》神靈《れい》神仙等《しんせんなど》の漢語《かんご》を其《その》まゝ用《もち》ひて居《ゐ》る。日《に》本《ほん》の樣《やう》に自國の忠臣義士を祭るのは少《すく》ない、一般《ぱん》に神《かみ》とは人《ひと》に祟《たゝ》りをなす神《かみ》をさして云《い》ふのである。又單《またたん》に神《かみ》と書《か》かず、韓人《かんじん》は鬼神《きしん》と書《か》くのである。さて此《こ》の神《かみ》なるものは上天上《かみてんじやう》より下下界《しもげかい》に至《いた》るまで、物悉《ものことごと》く神《かみ》でないのはない。そんなら、韓人《かんじん》はかく多《おほ》くの神《かみ》を尊奉《そんぽう》するかと云《い》へば、決《けつ》してそうでない。唯存在《たゞそんざい》を信《しん》ぜられたのみで、現今韓人間《げんこんかんじんかん》に崇拝《そうはい》さるゝものはあまり無《な》い。

◎そんなら、韓人《かんじん》を精神的《せいしんてき》に支配《しはい》する宗教《しうけう》の力《ちから》を持《も》つて居《ゐ》るのは何《なに》かと云《い》ふに、それにはクイシンと云《い》ふのがある、鬼神《きじん》と云《い》ふことだ。

(一) 鬼《クイ》神《シン》

◎韓人《かんじん》は、死後《しご》何《ど》うなるかと問《と》ふと、靈魂《たましひ》になると云《い》ふ。之《これ》は我々《われ〳〵》の云《い》ふ魂《たましひ》に當《あた》る。處《ところ》で、此《こ》の魂《たましひ》は、埋葬《まいそう》された墓所《ぼしよ》の棺桶《くわんおけ》の中《なか》に順《おとな》しく靜《じつ》として居《を》る。命日《めいにち》には各自《かくじ》の家《いへ》へ來《き》て供物《くもつ》を受《う》ける。何時迄《いつまで》も墓所《ぼしよ》の内《うち》に居《を》る。我々《われ〳〵》の樣《やう》に地獄《ちごく》へ行《ゆ》くの極樂《ごくらく》へ行《ゆ》くのと云《い》ふ事《こと》はない。

◎だから、朝鮮人《ちやうせんじん》は地獄極樂《ちごくごくらく》と云《い》ふ事《こと》を知《し》らない。

◎已《すで》に地獄極楽《ぢごくごくらく》と云《い》ふ事《こと》は無《な》いから、佛樣《ほとけさま》と云《い》ふ事《こと》も無《な》い。從《したが》つて寺院《じゐん》の必要《ひつえう》は無《な》いのだ。今《いま》では寺《てら》は私生兒《しせいじ》の遣《や》り處《ところ》となつて居《を》る。韓人《かんじん》は三年《ねん》の喪《も》に居《を》るが、多淫《たいん》な婦《をんな》は三年《ねん》の謹愼《きんしん》を仕《し》ないで密《ひそ》かに他《た》の男《をとこ》と情交《じやうかう》を通《つう》ずる、孕《はら》む。かくして喪中《もちう》に生《うま》れた兒《こ》は私生兒《しせいじ》として皆《み》な寺《てら》へ遣《や》る。

◎で寺《てら》へやられた男女《なんによ》は、一生《しやう》の間日蔭者《あひだひかげもの》として、最下層《さいかそう》の人間《にんげん》として普通人《ふつうじん》から馬鹿《ばか》にされる。日本《にほん》で言《い》へば穢多非人《えたひにん》と言《い》つた格《かく》だ。

◎人間《にんげん》は皆《み》な平和《へいわ》な死《し》を遂《と》げぬ。死際《しにぎは》には、誰《たれ》しも病體《びやうたい》になるが、癩病《らいびやう》だとか精神病《せいしんびやう》だとかの業病《ごふびやう》を患《わづら》つて死《し》んだ者《もの》は、墓《はか》中に安眠《あんみん》して居《ゐ》ない。又《また》、溺死《できし》、燒死《しやうし》、刃傷《にんじやう》、自害《じがい》、首縊《くびくゝ》り其他山《そのたやま》へでも行《い》つて死《し》んだと云《い》ふ、所謂變死《いはゆるへんし》を遂《と》げた者《もの》などは、浮《うか》ばれぬ亡者《まうじや》となる。此《こ》の亡者《まうじや》は、墓《はか》地に安眠《あんみん》せずして、大自在力《だいじざいりき》を得《え》て鬼神《クイシン》となつて、到《いた》る處飛行《ところひかう》して火靈水靈《くわれいすゐれい》などになる。此《こ》の鬼神《クイシン》は韓民間《かんみんかん》に於《お》ける唯一《ゆいつ》の神佛《かみほとけ》で。人間《にんげん》の運命禍福《うんめいくわふく》を司《つかさ》どる。

◎そんなら、韓人《かんじん》は關羽廟《くわんうびやう》や寺院《てら》を、何《ど》んなものに考《かんが》へて居《を》るかと云《い》ふに、此《こ》の二者《しや》は支那《しな》から輸入《ゆにふ》した物《もの》。言《い》はゞ繼兒《まゝこ》であつて、韓民《かんみん》は關羽《くわんう》廟《びやう》やお寺《てら》へ參詣《さんけい》すると云《い》ふ事《こと》は無《な》い。豐公《ほうこう》三韓征伐《かんせいばつ》の際《さい》、加藤清正《かとうきよまさ》の威《ゐ》名《めい》が韓八道《かんたう》を震慴《しんしう》させた時《とき》、關帝《くわんてい》が朝鮮王《てうせんわう》の枕神《まくらかみ》に立《た》つて、清正公《きよまさこう》を退《たい》治《ち》するに就《つい》て、何《なに》か告言《つげごと》をしたとが云《い》ふので、其後《そのご》一時《じ》、關羽廟《くわんうびやう》が、人《じん》民《みん》の信仰《しんかう》を繋《つな》がうとする形跡《けいせき》もあつたが、關羽廟《くわんうびやう》は寧《むし》ろ朝鮮王《てうせんわう》が、尊崇《そんすう》した、王家《わうか》の附屬物《ふぞくぶつ》と取受《うけと》られ、今日《こんにち》では一般人民《ぱんじんみん》には何等《なんら》の關係《くわんけい》も無《な》い物《もの》になつて居《を》る。

◎一方釋迦《ばうしやか》の方《ばう》は何《ど》うかと云《い》ふに、四月八日《ぐわつやうか》には、韓民男女《かんみんなんによ》盛《さか》んに出《で》て市中《しちう》を徘徊《はいくわい》するが、唯《た》だ無意味《むいみ》に釋尊降誕祭《しやくそんかうたんさい》と云《い》ふ名稱《めいしよう》を利用《りよう》して、一日《にち》の遊樂《いうらく》を求《もと》むる有樣《ありさま》だ。佛敎《ぶつけう》は韓民《かんみん》の宗敎《しうけう》にはなつて居《ゐ》ない。昨今《さくこん》は基督敎《きりすとけう》や佛敎《ぶつけう》が各地《かくち》に歐人《おうじん》と日人《にちじん》の口《くち》で傳導《でんたう》されて居《を》るが。韓民全體《かんみんぜんたい》から云《い》へば、會堂《くわいたう》と寺院《じゐん》とは唯《た》だ休息所位《きうそくしよぐらゐ》にしか見《み》えぬらしい。

◎そんなら、韓民《かんみん》一般《ぱん》の信仰《しんかう》して居《を》る鬼神《クイシン》とは何《ど》んなものか、何《ど》んな姿《すがた》をして、何《ど》んな事《こと》をするかと云《い》ふに、之《これ》は普通韓人《ふつうかんじん》と同《おな》じ白《しろ》い着物《きもの》を纏《まと》ひ、手《て》も足《あし》もある、完全《くわんぜん》な普通人《ふつうじん》と何《な》んの異《こと》なる所《ところ》は無《な》い神樣《かみさま》で、夜《よる》になると出《で》る、彼等《かれら》は室內《しつない》にも住《す》む、石垣《いしがき》の穴《あな》にも住《す》む、朽木《くちき》の空洞《からあな》にも住《す》む、何《ど》うでも小暗《こくら》い穴《あな》の中《なか》に住《す》むので、夜《よる》は魔力《まりよく》を逞《たくま》ふして、折々暗中《をりをりあんちう》に白衣《びやくい》の姿《すがた》を現《あら》はす事《こと》がある。人間《にんげん》の吉凶禍福《きつきやうくわふく》は一に此《こ》の鬼神《クイシン》の力《ちから》に依《よ》るのだ、處《ところ》が鬼神《クイシン》にも惡性《あくしやう》なのがあつて人《ひと》を苦《くるし》める事《こと》もある。殊《こと》に惡性《あくしやう》なのは一生寡婦《しやうやもめ》で終《おは》つた女《をんな》の鬼神《クイシン》で空閨《くうけい》の淋《さ》みしさを怨《うら》んだ一念《ねん》は、死《し》んで後《のち》、人間《にんげん》に祟《たゝ》るのだと、言《い》ひ傳《つた》へられる。そこで其祟《そのたゝ》りを防《ふせ》がん爲《た》めに、寡婦《やもめ》が死《し》ぬと、其靈《そのれい》が生《い》きて娑婆《しやば》に出《で》て來《こ》ない樣《やう》に封《ふう》じをする。其方法《そのはうはふ》は、蕎麥餅《そばもち》を製《こしら》へて、夫《それ》で以《もつ》て死體《したい》の耳鼻口目《みゝはなくちめ》其他《そのた》の腔《あな》を皆《み》んな封《ふう》じて了《しま》ふ、夫《そ》れから手《て》や足《あし》へも蕎麥餅《そばもち》を付《つ》けて、開《ひら》けない樣《やう》にして埋《まい》葬《さう》する。猶恐《なほおそ》ろしいのは未婚《みこん》の少女《せうぢよ》の靈《れい》で、已《すで》に色氣《いろけ》が付《つ》いたものが、男《をとこ》の情《なさけ》を知《し》らずに天死《わかじに》すると、此《こ》の怨《うら》みは恐《おそろ》しく祟《たゝ》る。爲《た》めに一家内《かない》の者盡《ものこと》〳〵く業病《ごふびやう》に罹《かゝ》つて瘦《や》せて皮《かは》ばかりになる事《こと》があると言《い》ひ傳《つた》へられる。だから、女《をんな》の子《こ》が十二三になると、何《ど》うでも早《はや》く嫁入《よめい》らせる事《こと》を考へるのだそうだ。

◎處《ところ》が、此鬼神《このクイシン》も執念深《しうねんふか》く人間《にんげん》に祟《たゝ》る奴《やつ》がある。殘酷《ざんこく》な死《し》を遂《と》げると、何《ど》うしても浮《うか》ばれない。そこで燒死《やけじに》した鬼神《クイシン》は、友達《ともたち》に化《ば》けて人《ひと》を誘《さそ》ひ出《だ》して、溫突《おんどる》へ火《ひ》を焚《た》かせる、盛《さか》んに炎《も》えた時《とき》、火《ひ》の中《なか》に其人《そのひと》を引《ひ》き入《い》れる、家人《かじん》が之《これ》を發見《はつけん》して、お前《まへ》何《なに》をして居《を》るかと驚《おどろ》いて火焰《くわえん》の中《なか》から其者《そのもの》を救《すく》ひ出《だ》すと、私《わたし》は今《いま》お友達《ともたち》に手《て》を引《ひ》かれて遠方《えんぱう》へ遊《あそ》びに行《ゆ》くつもりてあつたのだなど云《い》ふ。そして手《て》を半《はん》燒《や》けにする樣《やう》な事《こと》もある。

◎又《また》、水《みづ》に溺《おぼ》れて死《し》んだ鬼神《クイシン》だと、種々《いろいろ》人《ひと》を誘惑《いうわく》して水《みづ》の中《なか》へ引《ひ》き込《こ》む。

◎だから、鬼神《クイシン》は何《なに》よりも恐《こわ》いものだ、韓人《かんじん》は鬼神《クイシン》に對《たい》して出來《でき》る丈《た》け御機嫌《ごきげん》を取《と》る、そして禍《わざわい》を買《か》はずに福《ふく》を授《さづ》けて貰《もら》はふと苦心《くしん》するのだ。

（二） 魑魅魍魎《ヒヤツカビ》

◎鬼神《クイシン》の方《はう》は吉凶禍福《きつきやうくわふく》共《とも》に司《つかさど》る妖怪《ばけもの》であるから、善人《ぜんにん》に對《たい》しては余《あま》り悪戯《いたづら》をしない、畏敬《ゐけい》して己《おの》れの道《みち》を守《まも》つて居《を》れば大《たい》して恐《おそ》るゝ事《こと》は無《な》いのであるが、此《こゝ》に正眞正銘《しやうしんしやうめい》の悪魔《あくま》がある。之《これ》をヒヤツカピと名《なづ》ける。

ヒヤツカビは魑魅魍魎《ちみもうりやう》とも書《しよ》すべきであらう。

◎ヒヤツカビは何處《どこ》から來《く》るかと云《い》ふに、之《これ》は余程《よほど》奇怪《きくわい》に迷信《めいしん》されたもので、人間《にんげん》の血《ち》から生《しやう》ずる。指《ゆび》でも切《き》つて血《ち》が出《で》る。其血《そのち》も室内《しつない》に滴《したた》るのは、奇麗《きれい》に拭《ふ》き取《と》られるから、何《なん》の祟《たたり》もないが、屋外《おくぐわい》に其血《そのち》を置《お》くと夫《そ》の血《ち》からヒヤツカビが出《で》る。

◎ヒヤツカビは赤色《あかいろ》又《また》は青色《あをいろ》の火《ひ》で、其焰《そのほのほ》の中《うち》に一丈余《ちやうあま》りの、兩眼焰《りやうがんほのほ》と炎《も》えた怪物《くわいぶつ》が現《あらは》れる。我々《われわれ》の考《かんが》へる幽靈火《ゆうれいび》かとも思《おも》へるが、併《しか》し此怪物《このくわいぶつ》は我々《われわれ》の考《かんが》へる幽靈《ゆうれい》の樣《やう》に凄《すご》いものではなく、晝《ひる》の間《あひた》は、樹木《じゆもく》の茂《しげ》つた間《あひた》に隠《かく》れて居《を》る。夜《よる》になると、人通《ひとどほ》りの少《すく》ない、人家《じんか》から稍《や》や離《はな》れた處《ところ》に現《あら》はれ、通行者《つうかうしや》を捉《つか》まへて相撲《すまふ》を取《と》らうと云《い》ふ。

◎扨《さ》て、それならと相撲《すまふ》を取《と》る時《とき》右手《みぎて》を掛《か》けたら屹度《きつと》負《ま》ける。左手《ひだりて》でヒヤツカビの腰《こし》を捉《つか》まへると、ヒヤツカビは直《す》ぐ負《ま》けて逃《に》げて了《しま》ふ。併《しか》し左手《ひだりて》を差《さ》す事《こと》を忘《わす》れて右《みぎ》を差《さ》したら屹度《きつと》負《ま》ける。一度《ど》負《ま》けると、其後《そのご》は必《かなら》ず負《ま》ける。負《ま》けると、ヒヤツカビの爲《た》めに、何處《どこ》へでも引《ひ》いて行《ゆ》かれる。川《かは》の中《なか》へ引《ひ》かれると、溺死《できし》する、山《やま》へ引《ひ》かれると、餓死《がし》する、村《むら》の近所《きんじよ》へ引《ひ》かれると、翌日《よくじつ》村人《むらびと》に見付《みつ》けられて救《すく》はれる。

◎鬼神《クイシン》やヒヤツカビは、一番鷄《ばんとり》が鳴《な》くと逃《に》げて了《しま》ふ。ヒヤツカビに出會《であ》つた時《とき》、之《これ》はヒヤツカビだなと氣《き》が付《つ》いたら、直《す》ぐ腰《こし》の巾着《きんちやく》から煙草《たばこ》を取《と》り出《だ》して煙管《きせる》へ詰《つ》める、そしてマツチを摺《す》り付《つ》けると、ヒヤツカビは逃《に》げて了《しま》ふ。ヨボが長煙管《ながきせる》とマツチを必《かなら》ず持《も》つて居《を》るのは、一は此《こ》の惡《あく》魔《ま》を拒《ふせ》ぐ利器《りき》なのだ。

◎ヒヤツカビは、種々《しゆ〲》の惡戲《いたづら》をする、室内《しつない》の物《もの》を隱《かく》したり。釜《かま》の蓋《ふた》を釜《かま》の中《なか》へ入《い》れたりする、普通釜《ふつうかま》の蓋《ふた》は釜《かま》の口《くち》よりも大《おほ》きいものなのだが、魔術《まじゆつ》で以《もつ》て釜《かま》の中《なか》へ入《い》れると言《い》ひ傳《つた》へられる。

（三）獨《トツ》脚《ケビ》

◎ヒヤツカビと同《おな》じ樣《やう》のもので、獨脚《トツケビ》と云《い》ふのがある。獨脚《トツケビ》は箒《はうき》へ付《つ》いた血《ち》から出《で》る。箒《はうき》は不潔物《ふけつぶつ》を掃除《そうぢ》する物《もの》だから、貴重《きちやう》な人間《にんげん》の血《ち》を不潔《ふけつ》物《ぶつ》に觸《ふ》れしめた罰《ばつ》で、こんな怪《け》しからぬものが出《で》ると云《い》ふ意味《いみ》なのだらう。

◎此《こ》の獨脚《トツケビ》は、金《かね》を幾《いく》らでも持《も》つて來《き》て呉《く》れると言《い》ひ傳《つた》へられる。

◎扨《さ》て此《こ》のヒヤツカビと獨脚《トッケビ》は略《ほ》ぼ相似《あひに》たもので、京城附近《けいじやうふきん》では、水口《すゐこう》門外《もんぐわい》に澤山《たくさん》居《を》ると云《い》ふ。水口門外《すゐこうもんぐわい》は獸畜《じうちく》の死體《したい》など投《な》げ棄《す》てる爲《ため》に、骨《ほね》から燐《りん》が燃《も》えるのだらう。曇《くも》つて雨《あめ》の降《ふ》る夜《よ》には屹度出《きつとで》ると言《い》つて居《を》る。

◎可笑《をか》しい事《こと》には、前《まへ》のヒヤツカビも獨脚《トッケビ》も皆《み》な金姓《きんせい》の者《もの》て金書房《きんサバン》だと云《い》ふ。朝鮮《てうせん》の魑魅魍魎《ばけしの》は凡《すべ》て金書房《きんサバン》と定《き》まつて居《を》るのだらう。

◎右の外、韓人《かんじん》の物識《ものしり》が語《かた》る神樣《かみさま》は無數《むすう》である。左《さ》に其《そ》の概略《がいりやく》を述《の》べて見《み》やう。

◎**王皇上帝**《オックワンサンゼー》　俗《ぞく》に「ハナニム」と云《い》ひ、春夏秋冬四時《しゆんかしうとうしじ》の不變《ふへん》を主宰《しゆさい》する神《かみ》で、いつも天宮《てんきう》にあつて諸神《しよしん》の王《わう》である。

◎**山神**　韓國《かんこく》では、墓《はか》を山所《さんしよ》と云《い》ひ、墓《はか》を山神《さんじんへ》の守護《しゆご》する處《ところ》であるからと云《い》ふて、墓《はか》に祭《まつ》をする前《まへ》に、必《かなら》ず山神《さんじん》の祭《まつり》をする。其《その》祠堂は何處にてもあるが、御神體《ごしんたい》は、虎《とら》に神仙《しんせん》の乘《の》つた畫像《ぐわぞう》で、虎《とら》を山君《さんくん》と云《い》ふて崇《あが》むるは、虎《とら》は山神《さんじん》の馬《うま》であるからだと云《い》ふ、即《すなは》ち山神《さんじん》は山林《さんりん》を守護《しゆご》する神《かみ》樣《さま》である。

◎**五方將軍**　方位《はうゐ》を守護《しゆご》する神《かみ》で、韓人《かんじん》は東西南北中央《とうざいなんぼくちゆうわう》を五方《ごはう》と云《い》ひ五方將軍《はうしやうぐん》とは、青帝《せいてい》、白帝《はくてい》、赤帝《せきてい》、黒帝《こくてい》、黄帝《くわうてい》、の五將軍《ごしやうぐん》である。又東《またひがし》は春《はる》、南《みなみ》は夏《なつ》北《きた》は冬《ふゆ》、中央《ちうわう》は土用《どよう》であつて、五方將軍遊行《ごはうしやうぐんいうかう》の方位時季《はうゐじき》であると云《い》ふ。尙覡《なほみこ》の家《いへ》では五方將軍《ごはうしやうぐん》を祭《まつ》つておる。

◎**神將**　五方將軍《ごはうしやうぐん》の大將《たいしやう》で、其數《そのすう》は非常《ひじやう》に多《おほ》く、惡魔降伏《あくまこうふく》の神《かみ》であると云《い》ふので、此《こ》の神《かみ》も覡《みこ》の家《いへ》に祭《まつ》り覡《みこ》が祈願《きぐわん》をなす神《かみ》である。

◎**龍神**　河海守護《かかいしゆご》の神《かみ》で、この神《かみ》は、水《みづ》の底《そこ》の龍宮《りうぐう》に居《ゐ》ると云《い》ふ、韓人《かんじん》の船《ふね》には必《かなら》ず祭《まつ》つてある、萬一風波《まんいちふうは》の難《なん》に逢ふた時《とき》は、此《こ》の祟《たゝ》りてあると云《い》ふて、大《おほい》に畏怖《いふ》するのである。

◎**城隍**　道路城内《どうろじやうない》の守護神《しゆごしん》、韓人《かんじん》が最《もつと》も多《おほ》く祭《まつ》る神《かみ》で、其祠堂《そのしだう》も多《おほ》い。又祠堂《またしどう》のない處《ところ》は、路傍《ろばう》の木《き》の枝《えだ》などに布《ぬの》とか紙《かみ》とかを結《むす》びつけて、其附近《ふきん》には石《いし》が小山《こやま》をなして居《ゐ》る。これも此《この》神《かみ》を祭《まつ》てある處《ところ》で、石《いし》は賽《さん》錢《せん》の代《かはり》に路行《みちゆ》く人《ひと》が捧《さゝ》げたものである。御神體《ごしんたい》は、男性女性又《だんせいぢよせいまた》は童形等《どうけいとう》の畫像《ぐわぞう》で、一定《いつてい》して居《を》らぬ。

◎**府君堂**　官衙又《くわんがまた》は各商店等《かくしやうてんとう》が祭《まつ》る神《かみ》で、御神體《ごしんたい》は、各家《かくいへ》で異《ことな》つて居《ゐ》る。府君《ふくん》と云《い》ふは、韓語《かんご》で、つまり神《かみ》と云《い》ふ語《ご》で、堂《だう》は即《すなは》ち祠堂《しだう》の意《い》である。しかし、皆府君堂《みなふくんだう》と云《い》ふて、祠堂《だう》の名《な》が終《つひ》に神《かみ》の名《な》となつたもので、日《に》本《ほん》の氏神《うぢがみ》と同《おな》じのである。

◎**指道長承**　長承《ちやうしやう》と云《い》ふ人《ひと》の名《な》が、神《かみ》の名《な》となつたと言《い》ひ傳《つた》へ、種々《いろいろ》の縁起《えんぎ》がある。木《き》に人形《にんぎやう》を彫《ほ》り付《つ》け、路傍《ろはう》に立《た》てゝあるのは、此神體《このしんたい》で、洞内《どうない》の守護神《しゆごしん》である。

◎**乞粒**　乞食《こじき》の靈《たましひ》であると稱《しやう》し、此神《このかみ》に金錢《きんせん》又《また》は衣服等《いふくとう》を供《そな》へて祭《まつ》る時《とき》は、一生涯《いつしやうがい》不自由《ふじいう》なく榮華《えいぐわ》に暮《くら》すことができると云《い》ふて、婦女子《ふぢよし》は家毎《いへごと》にこの神《かみ》を祭《まつ》つて居《ゐ》る。

◎**業位樣**　運氣《うんき》の軍神《ぐんしん》で、神體《しんたい》には種々《いろいろ》ある。箱《はこ》又《また》は瓶《びん》の中《なか》に米《こめ》と蛇《へび》を入《い》れるもあり、米《こめ》と錢《せん》とを入《い》れるもあつて、必《かなら》ず米《こめ》を入《い》れて他《た》の動物《どうぶつ》を入《い》れる。この神體《しんたい》は、主人《しゆじん》の移轉《いてん》する時《とき》は必《かなら》ず持《も》ち行《ゆ》くのである。

◎**産神**　出産守護《しゆつさんしゆご》の神《かみ》で、姙娠《にんしん》すると、此《こ》の神《かみ》を祭《まつ》るのである。又生《またう》れて二三歳位《さいぐらゐ》までは、此《こ》の神《かみ》の御守護《おまもり》があると云《い》ふ。

◎**成主**　各家《かくいへ》の守護神《まもりがみ》で、神體《しんたい》は、紙《かみ》に米《こめ》、錢《せん》、餅等《もちとう》を包《つゝ》み、梁上《りやうじやう》に貼《てん》付《ふ》して置《お》く。新《あらた》に家屋《かをく》を造《つく》れば巫覡《みこ》を招《まね》き、この神《かみ》に祈禱《きとう》するのである。

◎**七星堂**　北斗七星《ほくとしちせい》を祭《まつ》る祠堂《やしろ》て、祠堂《やしろ》が神《かみ》の名《な》となつたもの、壽命運《じゆみやううん》氣《き》の神《かみ》で、各所《かくしよ》に詞堂《やしろ》がある。

◎**思悼世子**　米櫃大監《べいきたいかん》（ツヂタイカム）とも云《い》ふ。是《これ》は、英祖大王《えいそたいわう》の二子《にし》思悼世子《しとうせいし》のことで、父子《ふし》の間《あひだ》に不和《ふわ》があつて、英祖《えいそ》米櫃《こめびつ》の中《なか》に世子《せいし》を封《ふう》入じて之《これ》を殺《ころ》し、世子《せいし》が怨恨《えんこん》を呑《の》んで死《し》んだ故《ゆゑ》に、ツヂタイカムとも云《い》ふて、巫覡《みこ》は其神靈《そのしんれい》を賽神《さいしん》にする。

◎**國師堂**　李朝初代《りてうしよたい》の名僧無學《めいそうむがく》と云《い》ふ者《もの》を崇《あが》めた堂《だう》で、京城南山《けいじやうなんざん》の頂《いたゞき》にもある。巫覡《ふげき》の集《あつま》て祈禱《きとう》をなす處《ところ》だが、今《いま》では普通人民《ふつうじんみん》の病氣其他《びやうきそのた》の祈禱《とう》をもなし、澤山《たくさん》の供物《そなへもの》を神前《しんぜん》に供《きよう》し、其一部《そのいちぶ》を國師堂《こくしだう》の巫女《みこ》に送《おく》り、又《また》祈禱《きとう》を依頼《いらい》するのである。

◎崔瑩將軍　高麗末《こますえ》の名高《なだか》き大將《たいしやう》で、開城《かいじやう》の德勿山《とくこつさん》に崇《あが》められて最《もつと》も靈驗《れいげん》があるとて、遠近《えんきん》の信仰《しんかう》が盛《さか》んで、田舍《ゐなか》より參詣者《さんけいしや》多《おほ》く、京城《けいじやう》よりも大《おほい》に參詣《さんけい》すと云《い》ふ。

◎末命　又《また》は浮鬼《ふき》とも云《い》ふて、浮行《ふぎやう》の鬼神《きしん》で、人《ひと》に祟《たゝ》る神《かみ》である。

◎老人堂　是《こ》れは老人星《らうじんせい》を祀《まつ》る祠堂《しだう》で、壽命《じゆみやう》の神《かみ》である。

◎戸口別星　俗《ぞく》にマヽと云《い》ふて、疱瘡《はうそう》の神《かみ》である。

◎基主　宅地《たくち》の守護神《まもりがみ》である。

◎厨王　厨《くりや》の神《かみ》である。

◎厠神　厠《かわや》の神《かみ》である。

◎三佛　覡《みこ》の家《いへ》には必《かな》ずある。亦俗人《またぞくじん》の家《いへ》にもある。三佛《さんぶつ》とは釋迦《しやか》、彌陀《みだ》、藥師《やくし》であると云《い》ひ、高《こう》、夫《ふ》、梁《りやう》の三佛《さんぶつ》であるとも云ふ。この高《こう》、夫《ふ》梁《りやう》は、昔濟州島《むかしさいしうとう》に上陸《じやうりく》して、韓國《かんこく》へ始《はじ》めて佛教《ぶつけう》を廣《ひろ》めた人《ひと》だといふ。覡《みこ》の祈禱《きとう》するには、この三佛《さんぶつ》を紙《かみ》に刻《きざ》んで壁《かべ》に貼《は》りて用《もち》ふる。

◎**關公**　蜀漢《しよくかん》の關羽《くわんう》を祭《まつ》れるもので、各處《かくしよ》に宏壯《くわうさう》な廟《びやう》がある。關公《くわんこう》は死後上天《ごしやうてん》して人間《にんげん》の善惡邪正《ぜんあくじやせい》は悉《ことごと》く此人《このひと》が上帝《じやうてい》に奏《そう》すると信《しん》じて儒教的《じゆけうてき》に祭祀《さいし》をする、巫覡等《ふげきら》の信仰篤《しんかうあつ》きは勿論《もちろん》、俗人《ぞくじん》も日々《ひび》參詣《さんけい》して祈願《きぐわん》をなすものが甚《はなは》だ多《おほ》い。

◎**太上老君**　道教《たうけう》の始祖《しそ》を祭《まつ》れるもので、其畫像《そのぐわぞう》を神仙中《しんせんちう》の長老《ちやうらう》として崇拜《すうはい》する。

◎**タイヂユ**　是《これ》は女《をんな》にのみ歸依《きい》する神《かみ》で、幼女《えうぢよ》の神靈《しんれい》だ、此《こ》の神《かみ》に歸依《きい》する女の家《をんなのいへ》には、常《つね》に髣髴《はうふつ》として梁上《りやうじやう》に人語《じんご》を聞《き》くと云《い》ふ。韓人《かんじん》の語《かた》るところに依《よ》れば、ダイヂユの神體《しんたい》となるべきものは、八九歳《さい》の少女《せうぢよ》を一《いち》室《しつ》に閉《と》ぢ籠《こ》め置《お》き、食《しよく》を與《あた》へず、少女《せうぢよう》飢ゑて食《しよく》を乞《こ》ふ時《とき》、少《ちい》さき穴《あな》から食物《しよくもつ》を見《み》せこれを取《と》らんとして手《て》を出《だ》した時《とき》、其指《そのゆび》を切《き》り取《と》り、其少女《そのせうぢよ》の死後《しご》此《こ》の指《ゆび》を神體《しんたい》となすと云ふ。

◎ソヲカクシ　巫覡《ふげき》が神《かみ》おろしの時使《ときつか》ふ神《かみ》で最《もつと》も荒《あら》い神《かみ》である。

巫女

◎朝鮮《てうせん》の巫女《みこ》をムーダンと云《い》ふ。此《こ》の巫女《みこ》は國家《こくか》の命《めい》を制《せい》する大權能者《たいけんのうしや》の如《ごと》く見《み》られて居《を》る。伊勢《いせ》の神風《かみかぜ》を祈《いの》ると言《い》つた具合《ぐあひ》に、國家事《こくかこと》あるの際宮中《さいきゆうちう》には、巫女《みこ》を王城内《わうじやうない》に招《まね》いて祈禱《きとう》をさせる。此《こ》の祈禱《きとう》で、國家《こくか》の獨立《どくりつ》を維持《ゐぢ》しやうなどゝ虫《むし》の好《よ》い事《こと》を夢《ゆめ》みるとは恐《おそろ》れ入《い》る。

◎近頃《ちかごろ》では、我《わ》が衛兵警官《えいへいけいくわん》の警戒《けいかい》を嚴重《げんぢゆう》にして、巫女《みこ》を宮中《きゆうちう》に入《い》れさせない、處《ところ》が宮中《きゆうちう》の雜輩《ざつぱい》は、幣帛《へいはく》を携《たづさ》へて市中《しちう》に住《す》んで居《を》る巫女《みこ》の家《いへ》へ出《で》かける。そして王命《わうめい》であるとて、種々《いろいろ》な、愚《ぐ》にも付《つ》かぬ事《こと》を巫女《みこ》に祈禱《きたう》させる、例《たと》へば日本人《にほんじん》を盡《ことごと》く韓國外《かんごくぐわい》に逐《お》ひ出《だ》す樣《やう》にとか、帝室財產《ていしつざいさん》を國《こく》有《いう》に移《うつ》したのを、再《ふたた》び帝室有《ていしついう》に復《ふく》する樣《やう》にとか云《い》ふ樣《やう》な事《こと》を巫女《みこ》に祈禱《きたう》させるのだ。

◎以前《いぜん》は宮中《きゆうちう》に出入《でいり》する巫女《みこ》が、非常《ひじやう》の權力《けんりよく》を有《いう》して、神《かみ》と人間《にんげん》との中《ちう》介者《かいしや》として、羅馬法王式《ろうまはふわうしき》に豪《えら》い威力《ゐりよく》を持《も》つて居《ゐ》た者《もの》だ。今《いま》の統監府後《とうかんふうしろ》の南山《なんざん》の頂《いただき》に在《あ》る國師堂《こくしだう》の祭主《さいしゆ》は斯種《このしゆ》の巫女《みこ》であつて、彼等《かれら》は宮廷《きゆうてい》から賓遇《ひんぐう》せられ居《を》るが如《ごと》く吹聽《ふえちやう》して居《を》るのだ。

◎そこで、巫女《みこ》の禱祈《きとう》とは何《ど》んな事《こと》をするのかと云《い》ふに、巫女《みこ》は天神地《てんしんち》祇《ぎ》に對《たい》して此願《このねがひ》を叶《かな》へて呉《く》れと祈《いの》るのだから、室《しつ》には祭壇《さいたん》を設《もう》けて人《ひと》とも神《かみ》とも付《つ》かぬ怪《あや》しげな木像《もくぞう》を飾《かざ》つて置《な》く。其他《そのた》、關羽《くわんう》やら孔子《こうし》やらの畫像《くわぞう》の掛軸《かけぢく》を四方《ばう》の壁《かべ》に隙間《すきま》もなく掛《か》ける。詰《つま》り之等《これら》は皆《み》な天神地祇《てんしんちぎ》と見立《みたて》たのであらう。

◎祭壇《さいたん》には果實《くだもの》やら、穀類《こくるゐ》やらの供物《くもつ》を並《なら》べ、巫女《みこ》は大抵《たいてい》五十余《あま》りの面《つら》魂《たましひくせ》一曲ありげな顏《かほ》した婆《ばゝ》で、髮《かみ》は普通《ふつう》の女《をんな》と同《おな》じ事後《ことうし》ろに結《むす》び、妓生《キーサン》が舞《ま》ふ時《とき》の樣《やう》な長袖《ながそで》の服《ふく》を着《き》、左手《ひだりて》に珊瑚《さんご》だか瑪瑙《めなう》だかの念珠《じゆず》を持《も》つて祭《さい》壇《たん》の前《まへ》に端坐《たんざ》し、手《て》を左右《さいう》に烈《はげ》しく振《ふ》り、口《くち》に何《なに》やら高聲《たかごゑ》に呪文《じゆもん》を唱《とな》へる。すると、十余人《よにん》の弟子《でし》とも見《み》える韓人共《かんじんども》は、各々手《をのをのて》に〳〵青龍刀《せいりうとう》や劒《けん》や戟《はこ》などを持《も》つて其周圍《そのまわり》に居並《ゐなら》ぶ、笛太皷《ふえたいこ》鉦《かね》などで、どんちやん賑《にぎや》かす者《もの》も居《を》る。そして盛《さか》んに大聲《おほごゑ》で巫女《みこ》が其呪文《そのじゆもん》を續《つゞ》ける。それから、祭《さい》壇《たん》に備《そな》へある筆立樣《ふでたてやう》の筒《つゝ》からお神籤樣《みくじやう》の竹《たけ》へ何《なに》か書《か》いたものを引《ひ》く、そして其文字《そのもじ》に依《よ》つて判斷《はんだん》する例《たと》へば五月大雨と出《で》る、すると、五月《ぐわつ》になると、雨《あめ》が降《ふ》る、雨《あめ》は北方《ほつぱう》から來《く》る、即《すなは》ち露兵《ろへい》が大擧北《たいきよきた》から侵入《しんにふ》して、日本人《にほんじん》は南方《なんぱう》の海《うみ》へ押流《おしなが》されて了《しま》ふのだなど云《い》ふ解釋《かいしやく》だ。眞《しん》に兒戲《じぎ》に等《ひと》しい。之等《これら》は國家《こくか》の大事《たいじ》に對《たい》する祈禱《きとう》のやり方《かた》だ。

◎次《つぎ》に一般人民《ばんじんみん》の爲《た》めに病魔《びやうま》を除《のぞ》くなどの場合《ばあひ》には、屋外《をくぐわい》の土塀《とべい》の上《うへ》に東西南北《とうざいなんぼく》四方《はう》に、丼《どんぶり》へ飯《めし》を山盛《やまもり》にしたのを載《の》せて、先《ま》づ天神地祇《てんしんちぎ》に供《そな》へる、それから白紙《はくし》を五六枚《まい》地上《ちじやう》に置《お》き、巫女《みこ》は風《かぜ》に吹《ふ》き飛《と》ばされそうになる其白紙《そのはくし》を手《て》で抑《おさ》へながら、念珠《じゆず》を振《ふ》つて盛《さかん》に呪文《じゆもん》を唱《とな》へる。其間《そのあひだ》祈禱《きとう》を賴《たの》みに行《い》つた男《をとこ》は、蔭《かげ》の室《へや》で酒《さけ》でも飮《の》んで太平樂《たいへいらく》になつて居《を》る。病人《びやうにん》は我家《わがや》の溫突《をんどる》の汚《きた》ない床《とこ》の中《なか》でウン／＼呻《うな》つて居《を》る。それでも此祈《このき》禱《とう》の後程《のちほど》なく全快《ぜんくわい》でもする様《やう》な事《こと》が偶《たま》には有《あ》るから、韓人《かんじん》が盛《さか》んに功驗《こうけん》を述《の》べ立《た》てる。

◎巫女《みこ》は名《な》の如《ごと》く女《をんな》の職業《しよくげふ》で、寡婦《ごけ》さんが多《おは》い、社會組織《しやくわいそしき》の上《うへ》からは劣《れつ》等《とう》な者《もの》と見做《みな》されて居《を》る。併《しか》し、巫女自身《みこにしん》は靈魂《たましひ》の仲介者《なかたち》で、從《したが》つて凡《すべ》ての神祇靈魂《しんぎれんこん》と友達《ともたち》であるから、自分《じぶん》の望《のぞ》み通《とは》りに神祇其他妖魔共《しんぎそのたえうまども》を左《さ》右《いう》する事《こと》が出來《でき》ると云《い》ふて居《を》る。巫女《みこ》の術《じゆつ》は支那《しな》から傳《つた》はつたものらしい。

◎巫女《みこ》の祈禱《きとう》は十種《しゆ》から有《あ》る。其中《そのうち》一番《げん》多《おは》く行《おこな》はるゝのは、病氣《やまい》の靈魂《たましひ》を追拂《おひはら》ふ事《こと》である。だが、種々《いろ〳〵》の靈魂《たましひ》が何《な》ぜ人間《にんげん》に取《と》り付《つ》いて疾病《しつぺい》の苦《く》を嘗《な》めさせるかと云《い》ふに、先《ま》づ餓《う》へて居《を》る靈魂《たましひ》がある、是奴《こいつ》が人《ひと》の家《いへ》の戸口邊《とぐちへん》に彷徨《さまよ》ふて來《く》る。其時盛《そのときさか》んに御馳走《ごちそう》を食《く》つて居《を》る男《をとこ》があつて、此《この》男《をとこ》が、肉《にく》の一片《きれ》なりと投《な》げてやつたら安全《あんぜん》だが、影《かげ》も形《かたち》もない靈魂《たましひ》の居《を》るとは氣《き》の付《つ》く筈《はづ》も無《な》く、自分《じぶん》ばかり美味《うま》さうに食《く》ふて居《を》ると、靈魂《たましひ》は恨骨髓《うらみこつずゐ》に徹《てつ》して其《そ》の男《をとこ》に取《と》り憑《つ》く男《をとこ》は病床《びやうせう》に臥《ぐわ》して呻《う》めくと云《い》ふ順序《じゆんじよ》になる。

◎若《も》し二人の親友《しんいう》があつたとする。一人が死《し》ぬ、死《し》んだ靈《れい》は、其《そ》の親友《しんいう》をも黄泉《わうせん》の旅仲間《たびなかま》としやうとする。之《これ》が爲《た》めに親友《しんいう》は病《やまい》の床《とこ》に就《つ》く。

◎若《も》し、人《ひと》あつて是等《これら》の靈《れい》を惡口《あくこう》し、皆《み》んな撲滅《ぼくめつ》しやうなどゝ言《い》つて靈《れい》魂《こん》の恨《うら》みを買《か》ふと、頭《つ》痛病《つうびやう》に罹《かゝ》る。

◎又長《またなが》く一定《てい》の場所《ばしよ》に掃溜《はきだめ》にされた様々《さまざま》な塵芥《ごみ》の中《なか》に棲《す》んで居《を》る靈魂《たましひ》が其《そ》の塵芥《ごみ》を掻《か》き浚《さら》つて他所《はか》に運搬《うつ》したら、之《これ》に憑《とりつ》いて病床《やまい》に臥《ふ》せしむる。

◎運惡《うんわる》く、丁度人《ちやうどひと》の死《し》んだ家《いへ》へ行《ゆ》くと、其《そ》の死人《しにん》の靈《れい》が其男《そのをとこ》に跟《つ》いて來《き》て、爲《た》めに病氣《やまい》になる事《こと》もある。

◎右《みぎ》の如《ごと》きは、二三の例《れい》に過《す》ぎぬので、靈魂《たましひ》に憑《とりつ》かれるのは、人間《にんげん》の實際《じつさい》の罪惡《さいあく》に依《よ》るのでなく、凡《すべ》て偶然《ぐうせん》な行掛《ゆきがゝ》りからばかり來《く》るのである。

◎扨《さ》て某家《あるいへ》に病人《びやうにん》が出來《でき》る。早速《さつそく》には癒《なほ》らない。すると、患者《くわんじや》は若《も》しや之《これ》は僴《ふ》とした事《こと》で靈魂《たましひ》にとり付《つ》かれたのではあるまいかと氣《き》にする。そこで巫女《みこ》の處《ところ》へ人《ひと》を使《つかは》して病態《びやうたい》を語《かた》らしめ、何《なに》か靈魂《たましひ》の仕業《しわざ》であるまいか考《かんが》へて呉《く》れと頼《たの》む、すると巫女《みて》は之《これ》は何《なん》の神樣《かみさま》が祟《たゝ》つたのだとか或《あるひ》は自《じ》身患者《しんくわんじや》の宅《たく》へ出向《でむ》いて現場《げんちやう》を見《み》なくては解《わか》らぬとか答《こた》へる。そこで二三圓《えん》の禮《れ》謝《い》を贈《おく》ると、祈禱《きとう》をして呉《く》れる。若《も》し患者《くわんじや》の宅《たく》で祈禱《きとう》するとなると謝禮《しやれい》が高《たか》い、祈禱《きとう》の儀式《ぎしき》は謝禮次第《しやれいしだい》で立派《りつぱ》にする。

◎其際病原《そのさいびやうげん》は、親戚《しんせき》の死《し》亡者《ぼうしや》の靈魂《たましひ》が憑《つ》いたのであると云《い》ふ時《とき》には、大《たい》分面倒《めんどう》な御祈禱《ごきとう》になるが、普通《ふつう》の靈魂《たましひ》だと、日常《にちじやう》の食物《たべもの》を表《おもて》の街路《がいろ》に投《な》げてやると靈魂《たましひ》は夫《それ》を食《く》つて行《い》つて了《しま》ふ。其場合《そのばあひ》靈魂《たましひ》が果《はた》して病人《びやうにん》を離《はな》れたかを檢《けん》するには、食物《たべもの》を投《な》げた後《あと》へ、臺所《だいどころ》の庖丁《はうちやう》を街路《がいろ》へ投《な》げる。庖丁《はうちやう》の刃《は》が、外《そと》へ向《む》くと、靈《れい》が行《い》つて了《しま》つた證據《せうこ》で、内《うち》へ向《な》くと未《ま》だ逃《に》げないのだ。

◎財産《ざいさん》のある韓人《かんじん》は、此際《このさい》の祈禱《きとう》を我家《わがや》で行《おこな》はずに何處《とこ》かの神殿《しんでん》で行《おこな》ふ京城《けいじやう》では南山《なんざん》の國師堂位《こくしたうぐらゐ》のものだ。

病死者の祈禱

◎韓人《かんじん》は病死者《びやうししや》に就《つ》いて巫女《みこ》の祈禱《きとう》を頼《たの》むに、四段《たん》の順序《じゆんじよ》がある。

◎第《だい》一は、病中《びやうちゆう》に於《おい》て病魔《びやうま》を退治《たいぢ》の祈禱《きたう》で、此際《このさい》、財産《さいさん》の有《あ》る者《もの》は附《ふ》近《きん》の神社《じんじや》で行《おこな》ふ。普通《ふつう》の人間《にんげん》は、我家《わがや》に巫女《みこ》を呼《よ》ぶ、其際《そのさい》巫女《みこ》は伴《とも》の者《もの》を連《つ》れて來《く》る。そして病者《びやうしや》の家《いへ》の中《うち》一切《せつ》の事《こと》を自分《じぶん》の物同樣《ものどうやう》に、處置《しよち》する。家族《かぞく》や知人《ちじん》等を一定《てい》の席《せき》に着《つ》かせ、食物《たべもの》を澤山《たくさん》に供《そな》へ、伴《とも》の者《もの》は例《れい》の德利《とくり》か籠《かご》を持《も》つて坐《すは》る、之《こ》へ病魔《びやうま》を引《ひ》き入《い》れやうと云《い》ふ趣向《しゆかう》で、巫女《みこ》は盛《さかん》に踊《おど》り出《だ》す。やがて巫女《みこ》は病魔《びやうま》に憑《のりうつ》られて樣々《さまざま》な病魔《びやうま》の名《な》を呼《よ》ぶ。そして病魔《びやうま》に向《むか》つて早《はや》く此病人《このびやうにん》を全快《よく》させよと叫《さけ》ぶ。然《そ》うしてる中《うち》に病《びやう》魔《ま》は巫女《みこ》の口《くち》を借《か》りて、病人《びやうにん》から病氣《びやうき》を取《と》り去《さ》る事《こと》を誓言《せいげん》する。間《ま》もなく、巫女《みこ》はケロリとして今迄《いままで》の狂態《きやうたい》から平常《いつも》の顔《かほ》に復《ふく》する。扨《さ》て供《そな》へた御馳走《ごちさう》は一同《みんな》で盛《さかん》に食《く》ふ。

◎次《つぎ》は、病者《びやうしや》が養生不相叶遂《やうじやうあひかなはずとうとう》ら死《し》んで了《しま》ふと、後堅《あとかた》めの御祈禱《ごきとう》で、病死《びやうし》者《しや》の靈《れい》は三日《か》間《かん》は其家《そのいへ》に留《とゞ》まつて居《を》ると言《い》ひ傳《つた》へられて居《を》るのだ。そこで、死者《ししや》が、何《なに》か言《い》ひたい事《こと》があつたらうと思《おも》はるゝ時《とき》には、親緣者知《しんえんしやち》己《き》一同其家《どうそのいへ》に會《くわい》し、巫女《みこ》を呼《よ》んで巫女《みこ》に死者《ししや》の靈《れい》を憑《のりうつ》らせる。此時《このとき》にも澤山御《たくさんご》馳《ち》走《そう》を供《そな》へて巫女《みこ》は死者《ししや》の意《い》を取次《とりつ》ぎ傳《つた》へる。之《これ》が終《おは》ると、一同《どう》はアイゴ〱で號哭《がうこく》し、十分腹《ぶんはら》を減《へ》らしてから、其《そ》の御《ご》馳《ち》走《そう》を平《たひら》げる。

◎次《つぎ》には、死者《ししや》が埋葬《まいそう》されてからの祈禱《きとう》である。之《これ》は甚《はなは》だお目出度《めでた》い方《はう》の部《ぶ》で、死者《ししや》は大御神《おほみかみ》の使者《ししや》に迎《むか》へられて他界《たかい》の人《ひと》となつたのだと考《かんが》へらるゝ時《とき》に、巫女《みこ》に賴《たの》んで、死者《ししや》を眞直《まつす》ぐに極樂入《ごくらくい》りさせ、折角《せつかく》の幸運《かううん》を途《と》中《ちう》種々《しゆ〲》の妨害《ばうかい》を蒙《かうむ》らない樣《やう》にと禱《いの》らせるのである。

◎又《また》一ッの御祈禱《ごきとう》は、葬式後《さうしきご》一ケ月《げつ》を經《へ》て後《のち》、死者《ししや》の友達等《ともだちら》が、金《かね》が有《あ》つたら、死者《ししや》の爲《た》めに追善《ついせん》を行《おこな》ふので、此際《このさい》には巫女《みこ》に賴《たの》んで黃泉《よみ》の神《かみ》を呼《よ》んで貰《もら》ひ、死者《ししや》をして後世長《かうせいなが》く安《やす》らかならしめる樣《やう》にと禱《いの》るのだ。是《これ》は却々《なか〳〵》大仕掛《おほじか》けなもので、多《おほ》くは死者《ししや》の家《いへ》に近《ちか》い大祠《おほやしろ》で擧行《きよかう》され、巫女《みこ》は櫃《ひつ》の底《そこ》を着飾《きかざ》つて御祈禱《ごきとう》をする。そして、巫女《みこ》は死者《ししや》の靈《れい》に憑《のりうつ》られて、一同《どう》が發《はつ》する質問《しつもん》に對《たい》し、矛盾撞着《むじゆんどうちやく》した答《こたへ》を勝手《かつて》に喋舌《しやべ》る。そして娑婆《しやば》に生殘《いきのこ》つて居《ゐ》る人々《ひと〳〵》の爲《た》めに十分《ぶん》幸福《かうふく》を計《はか》る旨《むね》を語《かた》る。すると、今度《こんど》は巫女《みこ》は黄泉《よみ》の神樣《かみさま》になつて、何《なに》やかや語《かた》る、次《つぎ》に死者《ししや》の家《いへ》を守《まも》る神《かみ》を呼《よ》び、之《これ》にも生殘《いきのこ》つた家族共《かぞくとも》を守護《しゆご》する事《こと》を誓《ちか》はせる。宛《ま》るて、死者《ししや》と半日《はんにち》の會談《くわいだん》を開《ひら》く調子《てうし》だ、之《これ》が一番贅澤《ばんぜいたく》な、一番興味《ばんけうみ》ある御祈禱《ごきとう》だ。晝《ひる》から始《はじ》まつて夜《よ》に入《い》る。

疱瘡神樣

◎病氣《びやうき》の神樣《かみさま》の中《うち》、一番《ばん》恐《おそ》ろしいのは疱瘡《はうそう》の神樣《かみさま》で、盛《さか》んなお祭《まつり》をして、疱瘡神《はうそうがみ》が入《はい》らぬ樣《やう》にし、若《も》し已《すで》に入《はい》つて居《ゐ》るならば、逃《に》げ行《ゆ》く樣《やう》にと祈《いの》る。

◎巫女《みこ》の大役《たいやく》は疱瘡神《はうそうかみ》を處理《しより》する事《こと》で、疱瘡《はうそう》ばかりは、覿面顏《てきめんかほ》へ現《あら》はれる、それに、多《おほ》くは一命《めい》に關《くわん》するから、韓人《かんじん》も油斷《ゆだん》しない、虎列拉《コレラ》以上《いじやう》に恐《おそ》れる。そこで、韓人《かんじん》は家內《かない》に疱瘡《はうそう》に罹《かゝ》つた者《もの》があつて、それが顏《かほ》に現《あらは》れて、五日目《かめ》からは、家內《かない》の者《もの》は一切髮《さいかみ》を梳《す》かない、新《あたら》しい衣服《いふく》を着《き》ない。室內《しつない》の掃除《さうぢ》を仕《し》ない、戶內《こない》に一切新《さいあた》しい物品《ぶつぴん》を入《い》れない、木《き》を切《き》らない、爪《つめ》を剪《はさ》まない、豆《まめ》を煎《い》らない、溝渠《みぞ》を塞《ふさが》れてはならない、若《も》し、右《みぎ》の事共《ことども》を等閑《なをざり》にすると、病人《びやうにん》は盲目《めくら》になつて、且《か》つ非常《ひじやう》なあばた面《づら》になると言《い》ひ傳《つた》へられる。又家《またいへ》の内《うち》で縫物《ぬひもの》をすると、病人《びやうにん》は堪《た》へがたい痒《かゆ》みを感《かん》じる、又氏神樣《またうぢかみさま》や、祖先《そせん》の靈《れい》に供物《そなへもの》を捧《さゝ》げると、疱瘡神樣《はうそうがみさま》の不興《ふけう》を蒙《かうむ》る。お飯《まんま》へ小豆《あづき》の糧《かて》など交《ま》ぜると、病人《びやうにん》の顔《かほ》が一生小豆面《しやうあづきづら》になると、此時《このとき》ばかりは韓人《かんじん》、白《しろ》いお飯《まんま》を勿體《もつたい》なげに戴《いたゞ》く次第《しだい》だ、それから、動物《どうぶつ》をば一切殺《さいころ》さぬ、若《も》し殺《ころ》すと、其罰《そのばち》て、患者《くわんじや》は顔《かほ》を爪《つめ》て引掻《ひつか》く、そして病《やまひ》が一層重《そうおも》る。洗濯《せんたく》や紙貼《かみば》り仕事《しごと》も不可《いけな》い、之《これ》は患者《くわんじや》の鼻《はな》が塞《ふさ》がる原因《もと》となると言《い》ひ傳《つた》へる。

◎斯《かく》く謹愼《きんしん》を表《へう》して、九日目《こゝのかめ》になると、爪《つめ》を剪《はさ》む事《こと》と、壁《かべ》を紙貼《かみば》りする事《こと》と、動物《どうぶつ》を殺《ころ》す事《こと》との外《ほか》は何《なに》をしても差支無《さしつかへな》いのだ。それから十三日《にち》目《め》には、疱瘡神様《はうそうがみさま》は全《まつた》く患者《くわんじや》を離《はな》れると云《い》ふ。そこで。此日《このひ》には、澤山《たくさん》に御馳走《ごちそう》を拵《こしら》つて疱瘡神様《はうそうがみさま》に捧《さゝ》げる、そして木《き》の切《き》れで、馬《うま》を造《つく》り、其《その》背《せ》には米《こめ》と錢《ぜに》の入《はい》つた藁《わら》の嚢《ふくろ》を括《くゝ》り付《つ》け、赤色《あかいろ》の日傘《ひがさ》と五色《しき》七色《しよく》の旗《はた》を付《つ》け、之《これ》を屋根《やね》へ置《お》く、そうすると、疱瘡神様《はうそうがみさま》は、此《こ》の馬《うま》に乘《の》つて行《い》つて了《しま》ふのだ、此日《このひ》には、巫女《みこ》は、其家《そのいへ》に來《き》て盛《さか》んな儀式《ぎしき》で以《もつ》て患者《くわんじや》を憐《あはれ》み、願《ねがは》くは顔《かほ》にあばたを殘《のこ》さない樣《やう》に、と疱瘡神様《はうそうがみさま》に祈る。

龍神祭

朝鮮《てうせん》では、到處《いたるところ》の河川《かせん》、並《なら》びに海灣《かいわん》が、凡《すべ》て龍神《りうじん》の棲所《すみか》だとしてある。
そして河流《かりう》に沿《そ》ふた村々《むら〳〵》は、皆《みな》毎年《まいねん》一定《てい》の季節《きせつ》に龍神祭《りうじんまつり》をする。

◎村々《むら〱》ばかりでない、凡《すべ》ての船舶《せんぱく》、即《すなは》ち帆船《はせん》、漁船《ぎよせん》、渡船《わたしぶね》、軍艦《ぐんかん》、艀船《はしけぶね》等《とう》に至《いた》る迄《まで》、皆《み》な一様《やう》に龍神《りうじん》を畏敬《いけい》する儀式《ぎしき》を行《おこな》ふのだ。

◎龍神祭《りうじんまつり》を行《おこな》ふ謂《いは》れは、龍《りう》は雨《あめ》を司《つかさど》る者《もの》で、農事《のうじ》經營《けいえい》を成功《せいこう》させやうとするには、是非《ぜひ》共《とも》龍神様《りうしんさま》の御稜威《みゐづ》に頼《たよ》らなければならぬと云《い》ふのである。

◎然《さ》れば、龍神祭《りうじんさい》は、小舟《こぶね》の中《なか》で、巫女《みこ》を祭主《さいしゆ》として行《おこな》はれ、村民《そんみん》は、出《で》來《き》るだけ多《た》數《すう》小舟《こぶね》に乘《の》つて群衆《ぐんしう》する。

◎此時《このとき》の、巫女《みこ》への謝禮《しやれい》と云《い》ふのは、韓人《かんじん》に取《と》つては、驚《おどろ》くべき、多額《たかく》で一祭《まつり》に付《つ》き、約《やく》四十圓《ゑん》だ。そして、此祭《このまつり》には、巫女《みこ》は、水《みづ》を一杯《ぱい》入《い》れた甕《かめ》の上《うへ》へ渡《わた》した刀《かたな》の上《うへ》で盛《さか》んに踊《おど》る此《こ》の刀《かたな》は刃《は》があるか無《な》いか分《わか》らぬが、兎《と》に角《かく》研《と》ぎ澄《すま》した紫色《むらさきいろ》物凄《ものすご》く、龍神様《りうじんさま》のお蔭《かげ》で、巫女《みこ》は半日《はんにち》の刀渡《かたなわた》りに、一年分《ねんぶん》の食《く》い扶持《ふち》を儲《もう》ける事《こと》は確《たし》かだ。

◎又沿海地《またえんかいち》の、船《ふね》の中《なか》で、龍神祭《りうじんさい》を行《おこな》ふ場合《ばあい》には、巫女《みこ》は祈禱《きとう》で以《もつ》て龍神《りうじん》並《なら》びに、溺死者《できししや》の靈《れい》を呼《よ》ぶ、そして海上《かいじやう》を穩《おだや》かにして、航海《かうかい》を安全《あんぜん》にするやうにと嘆願《たんぐわん》する。

◎漁船《ぎよせん》の龍神祭《りうじんさい》には、簡單《かんたん》な儀式《ぎしき》で、其地方《そのちはう》の漁船全部《ぎよせんぜんぶ》を代表《たいへう》する。其際《そのさい》巫女《みこ》は、龍神《りうじん》に向《むか》つて、人間《にんげん》が海《うみ》に出《で》て龍神樣《りうじんさま》の臣僕《しんぼく》たる魚類《ぎよるゐ》を捕《とら》へる事《こと》は罪惡《ざいあく》であるが、併《しか》し人間《にんげん》は魚《うを》を食《く》つて生命《せいめい》を繫《つな》がなければならぬと云《い》ふ事《こと》を白狀《はくじやう》し、且《か》つ訴《うつた》へて、就《つひ》ては、漁民共《ぎよみんども》をば、大目《おほめ》に見《み》て、澤山《たくさん》に漁《れふ》があるやう樣《やう》にして吳《く》れと嘆願《たんぐわん》する。

◎渡船《わたしぶね》は、朝鮮《てうせん》には河川《かせん》に橋《はし》が少《すく》ないから、甚《はなは》だ重要《ちうえう》なものだ、そして毎《まい》年《ねん》の樣《やう》に、愚昧《ぐまい》な韓人等《かんじんら》は、無理《むり》に大勢乘《たいせいの》り合《あ》つて、爲《た》めに渡船《わたしぶね》が沈沒《ちんぼつ》し諸死《もろじに》する事《こと》が多《おほ》い。處《ところ》で、重要《ちうえう》な渡《わた》し場《ば》の龍神祭《りうじんまつり》と云《い》ふのは、實《じつ》にあくど○○○

。いもので、其光景甚《そのくわうけいはなは》だ物凄《ものすご》い、一艘《さう》の小舟《こぶね》に屋根《やね》の背《せ》の様《やう》に、舟《よね》の長《なが》さと同《おな》じ長材《ちやうざい》を結《むす》び付《つ》けて、外《ほか》に種々《いろいろ》と華美《はで》な満船飾《まんせんしよく》を施《ほどこ》す、朝鮮流《てうせんりう》の飾《かざ》りだから、一見實《けんじつ》に異様《ゐやう》の感《かん》を與《あた》へる。

◎巫女《みこ》は、此《こ》の小舟《こぶね》へ群民等《ぐんみんら》と共《とも》に乗《の》つて岸《きし》を離《はな》れ、中流《ちうりう》に浮《うか》ぶ、そして舟中《しうちう》に備《そな》へた飲食物《ゐんしよくぶつ》を多量《たりやう》に水中《すゐちう》に投《とう》じて龍神様《りうじんさま》に捧《さゝ》げる、やがて、巫女《みこ》は怪《あや》しげな呪文《じゆもん》を唱《とな》へて居《ゐ》ると、神氣興奮《しんきこうふん》した體《てい》になり、全《まつた》く術中《じゆつちう》の人《ひと》となつて、今度《こんど》は溺死者《できしじや》の靈《れい》に憑《のりう》つる。すると、巫女《みこ》は夜叉《やしや》の如《ごと》き形相《ぎやうさう》を現《あら》はして、舟《よね》に結《むす》び付《つ》けてある長材《ちやうざい》へ飛《と》び上《あが》り、有《あ》り丈《た》けの聲《こえ》を叫《さけ》び廻《まは》つて踊《おど》る。此《こ》の踊《おど》りが一時間《じかん》も續《つゞ》くと、今度《こんど》は舟《よね》を岸《きし》に着《つ》け、巫女《みこ》は河岸《かし》の柳《やなぎ》樹《のき》に走《はし》つて、其《そ》の尖端《はし》に攀上《よぢのぼ》り、聲《こえ》を震《ふる》はして悲《かな》しげに泣《な》き叫《さけ》ぶ。そして自分《じぶん》は暗《くら》い水中《すゐちう》に囚《とらは》れとなつた溺死者《できししや》の靈《れい》で、今日《けふ》は幸《さいはひ》と娑婆《しやば》の光《ひかり》を仰《あふ》ぐのだと叫《さけ》び、四方《しはう》を眺望《てうばう》する眞似《まね》をして、やがて地上《ちじやう》に下《お》りる。此間巫女《このあひだみこ》は齒《は》を喰《く》ひ縛《しば》り、咽喉《のんど》が裂《さ》けるかと思《おも》はるゝ迄《まで》一杯《ぱい》に聲《こゑ》を擧《あ》げて喚《わめ》き叫《さけ》ぶ實《じつ》に狂態《きやうたい》を極《きは》めたものである。

◎以前《いぜん》、朝鮮《てうせん》て、支那《しな》へ朝貢使《てうこうし》を立《た》てた頃《ころ》には、使節《しせつ》の從者《とも》共《とも》は盛《さか》んに巫《み》女《こ》の祈禱《きたう》を難有《ありがた》がつたもので、一國《こく》の使節《しせつ》が、迷信《めいしん》の爲《た》めに巫女《みこ》を賴《たの》むは少《すく》なからず尊嚴《そんげん》を潰《けが》したものである。此際《このさい》の祈禱《きたう》は、巫女《みこ》が四五人《にん》來《く》る。そして、龍神樣《りうじんさま》に使節《しせつ》一行《かう》を守護《しゆご》して安全《あんぜん》に歸朝《きてう》せしめて吳《く》れと祈《いの》るのであるが、此時《このとき》のは默狂言《だんまり》で、言語《げんご》を發《はつ》せずに、唯《た》だ形《かたち》で意《い》を表《あらは》すのだ。まるで、幼稚《えうち》な芝居《しばゐ》だ、一人《ひとり》の巫女《みこ》は使節《しせつ》になる、一人《ひとり》は宰相《さいせう》になる、そして使命《しめい》を授《さづ》け、途中恙《とちうつゝが》なく命《めい》を果《はた》して安全《あんぜん》に歸《かへ》つて來《こ》いと云《い》ふ意《い》を形《かたち》で見《み》せるのだ。

◎我邦《わがくに》でも能《よ》く言《い》ふ事《こと》だが、少女《せうぢよ》を龍神様《りうじんさま》に捧《さゝ》げて豊作《ほうさく》を祈《いの》るなどの習慣《しふくわん》は、朝鮮《てうせん》でも、今《いま》の李朝《りてう》の始《はじ》め頃迄《ころまで》は随所《ずゐしよ》に行《おこな》はれたもので、之《これ》が巫女《みこ》の役目《やくめ》であつた。娘《むすめ》を沼《ぬま》の龍神様《りうじんさま》に捧《さゝ》げると云《い》ふので、随分悲惨《ずゐぶんひさん》な事《こと》ばかり行《おこな》はれた。處《ところ》が賢明《けんめい》な郡守《ぐんしゆ》が有《あ》つて、巫女《みこ》に向《むか》ひ、生《い》きた人間《にんげん》を龍神《りうじん》に捧《さゝ》げる事《こと》が是非《ぜひ》必要《ひつえう》かと問《と》ふと、『如何《いか》にも、龍神《りうじん》は非常《ひじやう》に喜《よろこ》んで、五穀《こく》を豊《ほう》熟《じゆく》させまする』と云《い》ふ。『何《ど》うしてお前《まへ》にそれが解《わか》るか』と問《と》ふと、巫女《みこ》は威《ゐ》丈高《たけたか》になり、『妾《わたし》は龍神様《りうしんさま》とは友達《ともたち》で、龍神様《りうしんさま》の心《こゝろ》を能《よ》く知《し》つて居《ゐ》る』と云《い》ふ。郡主大喝《ぐんしゆたいかつ》して、『宜《よろ》しい、夫《それ》では、そんな仲好《なかよ》しなら、お前達《まへたち》の中誰《ちうた》れか龍神様《りうじんさま》の犠牲《ぎせい》になつたら、龍神様《りうじんさま》は殊《こと》の外喜《ほかよろこ》ぶだらう』とて、従者《じうしや》に命《めい》じて、巫女《みこ》の一人《ひとり》を水中《すゐちう》に投《とう》ぜしめた。併《しか》し、龍神《りうじん》は、夫《それ》を喜《よろこ》んで受《う》け納《をさ》むる形跡《けいせき》が見《み》えないので、二番目《ばんめ》の巫女《みこ》を又水《またみつ》に投《とう》じたが、之《これ》も何《なん》の功験《こうけん》が見《み》えない、そこで三番目《ばんめ》の巫女《みこ》を投《とう》じたが、之《これ》も何《なん》の驗《しるし》なし、夫《そ》れ以來《じらい》巫女《みこ》の勢力《せいりよく》は全《まつた》く失《うしな》はれて、現今《いま》では最下等《さいかとう》の人間《にんげん》として、社會《しやくわい》の表面《へうめん》からは齒《よはひ》されぬ事《こと》になつた。それでも、無智文盲《むちもんまう》の輩《やから》は迷信《めいしん》に陷《おちい》つて竊々《ひそく》に巫女《みこ》を難有《ありがた》がつて居《ゐ》る、其習慣《そのしふくわん》は社會《しやくわい》一般《ぱん》に浸潤《しんじゆん》して、何《なに》か苦《くる》しい事《こと》があると、意氣地《いきぢ》もなく巫女《みこ》を賴《たよ》りにする。今《いま》も隱然《ゐんぜん》として巫女《みこ》の勢力《せいりよく》は侮《あなど》りがたいとか。

修驗者

◎男盲者《をとこめくら》の修驗者《しうけんじや》を朝鮮人《てうせんじん》はパンスと呼《よ》ぶ、巫女《みこ》が八百萬《やをよろづ》の靈魂《たましひ》と仲良《なかよ》しであつて、其《そ》の祈禱《きたう》は之等《これら》靈魂《たましひ》と和解《わかい》して其《そ》の祟《たゝ》りを宥《なだ》めるとは反對《はんたい》に修《しゆ》驗者《けんじや》の役目《やくめ》は靈魂《たましひ》に敵對《てきたい》して之《これ》を追拂《おひはら》ふのである。巫女《みこ》は古《ふる》くからあるのだが、修驗者《しうけんじや》は二三百年前《ねんぜん》に起《おこ》つたのだと言《い》ひ傳《つた》つて居《ゐ》る。

◎修驗者《しゆけんじや》の方《はう》は、卜占《うらない》さん的《てき》て、人《ひと》の運氣《うんき》を判斷《はんだん》するのが主《おも》なる役目《やくめ》らしい、例《たと》へば、此《こ》の裁判《さいばん》は勝《か》てるか、此人《このひと》は無罪放免《むざいほうめん》になるか、今《いま》に好《い》い運《うん》が起《お》きるか、此事業《このじげふ》は成功《せいこう》するか、今年《ことし》は何《ど》んな禍《わざはひ》が來《く》るかとか、何月《なんげつ》には何《ど》んな出來事《できごと》が生《しやう》ずるかとか、尋《たづ》ね人《びと》、失《うしな》ひ物《もの》の在所《ありか》、其他《そのた》明日《あす》のお天《てん》氣《き》は何《ど》うとか、日本《にほん》の卜占《うらない》さんと略《ほゞ》同《おな》じ者《もの》らしい。

◎韓民《かんみん》は、長《なが》い間頑固《あひだがんこ》な惡性《あくしやう》の病氣《やまひ》に罹《かゝ》つて、良《い》い加減《かげん》な藥《くすり》で癒《なを》らないと之《これ》は鬼神《クイシン》の仕業《しわざ》だ、鬼神《クイシン》に取憑《とりつ》かれたのだと云《い》ふ事《こと》になり、そこで鬼神《クイシン》を拂《はら》ふ爲《た》めに此《こ》の修驗者《しうけんじや》を賴《たの》む。

◎此《こ》の修驗者《しゆけんじや》は、病家《びやうか》へ出《で》かけて鬼神調伏《きじんてうふく》の行《ぎやう》をするので、病家《びやうか》では、室《へや》の壁《かべ》へ何々《なに〱》鬼神《クイシン》と、八百萬《やをよろづ》の鬼神《クイシン》の名《な》を書《か》き付《つ》けたる紙《かみ》を貼《は》り付《つ》ける、赤《あか》い紙《かみ》へ書《か》いて、門《もん》へ迄貼《までは》り付《つ》ける。偖《さ》て、修驗者《しゆけんじや》は、左手《さしゆ》に圓形《えんけい》の鉦《かね》を持《も》ち、右手《めて》に撞木《しゆもく》を持《も》つて、盛《さか》んに鉦《かね》を叩《たゝ》く、其《そ》の前《まへ》には、布片《ぬのきれ》で小《ちい》さい鬼《グイ》神《シン》の人形《にんぎやう》を拵《こしら》へて、一人《ひとり》の男《をとこ》が、夫《それ》を差出《さしだ》すと、一人《ひとり》の男《をとこ》が手《て》に棒切《ぼうき》れを持《も》つて構《かま》へる、此《こ》の二人《ふたり》は、普通《ふつう》の人間《にんげん》で、目明《めあ》きだ、助手《じよしゆ》である。傍《かたは》らには、酒德利《さかとくり》を備《そな》へて、修驗者《しゆけんしや》は鉦《かね》を叩《たゝ》きながら、鬼神《クイシン》の人形《にんぎやう》に向《むか》つて、未《ま》だ入《はい》らんか〱と、早《はや》く德利《とくり》の中《なか》へ入《はい》つて了《しま》へと叱《しか》る、詰《つま》り紙《かみ》へ書《か》いた鬼神《クイシン》の名《な》で家《いへ》の内《うち》に潛《ひそ》んで居《ゐ》る凡《すべ》ての鬼神《クイシン》を呼《よ》び集《あつ》め、拵《こしら》へた人形《にんぎやう》へ其《そ》の魂《たましひ》を代表《だいへう》させ、之《これ》を鉦《かね》を叩《たゝ》き、棒切《ぼうきれ》で責《せ》めて德利《とくり》の中《なか》へ追《お》ひ込《こ》み、封《ほう》じ込《こ》めやうと云《い》ふ趣向《しゆかう》なのだ。

◎此《こ》の祈禱《きとう》は三夜《や》續《つゞ》けて行《おとな》ふ、祈禱者《きとうしや》への禮金《れいきん》は、最低額《さいていかく》七圓《ゑん》、存分《ぞんぶん》にすると、金《かね》の外《ほか》に御馳走《ごちそう》を澤山《たくさん》に出《だ》し、且《か》つ衣類《いるゐ》一式調進《しきてうしん》して謝禮《しやれい》とする。韓人生活《かんじんせいくわつ》の七圓《ゑん》は、我々《われ〳〵》で言《い》つたら二三十圓以上《ゑんいじやう》に當《あた》る。だから此《こ》の御祈《ごき》禱《とう》は、餘程《よほど》の難病者《なんびやうしや》にのみ行《おこな》ふものらしい。修驗者《しゆけんしや》は盲目男《めくらをとこ》に限《かぎ》る商賣《しやうばい》だ併《しか》し何《なに》も此《こ》の盲者《めくら》は、神通力《しんつうりき》を得《え》て居《ゐ》るのではない、全《まつた》く韓人《かんじん》の迷信《めいしん》だ、日本《にほん》の山伏體《やまぶしてい》のものだらう。

月蝕

◎朝鮮《てうせん》の迷信《めいしん》に依《よ》れば、月蝕《げつしよく》は、天《てん》の犬《いぬ》が月《つき》を食《く》ふのだと言《い》ひ傳《つた》へてあるそこて、彼等《かれら》は月蝕《げつしよく》の際《さい》には、丘《をか》上に集《あつま》り、又《また》は家《いへ》の附近《ふきん》に集《あつま》つて、踊《おど》つたり跳《は》ねたり盛《さか》んに鳴物《なりもの》を用《もち》ゐて、天《てん》の犬《いぬ》を脅喝《けふかつ》して追《お》ひ拂《はら》はうと力《つと》める此時《このとき》の狂態《きやうたい》は實《じつ》に奇觀《きくわん》であると云《い》ふ。之《これ》は今後《こんど》月蝕《げつしよく》の際《さい》、城外《じやうぐわい》の田舍《ゐなか》へ出《で》掛《か》けて親《した》しく御覽《ごらん》なされと申《まを》して置《お》きます。

吉凶判斷

◎朝鮮人《てうせんじん》は、運氣《うんき》と云《い》ふ事《こと》をヒドク懸念《けねん》する。て人《ひと》に幸福《かうふく》を授《さづ》けるものとしては、種々《しゆ〴〵》な物《もの》を信《しん》ずる。第《だい》一は、蛇《へび》て、到《いた》る處《ところ》の村々《むら〳〵》に蛇《へび》を祭《まつ》る場所《ばしよ》がある、家《いへ》の附近《ふきん》に大《おほ》きい蛇《へび》が出《で》ると、吉兆《きつてう》として大喜《おほよろこ》び。其他《そのた》、豚《ぶた》、蝦《が》蟆《ま》、鼬鼠《いたち》等《とう》を見《み》るのも幸運《かううん》の授《さづか》る前兆《ぜんてう》と見做《みな》されて居《ゐ》る、然《しか》し之等《これら》の動物《どうぶつ》は年數《ねんすう》を經《ふ》ると通力《つうりき》を得《え》て化《ば》けて人《ひと》に禍《わざはひ》すると云《い》ふ。

◎例年正月《れいねんしやうぐわつ》に、韓人《かんじん》は少《ちい》さい藁人形《わらにんぎやう》を造《つく》り、其中《そのなか》へ僅《わづ》かばかり錢《ぜに》を詰《つ》め込《こ》み、之《これ》を兒童等《こどもら》が大勢《たいせい》遊《あそ》んで居《ゐ》る路《みち》へ投《な》げてやると、兒童等《こどもら》は一齊《せい》に爭《あらそ》ふて夫《それ》を拾《ひろ》ひ、中《なか》の錢《ぜに》を得《え》やうとて、引張《ひつぱ》り合《あ》ふから、人形《にんぎやう》は細々《こま〴〵》に裂《さ》かれる、之《こ》れが、惡運《あくうん》の靈《れい》を碎《くだ》いて全《まつた》く人《ひと》に禍《わざはひ》する力《ちから》を失《うしな》はしむる爲《た》めのお呪《まじない》だ。

◎所《ところ》に依《よ》つては、人民《じんみん》は、我家《わがや》の入口《いりぐち》に帽子《ぼうし》や、着物《きもの》を掛《か》け、又《また》は古草鞋《ふるわらじ》や魚《うを》の頭《あたま》など、下《さ》げて置《お》く、之《これ》は戸《と》の神樣《かみさま》や、家《いへ》の中《なか》の樣々《さま〴〵》の神樣《かみさま》に象《かた》どつたものである。

天變地異

◎朝鮮《てうせん》には天變地異《てんぺんちゐ》に關《くわん》する迷信《めいしん》が甚《はなは》だ多《おほ》い、何《なに》か事《こと》ある前《まへ》には、必《かなら》ず前《ぜん》兆《てう》がある。半開化《はんかいくわ》の國民《こくみん》の宗教《しうけう》は、恐怖《きようふ》が根原《こんげん》となつて居《ゐ》る。國家滅亡《こくかめつばう》の前兆《ぜんてう》としては、支那流《しなりう》に王宮《わうぐう》の廻廊《くわいらう》を百鬼夜《きよ》な〳〵横行《わうかう》して『國《くに》は亡《ほろ》ぶ』と叫《さけ》び廻《まは》つた、それが一番鷄《ばんとり》が鳴《な》くと皆《な》な地中《ちちう》へ消《き》える、そこで其《そ》の消入《きえい》る土《つち》を掘《ほ》り返《かへ》して見《み》たら龜《かめ》が居《ゐ》た、背《せ》には『天日地《てんじつち》に落《お》つ』と文字《もじ》が彫《ほ》られてあつた。

◎之《これ》も國家滅亡《こくかめつばう》の前兆《ぜんてう》として、虎《とら》が山《やま》から下《お》りて都《みやこ》の巷《ちまた》を廻《まは》り歩《ある》いた、海《かい》水《すゐ》が血《ち》の樣《やう》に紅《あか》くなつた。流星《りうせい》あり、彗星現《はうきぼしあら》はれ、月蝕《げつしよく》あり。國王行幸《こくわうぎやうかう》の際《さい》白狐路《びやつこみち》を横切《よこぎ》る、雨《あめ》の中《うち》へ蟲《むし》が交《まじ》つて降《ふ》つた。冬日雷鳴《とうじつらいめい》がした。果樹《くわじゆ》が秋花《あきはな》咲《さ》いた、御廟《みたまや》から夜《よ》な〳〵悲鳴《ひめい》が聞《きこ》えた。城門《じやうもん》や、殿堂《でんだう》の門《もん》が一夜《や》に吹《ふ》き飛《と》ばされた、雲《くも》や霧《きり》が縱橫《じうわう》に飛《と》んで互《たがひ》に鬪《たゝか》ふ形《かたち》を現《あら》はした。以上《いじやう》の如《ごと》きは凡《すべ》て、覆滅災害不幸《ふくめつさいがいふかう》の前兆《ぜんてう》である。

朝鮮の醫者

◎乾劑《かんざい》と貼紙《はりがみ》して居《を》るのは、賣藥店《ばいやくてん》で、醫者《いしや》ではない。醫者《いしや》は、門《もん》に『神《しん》農之《のうの》遺《い》業《げふ》』と看《くわん》板《ばん》を出《だ》して居《を》る。支那《しな》では、神農氏《しんのうし》が百草《さう》を嘗《な》めて始《はじ》めて醫藥《いやく》ありと言《い》ふて居《ゐ》る、即《すなは》ち醫業《いげふ》は神農《しんのう》の遺業《ゐげふ》なのだ。

◎此《こ》の意味《いみ》から行《ゆ》くと、ドクトル諸君《しよくん》は、ヒポクラテス之《の》遺《ゐ》業《げふ》と横文字《よこもじ》の看板《くわんばん》を出《だ》すが本當《ほんたう》らしい、順天堂《じゆんてんどう》などは占《うらなひ》さんの樣《やう》に聞《きこ》える。

◎閑話休題《かんわきうだい》として、朝鮮《てうせん》の醫者《いしや》は、普通人《ふつうじん》と同《おな》じ服裝《ふくさう》をして、何《なに》も診察器《しんさつき》を持《も》たぬ、手《て》で脈《みやく》を診《み》る事《こと》を唯《ゆ》一の方法《はうはふ》として居《を》る。

◎一つ參考《さんかう》に、韓婦人《かんふじん》の病狀《びやうじやう》を書《か》いて我《わ》が醫院《ゐゐん》へ持《も》つて來《き》たのをお目《め》に掛《か》けると。

某夫人《ばうふじん》、年《とし》三十二、

病錄《びやうろく》

初《はじ》め胚胎《はいたい》せず、七八年來《ねんらい》より心火病《しんくわやまひ》と爲《な》る、手足火熱《しゆそくくわねつ》あり、鼻中火熱《びちうくわねつ》あり、鼻紅春夏尤《びこうしゆんかもつと》も甚《はなはだ》しく秋冬稍《しうとうや》や歇《や》む、下腹溫痰《かふくをんえん》あるに似《に》たり、大便《だいべん》一二日間《にちかん》に一度《ど》、乾燥《かんさう》して色黑《いろくろ》く、堅《かた》きこと石《いし》の如《ごと》し、溫藥《をんやく》を服《ふく》すれば則《すなは》ち熱氣加生《ねつきかせい》し、涼藥《りやうやく》を服《ふく》すれば則《すなは》ち下腹甚《かふくはなは》だ冷《ひ》ゆ。

服藥《かんやく》三日間《かかん》の動靜《どうせい》

服藥《ふくやく》の次日《じじつ》泄瀉《せつしや》すること二度《ど》、大便甚《たいべんはなは》だ熱《ねつ》す、其次日又此《そのじじつまたかく》の如《ごと》し、筋力《きんりよく》損《そん》ずるなく、心神清爽服藥《しんしんせいさうふくやく》すれば即時《そくじ》手足鼻口《しゆそくびこう》の火熱乍《くわねつたちま》ち退《しりぞ》き暫《しば》らくして復熱舊《ふくねつきう》の如《ごと》し。

之《これ》は子《し》宮癌《きうがん》の徴候《ちやうこう》らしいが、診察《しんさつ》を承知《しやうち》しなかつた。

◎韓國《かんこく》の醫書《いしよ》は多《おほ》く支那《しな》傳來《でんらい》の神農《しんのう》の遺業《ゐげふ》であるが、其中《そのなか》には韓人獨創《かんじんどくそう》の見《けん》に成《な》つた醫書《いしよ》や。弟子《でし》に口授《くじゆ》した秘傳《ひでん》などが寫本《しやほん》になつて殘《のこ》つて居《を》るのが有《あ》つて、之等《これら》は實《じつ》に韓人《かんじん》一流《りう》の取留《とりと》めのない想像說《さうぞうせつ》が多《おほ》く、噴飯《ふんぱん》に値《あたひ》する様《やう》な事柄《ことがら》が、難解《なんかい》な漢文《かんぶん》で綴《つゞ》られて居《ゐ》る。併《しか》し醫藥《ゐやく》になると、長年月《ちやうねんげつ》の經驗《けいけん》から自得《じとく》したもので、草根木皮《さうこんもくひ》の配劑《はいざい》が、何《ど》うにか物《もの》になつて居《ゐ》る。人參《にんじん》は高價《たか》いから兩班《りやンバン》の方《はう》にのみ用《もち》ゐられる。以下少《いかすこ》しく韓人《かんじん》の迷信的《めいしんてき》に用《もち》ゆる珍妙《ちんめう》な藥品《やくひん》を擧《あ》げて見《み》やう。

◎人間《にんげん》の小便《せうべん》は、婦人《ふじん》の嗽咳《せき》や、多量《たりやう》の月經《げつけい》や、產後《さんご》の眩暈《めまい》や、其他婦人《そのたふじん》病《びやう》の熱性《ねつせい》のものに、朝夕使用《てうせきしよう》され、又長命《またちやうめい》の秘藥《ひやく》として賞用《しやうよう》される。

◎小便《せうべん》の製劑《せいざい》、即《すなは》ち人間《にんげん》の小便《せうべん》を、三年間陶器《ねんかんたうき》の壺《つぼ》に入《い》れて置《お》くと沈澱《ちんでん》して褐色《くわつしよく》を帶《お》びた白《しろ》い粕《かす》が溜《たま》る、之《これ》を朝鮮《てうせん》の醫者《いしや》は人中白《じんちうはく》と稱《とな》へ婦人《ふじん》の解熱《げねつ》劑《ざい》として珍重《ちんちやう》する。

◎婦人《ふじん》の月經《げつけい》も、一種《しゆ》の藥劑《やくざい》として賞用《しやうよう》さるゝと云《い》ふに至《いた》つては廢物利用《はいぶつりよう》も些《ち》と殘酷《ざんこく》の樣《やう》であるが之《これ》は蠑守《ゐもり》の黑燒《くろやき》と効《かう》を同《おなじ》うするのではなく滋強丸《じきやうぐわん》的強壯劑《てききやうさうざい》として賞用《しやうよう》され、時《とき》としては毒藥《どくやく》の代用《だいよう》を勸《つと》める、即《すなは》ち、刄物《はもの》に月經《げつけい》を塗《ぬ》つて人《ひと》を斬《き》ると、些少《すこし》の傷《きず》だも必《かなら》ず人《ひと》を死《し》に至《いた》らしむる力《ちから》があると信《しん》じられて居《ゐ》る、殊《こと》に初發《しよはつ》の月經《げつけい》は紅鉛《こうえん》と稱《しよう》せられて、少女《せうぢよ》の貧血症《ひんけつしやう》食《しよく》氣《き》不《ふ》進《しん》、月經閉鎖《げつけいへいさ》などの適藥《てきやく》として非常《ひじやう》に貴重《きちやう》な藥《くすり》と崇《あが》められて居《ゐ》る。

◎男女《だんぢよ》の褌《ふんどし》の、丁度陰部《ちやうどいんぶ》に當《あた》る所《ところ》を六寸《せん》四方切《はつき》り取《と》り、黑燒《くろやき》にして水《みづ》に浸《ひた》し、產後《さんご》、胞衣《えな》が下《くだ》らない時《とき》服用《ふくよう》すると、治《ち》す事《こと》、神《しん》の如《ごと》しとは神農樣《しんのうさま》も後《かう》生《せい》畏《おそ》るべしと、今頃《いまごろ》草根木皮《さうこんもくひ》の蔭《かげ》て舌《した》を捲《ま》いて居《ゐ》るだらう、併《しか》し之《これ》は韓人《かんじん》獨創《どくさう》の新藥《しんやく》で、人裩襠《にんこんたう》と云《い》ふ嚴《いか》めしい藥名《やくめい》が付《つ》いて居《を》る。

◎人間《にんげん》の大便《たいべん》も、大熱《たいねい》の妙藥《めうやく》として少《すく》なからず賞用《しやうよう》される、糞喰《くそくら》へとは、喧嘩相手《けんくわあひて》が嚇《くわつ》と大熱《たいねつ》に逆上《のぼ》せた時《とき》の應急手《おうきよて》當《あて》になつて居《を》る所《ところ》から見《み》ると、此點《このてん》江《え》戸《ど》つ子《て》もヨボと同じことだ。だがヨボの方《はう》では大便《たいべん》を其《そ》の儘生造《まゝなまつく》りで舌鼓打《したつゞみう》つのではない、立派《りつぱ》な製劑《せいざい》にする、其方法《そのはうはふ》は、却々鄭重《かな〳〵ていちやう》を極《きは》めたもので、先《ま》づ之《これ》を天日《てんぴ》に晒《さら》すと乾燥《かんさう》する、夫《それ》を藥研《やけん》で十分《ぶん》粉末《ふんまつ》にする事宜《ことよろ》しくあり、而《しか》して後湯《のちゆ》の中《なか》に浸出《ひたしだ》し、婦人《ふじん》の解熱劑《げねつざい》として賞味《しやうみ》する所《ところ》は粉《こ》茶《ちや》を立《た》てる遣《や》り口《ぐち》だ、また一法《はふ》は人糞《じんぷん》を乾燥《かんさう》させてこれを蒸燒《むしやき》にする、芳香室《はうかうしつ》に遍《あまね》くなつた頃《ころ》、之《これ》を水《みづ》の中《なか》に浸《ひた》して長《なが》い間保存《あひたほぞん》し、其上澄《そのうはず》みを德《とく》利《り》へ詰《つ》める。之《これ》を破棺湯《はくわんとう》と名《なづ》け、婦《をんな》の大熱《たいねつ》の妙藥《めうやく》とは、此《こ》の所神農樣鼻《ところしんのうさまはな》つまみて逃《に》げ出《だ》す。

◎夫《そ》れから、小便《しやうべん》から人中白《じんちうはく》を製《せい》する以上《いじやう》、大便《たいべん》から、人中糞《じんちうふん》と云《い》ふ妙藥《めうやく》が製造《せいざう》されるのが當《あた》り前《まへ》だ。併《しか》し、之《これ》も製劑法《せいざいはふ》が、韓國《かんこく》のお醫者《いしや》の秘傳《ひでん》で傳授料《でんじゆれう》が高《たか》い、內證《ないしやう》でお話《はなし》すると、先《ま》づ十二月初旬《ぐわつしよじゆん》に、青竹二節《あをたけふたふし》を切《き》つて外《そと》の皮《かわ》をすつかり剝《は》ぎ取《と》り、其中《そのなか》に人糞《じんぷん》を詰《つ》めて、其上《そのうへ》に甘草末《かんさうまつ》を少《すこ》し入《い》れ、長《なが》らく地中《ちちう》に埋《う》めて置《お》く、そして出來上《できあが》つたものを天日《てんぴ》に晒《さら》したのが難有《ありがた》い藥《くすり》になる。

◎江戸《えど》ッ子《こ》は、能《よ》く爪《つめ》の垢《あか》を煎《せん》じて飲《の》めなどゝ云《い》ふが。之《これ》が朝鮮《てうせん》の醫藥《いやく》から傳來《でんらい》したのらしく、相當《さうたう》な據處《よりどころ》のあるものと見《み》える。何《な》せと云《い》ふに、朝鮮《てうせん》では、人間《にんげん》の爪《つめ》、殊《こと》に妊婦《にんぷ》の爪《つめ》は、お產《さん》の時《とき》には、殆《ほと》んど洽《あまね》く用《もち》ひらるゝ藥品《やくひん》で、安產疑《あんざんうたが》ひなし、且《か》つ、頭痛《づつう》を和《やはら》げて分娩《ぶんべん》を速《すみや》かならしむる特効《とくかう》藥《やく》として居《を》る。

◎次《つぎ》に、一段下《だんさが》つては、總《すべ》ての鳥類《てうるゐ》の大便《だいべん》は、皆《み》な藥品《やくひん》にされて居《ゐ》る。之《これ》では糞醫者《くそいしや》のクソリで、ヨボおツ主婦《かみ》さん達《たち》は壽命《じゆみやう》を縮《ちゞ》めるばかりだらうと考《かんが》へる人《ひと》もあらうが、ヨボは糞臭《くそくさ》い家《いへ》の內《うち》に住《す》んで居《を》る人種《じんしゆ》なのだから之《これ》でも何《なん》かの効驗《かうけん》が有《あ》るのだらう。

◎次《つぎ》に獸類《じうるゐ》になると、韓人婦《かんじんぷ》の服用《ふくよう》する藥品《やくひん》は澤山《たくさん》有《あ》る、先《ま》づ牛《うし》の耳垢《みゝあか》と鼻《はな》は婦人《ふじん》の膀胱病《ばうくわうびやう》と尿道炎《ねうだうえん》に特効藥《とくかうやく》、牛《うし》の涎《よだれ》、殊《こと》にヨボ〳〵になつた老牛《らうぎう》の粘《ねば》い、泡立《あわだ》つたのは、姙婦《にんぷ》の嘔吐《おと》、即《すなは》ちツワリの妙藥《めうやく》として用《もち》ゐられ、牛《うし》の陰莖《いんけい》は白帯下の奇効藥《きかうやく》、牛《うし》の小便《しやうべん》は脹滿《ちやうまん》の妙藥《めうやく》。犢《こうし》の糞《ふん》は臭氣《しうき》ある帶《たい》下《か》の即効藥《そくかうやく》として珍重《ちんちやう》される。

朝鮮の葬式

◎朝鮮人《てうせんじん》は室《へや》を變《か》へると病《やまひ》は止《と》まると思《おも》ふて居《ゐ》るので、病人《びやうにん》か危篤《きとく》と見《み》える時《とき》必《かなら》ず室《へや》を變《か》へる。死《し》に掛《か》つた病人《びやうにん》こそ災難《さいなん》だ、モウ愈《いよい》よ駄目《ため》と見《み》ると又元《またもと》の室《へや》へ入《い》れて、今度《こんど》は病人《びやうにん》口《くち》の處《ところ》へふわ〳〵した綿《わた》を置《お》く、此綿《このわた》が全《まつた》く動《うご》かなくなつた時《とき》は、病者《びやうしや》が全《まつた》くお目出度《めでたく》なつた時《とき》だ。併《しか》し其時直《そのときす》ぐにはアイゴー《哀號》を始《はじ》めない、何《な》ぜならは、死者《ししや》の靈魂《たましい》は未《ま》た其邊《そのへん》に彷徨《さまよ》ふて居《ゐ》るので、之《これ》を妨害《ばうがい》しまいと云《う》ふ懸念《けねん》があるのだ。

◎死後《しご》一時間《じかん》も經《た》つと、人々《ひと〴〵》は其室《そのしつ》に集《あつ》まる。そして盛《さか》んにアイゴオモニ《哀號阿母》。ーを始《はじ》める。其聲遠《そのこえとほ》く數丁《すうちやう》の外《そと》に聞《きこ》える、朝鮮人《てうせんじん》は却々《なか〳〵》聲《こえ》が良《い》い。一時間《じかん》も泣《な》くと、親戚《しんせき》や友人《いうじん》が死者《ししや》の番《ばん》をして家人《かじん》は皆《み》な室《へや》を去《さ》る。そして家《いへ》の忠僕《ちうぼく》か近隣《きんりん》の人《ひと》が死者《ししや》の衣服《いふく》を持《も》つて屋根《やね》へ上《あが》り、北《きた》に向《むか》つて三度《ど》此の衣《い》服《ふく》を振《ふ》る、そして先《ま》つ『何《なん》の誰《たれ》』と死者《ししや》の名《な》を叫《さけ》ぶ、二度《ど》目《ゆ》に振《ふ》る時《とき》に、死《し》者《しや》の位《くらゐ》を正何品《しやうなんぽん》とか従何品《じゆうなんぽん》とか叫《さけ》ぶ。三度目《どめ》には當人《たうにん》、今日只今死《こんにちたゞいまし》んだと叫《さけ》ぶ、之《これ》は天地《てんち》に對して其人《そのひと》の死《し》を告《つ》ぐるのである且《か》つ死者《ししや》の靈《れい》に向《むか》つて其《そ》の死《し》を告《つ》ぐるのだそうだ、[illegible]に似合《にあ》はぬ念入《ねんい》りな宣告《せんこく》だ、此《こ》の宣告《せんこく》が終《をは》ると、屋根《やね》から下《お》り、其《そ》の衣服《いふく》を死者《ししや》の上《うへ》に被《おほ》ふ。かくて今度《こんど》は家族《かぞく》一等室《とうへや》に入《い》り大《おほい》に慟哭《どうこく》する。

◎朝鮮《てうせん》の棺《くわん》は長方形《ちやうはうけい》の箱《はこ》で、日本流《にほんりう》の桶《をけ》は用《もち》ゐない、そして、棺《くわん》の内《うち》は寄《き》麗《れい》に紙張《かみば》りしてある。

◎忌中《きちう》には、装飾品《さうしよくひん》を皆《み》な取《と》り外《はづ》し、髪《かみ》を解《と》き下《さ》げ、粥《かゆ》を食《く》ふ。

◎死者《ししや》の生前《せいぜん》抜《ぬ》けた歯《は》や、切《き》つた爪《つめ》などは、日常《ふたん》大切《たいせつ》に保存《ほぞし》して置《お》いて、棺《くわん》へ一所《しよ》に入《い》れる。そして親類知己《しんるゐちき》が集《あつま》つて來《く》る。其際男《そのさいをとこ》は東《ひがし》に並《なら》んで坐《すわ》り、女《をんな》は西《にし》に坐《すわ》る。かくて又《また》一しきりアイゴオモニー《哀號阿母》の合唱《かそしやう》か始《はじ》まる、死《し》者《しや》は新《あた》らしい衣服《いふく》を以《もつ》て包《つゝ》まれる。

◎三日目《かめ》に棺《くわん》へ入《い》れる。底《そこ》には米糠《こめ》が、布《し》かれ、上《うへ》は死者《ししや》の衣服《いふく》で詰《つ》められる。棺《くわん》は凡《すべ》て松材《しようざい》で造《つく》る。

◎死後《しご》四日目《かめ》に親戚知人《しんせきちじん》を會《くわい》して家内《かない》の者《もの》が喪服《もふく》を着《つ》ける。此喪式《このもしき》が終《をは》ると、一同《どうし》死者《しや》を置《お》いた次《つぎ》の室《へや》に集《あつま》り、男《をとこ》は東《ひがし》に面《めん》して坐《ざ》し、女《をんな》は西《にし》に面《めん》して坐《ざ》し、アイゴーの慟哭《どうをく》を爲《な》す。其《それ》が濟《す》むと喪中《もちう》の者《もの》も常食《じやうしよく》に復《かへ》る。

◎愈よ《いよく》の埋葬《まいさう》は、早《はや》くて五日目《かめ》、或《あるひ》は七日《か》九日目《かめ》に行《おこな》はるゝ、併《しか》し大官連《たいくわんれん》になると、一ヶ月《げつ》若《もし》くは三ヶ月《げつ》も經《た》つてから埋葬《まいさう》すると云《い》ふ。

◎墓地《ぼち》の撰定《せんてい》は、地官《ちくわん》と言《い》つて墓地《ぼち》を相《さう》する者《もの》があるから、之《これ》に一任《にん》する埋葬《まいさう》の前日《ぜんじつ》、喪主《もしゆ》は地官《ちくわん》と共《とも》に行《ゆ》き、墓地《ぼち》を村端《むらはづ》れの丘《をか》へ撰定《せんてい》して、山神《やまのかみ》に酒食《ししよく》を供《きやう》し、此地《このち》に墓地《ぼち》を造《つく》る旨《むね》を告《つ》げる、それから我家《わがや》に歸《かへ》つて死者《しや》に向《むか》つて大聲《おほごえ》にお前《まへ》の墓地《ぼち》は定《さだ》まつたぞと報《はう》ずる、墓穴《ぼけつ》の底《そこ》へは、石灰《せきくわい》を入《い》れて床《ゆか》を堅《かた》める。

◎葬式《さうしき》には、隨分思《ずゐぶんおも》ひ切《き》つて費用《ひよう》を掛《か》けるもので、爲《た》めに家産《かさん》を傾《かたむ》け盡《つく》す例《れい》が珍《めづら》しくない。

◎葬式《さうしき》の行列《ぎやうれつ》が家《いへ》を出《で》るのは、多《おほ》く夕方《ゆうがた》だ、薄暗《うすくら》い頃《ころ》になる。提灯《ちやうちん》や松明《たいまつ》を振《ふ》つて行《ゆ》く、京城市内《きやうじやうしない》には埋葬《まいさう》が禁《きん》せられ、且《か》つ東《ひがし》は水口門《せゐこうもん》、西《にし》は西小《さいしやう》門《もん》からのみ葬式《さうしき》が城外《じやうぐわい》に出《で》られる。行列《ぎやうれつ》が墓地《ぼち》に着《つ》くと、棺《くわん》は其儘《そのまゝ》にして會葬者《くわいさうじや》は一夜《や》を程近《ほとちか》い家《いへ》に過《す》ごし、又《また》は臨時《りんじ》小舍《こや》掛《か》けをして野宿《のじゆく》する。翌《よく》朝《てう》になつて、棺《くわん》を持《も》ち出《だ》し、酒食《しゆしよく》を供《そな》へ一同交代《どうかうたい》に拜哭《はいこく》する、之《これ》か終《をは》ると棺《くわん》は墓穴《ぼけつ》に入《い》れられ、全《まつた》く埋《う》められる。墓《はか》は凡《すべ》て丘《をか》の南面傾斜《なんめんけいしや》に設《まを》けられる、そして土《ど》饅頭《まんぢう》の塚《つか》になつて居《ゐ》る。

◎下層民《かさうみん》になると、勝手《かつて》に何處《どこ》へでも埋葬《まいさう》するので、程經《ほとへ》て後《のち》は、犬《いぬ》や狐《きつね》が之《これ》を堀《は》り出《た》して骨《ほね》を食《くわ》へ歩《ある》く例《れい》が少《すく》なくない。

◎貴人《きじん》や大官《たいくわん》の墓《はか》には、人間《にんげん》や動物《どうぶつ》の石像《せきざう》が建《た》てられる。そして墓石《ぼせき》はテーブル形《かた》にして其上《そのうへ》へ酒食《ししよく》を供《そな》へる。

墓所

◎韓人《かんじん》の墓所《ぼかしよ》は、各居村《かくきよそん》附近《きん》に在《あ》る丘《をか》の南方傾斜面《なんぽうけいしやめん》に雛壇《ひなたん》の樣《やう》に段々《たんく》になつて設《もう》けられる、其形《そのかたち》は後《うしろ》へ屏風《びやうぶ》を回《まわ》した様《やう》な半圓形《はんゑんけい》の中《なか》に圓《まる》く塚《つか》を盛《も》り上《あ》げて居《を》る、之《これ》が丘《おか》の頂《いたゞき》から、下《した》へ〳〵と幾《いく》十となく段々《だん〳〵》に設《もう》けられる。雜木《ざつぼく》さへ無《な》い、奇麗《きれい》な芝生《しばふ》の丘《おか》だから、至《いた》つて氣持好《きもちよ》く、少《すこ》しも陰氣《いんき》な事《こと》は無《な》い。

◎棺桶《くわんおけ》は、長方形《ちやうはうけい》の寢棺《ねぐわん》て、墓《はか》の穴《あな》は通例深《つうれいふか》さ朝鮮尺《てうせんしやく》の六尺《しやく》五寸《すん》。

◎地官《ちぐわん》と呼《よ》ぶ墓《はか》を相《み》る者《もの》があつて、人民《じんみん》は、皆《み》な此《こ》の、地官《ちぐわん》に、何處《どこ》へ死《し》者《しや》を埋葬《まいさう》して良《よ》いか相《み》て貰《ひら》ふ。すると地官《ちぐわん》は墓地《ぼち》に指定《してい》された丘上《きうじやう》へ出《で》かけ、磁石《じしやく》を當《あ》てゝ方位《はうゐ》の鑑定《かんてい》をする、其《そ》の鑑定《かんてい》に從《したが》つて埋葬《まいさう》する。

◎夫婦《ふうふ》は、並《なら》べて埋葬《まいさう》し、棺《くわん》と棺《くわん》との間《あひだ》の土《つち》へは圓《まる》い穴《あな》を穿《ほ》つて、此《こ》の穴《あな》から夫婦《ふうふ》の靈《れい》が互《たがひ》に交通《かうつう》する事《こと》が出來《でき》るとしてある。

◎寺院《じゐん》の墓地《ぼち》と異《ことな》つて、此丘《このおか》は大低村外《たいていむらはづ》れの見晴《みはら》しの好《よ》い遊《あそ》び場所《ばしよ》になつて居《を》る、朝鮮《てうせん》の寺《てら》には墓地《ぼち》は無《な》いのだ。

◎埋葬後《まいさうご》、三年間《ねんかん》は、命日毎《めいにちごと》に丘上《きうじやう》の墓《はか》へ行《い》つて一家縁族《かえんぞく》の者《もの》が、アイゴー〳〵と聲《こゑ》を擧《あ》げて慟哭《どうこく》するが、三年後《ねんご》は、形式《けいしき》の慟哭《どうこく》をする、此形式的《このけいしきてき》慟哭《どうこく》は一種《しゆ》の唄《うた》で、其調節《そのてうせつ》や聲音《せいおん》は餘程練習《よほどれんしふ》を積《つ》まなくては出《で》ないのだ、アイゴオモニー、エッエン、アイゴチケンネー、エッエンと細《ほそ》い哀《かな》しそうな美音《びおん》で、エッエンと啜泣《すゝりな》く眞似《まね》をする處《ところ》は眞《しん》に聞《き》くに堪《た》へたる妙味《めうみ》がある。

◎命日《めいにち》の外《ほか》、韓民《かんみん》一般《ぱん》の風俗《ふうぞく》としては、七月《ぐわつ》に一度《ど》、八月《ぐわつ》十五日《にち》に一度《ど》と年《ねん》に二回墓參《くわいはかまゐ》りをする。其際《そのさい》には酒《さけ》や肴《さかな》を持《も》つて行《い》つて、今《いま》のアイゴ、オモニー、エッエンを互《たがひ》に美音《びおん》を競《きそ》ひ歌《うた》つては、其邊《そのへん》の雜草《ざつさう》を手《て》で奇麗《きれい》に挘《むし》り取《と》る。そうしては酒宴《しゆえん》を始《はじ》める、佛敎式《ぶつけうしき》と異《ちが》つて精進《せいしん》の、腥《あまくさ》い物《もの》を忌《い》む

墓　所　壱

と云《い》ふ事《こと》はなく、七月《ぐわつ》八月《ぐわつ》の炎天《えんてん》に四望廣潤《ばうくわうくわつ》たる丘《をか》の上《うへ》で祖《そ》先《せん》の靈《れい》を祭《まつ》る處《ところ》は實《じつ》に陽氣《やうき》なものだ。

◎處《ところ》が、此《こ》の墓《ぼ》中《ちう》に異狀《ゐじやう》があると、家《か》人《じん》が病疫《びやうえき》に罹《かゝ》ると言《い》ひ傳《つた》へられて居《ゐ》るので、長病《ちやうびやう》に罹《かゝ》る者《もの》があると、又例《またれい》の、地官《ちぐわん》、と呼《よ》ぶ墓相者《はかさうしや》の所《ところ》へ行《ひつ》て頼《たの》む。すると、地官《ちぐわん》は、例《れい》の大《おほ》きい圓形《ゑんけい》の磁《じ》石《せき》を墳墓《はか》の塚《つか》の上《うへ》に載《の》せて相《み》る、そして異狀《ゐじやう》が無《な》ければ無《な》い。有《あ》れば有《あ》る樣《やう》に其《そ》の譯《わけ》を説《と》いて、此《こ》の墓《はお》の底《ちこ》には水《みづ》が溜《たま》つたとか、此《こ》の墓《ぼ》中《ちう》の死《し》體《たい》は黒焦《くろこ》げになつて居《を》るとか、此《こ》處《こ》は方位《はうゐ》が惡《わる》いから墓《ぼ》地《ち》を變《か》へなくてはいかぬとか云《い》ふので、墓《はか》を堀《は》り返《かへ》して見《み》ると、其言《そのこと》が多《おほ》く當《あた》るさうだ。此《こ》の地官《ちぐわん》と云《い》ふのは、大《たい》した物識《ものし》りて墓《ぼ》相《さう》をして裕《ゆた》かな生活《せいくわつ》をして居《ゐ》るさうだ。

韓人の婚結

◎韓人《かんじん》は、結婚《けつこん》の約束《やくそく》が成立《せいりつ》てば、其日《そのひ》から、垂《た》れて編《あ》み下《さ》げにして居《ゐ》る髪《かみ》を束《つか》ねて馬《うま》の尾《を》で編《あ》んだ笠《かさ》を冠《くわん》する。十二三才《さい》で大人《おとな》然《せん》と笠《かさ》を冠《かぶ》つて行《ゆ》くのを見《み》ると、實《じつ》に滑稽《こつけい》の觀《くわん》がある。試《こゝろみ》に小學校生徒《しやうがくかうせいと》が。シルクハットにフロックコートで、一家《か》の亭主然《ていしゆせん》と濟《すま》し込《こ》んで歩《ある》くとしたら面白《おもしろ》からう。不思議《ふしぎ》にも、未《ま》だ同棲《どうせい》はせぬが、自分《じぶん》には女房《にやうばう》と定《きま》つた女《をんな》が有《あ》ると悟《さと》ると心持《こゝろもち》が急《きふ》に老《ふ》けるものと見《み》えて、十二三の小僧子《こぞつこ》がヨンガミ《旦那》さん氣取《きど》りで傲然《がうぜん》、轎《かご》に乘《の》つて身《み》を反《そ》らして行《ゆ》くなどは頗《すこぶ》る愛嬌《あいきやう》だ。

◎併《しか》し、昨今《さくこん》では、夫婦《ふうふ》の同棲《どうせい》は男は十六七才位《さいくらゐ》から始《はじま》るらしく、十二三の男《をとこ》の子《こ》と、八九才《さい》の女《をんな》の子《こ》との間《あひだ》は、單《たん》に婚約《こんやく》丈《だ》けで、各自《かくじ》、我家《わがや》に居《を》るのだ。それに二十三十迄《まで》も結婚《けつこん》せずに居《ゐ》る者《もの》は少《すく》ないから、青年男女間《せいねんだんぢよかん》の所《いは》謂《ゆる》自然主義《しぜんしゆぎ》は更《さ》らに繁昌《はんじやう》しない、男女共《だんぢよとも》多《おほ》くは許嫁的《いひなつけてき》に相手《あひて》を備《そな》へて居《ゐ》るので、全身《ぜんしん》に漲《みなぎ》る惡熱《あくねつ》に驅《か》られて、盲目《もうもく》に女學生《ぢよがくせい》の尾《しり》を追《お》ひ廻《ま》はす樣《やう》な面《めん》倒《ど》臭《くさ》い事《こと》をする要《えう》はない、愈《いよい》よ色氣《いろけ》が付《つ》いた時《とき》には、許嫁《いひなつけ》が直《す》ぐ同棲《どうせい》する丈《た》けで、此處《このところ》煩悶《はんもん》もなし、厭世《えんせい》もなし、漢江《かんこう》や仁川《じんせん》の海《うみ》で、儘《まゝ》ならぬ浮世《うきよ》やと心中沙汰《しんちうさた》に及《およ》ぶ事《こと》が無《な》い、從《したが》つて、大思想《たいしさう》も大文學《たいぶんがく》も起《おこ》らぬ。要《えう》するに、彼等《かれら》には情火《にやうくわ》を孵育《ふいく》する機會《きくわい》が無《な》い、貧乏以外《びんぼういぐわい》には韓國青年《かんこくせいねん》の心《こゝろ》に點《てん》火《くわ》するものがないのだ、之《これ》では意地《いち》も張《はり》もなく、遊惰安逸《ゆうだあんえつ》を貪《むさ》ぼるのも無《む》理《り》は無《な》い。

◎已《すで》に許嫁的《いひなつけてき》の婚約《こんやく》が男女兩家《だんぢよりやうか》の間《あひだ》に結《むす》ばれると、また乳臭《ちゝくさ》い十二三才《さい》の童《わらは》が髪《かみ》を結《むす》び笠《かさ》を冠《くわん》し、一躍《やく》して成人《せいじん》の資格《しかく》を得《う》る。妻《さい》と同棲《どうせい》する事《こと》は猶《な》ほ數年《すうねん》の後《のち》としても、彼等《かれら》は早《は》やチョンガ《童子》と呼《よ》はれずして、ヨンガミ《旦那》さんと呼《よ》ばれる、日本人《にほんじん》からはヨボと呼《よ》ばれる、今《いま》より十余年前《よねんぜん》、早婚《さいこん》を制止《せいし》して、男子《だんし》は二十才《さい》、女子《ぢよし》は十六才《さい》と布令《ふれい》を出《だ》したが、之《これ》は行《おこな》はれない。

◎男女配遇者《だんぢよはいぐうしや》の撰定《せんてい》は、全《まつた》く父母《ふぼ》の權利《けんり》に屬《ぞく》し、先《ま》づ家柄《いへがら》の釣合《つりあ》つた家《いへ》の娘《むすめ》を見付《みつ》け、其家系《そのかけい》など詮索《せんさく》した上《うへ》で、母親《はゝおや》が其家《そのいへ》に客《かく》となり。親《した》しく其《その》娘《むすめ》の素行等《そかうなど》を見屆《みとゞ》け、窃《ひそ》かに仲人《なかうど》を立《た》てゝ子婦《よめ》に貰《もら》ひたいと云《い》ふ意《い》を通《つう》ぜしむる、すると娘《むすめ》の方《はう》の父親《ちゝおや》は女婿《むこ》となるべき若者《わかもの》の素行《そかう》を探《さく》らん爲《た》めに其家《そのいへ》に遊《あそ》びに行《ゆ》く、かくして双方兩親《さうはうりやうしん》の見込《みこみ》が立《た》つた處《ところ》で、男《をとこ》の父《ちゝ》から、女《をんな》の父《ちゝ》へ四柱《しちう》と言《い》つて、生《うま》れた年月日時《ねんぐわつびとき》を厚紙《あつがみ》に書《か》き、欅《けやき》の木《き》に夾《はさ》み、紅《あか》絲《いと》で卷《ま》き、金錢糸《きんせんし》で飾《かざ》つて袱紗《ふくさ》に包《つゝ》んだのを贈《おく》るが禮《れい》だ、之《これ》に對《たい》して女子《ぢよし》の父《ちゝ》から回答《くわいたふ》が有《あ》つた時《とき》は、婚約《こんやく》が完全《くわんぜん》に成立《せいりつ》したので、一旦回答《たんくわいたふ》が有《あ》つた上《うへ》は、婚禮《こんれい》を行《おこな》はずに、男子《だんし》が突然死《とつぜんし》んでも、女子《ぢよし》は寡婦《せうこ》と見做《みな》さるゝ。

◎そこで、黄道吉日《わうだうきちにち》を卜《ぼく》して、婚禮《こんれい》の式日《しきじつ》を定《さだ》むる。式日前《しきじつぜん》に、男《をとこ》の方《はう》から服飾《ふくかざり》と織物《おりもの》を女子《ぢよし》に贈《おく》る、其使者《そのししや》は男人《をとこ》の知人等《ちじんら》が立《た》つので、女子《ぢよし》の親《しん》族等《ぞくら》が之《これ》を途《みち》に迎《むか》へて授受《じゆじ》するのであるが、其際《そのさい》、双方《さうはう》が、東京《とうきやう》あたりでお祭《まつり》の際《さい》神輿《みこし》を争《あらそ》ふ様《やう》にお祝喧嘩《いはひけんくわ》をして、遺《や》る遺《や》らねと争《あらそ》ふ、そして負《ま》けた方《はう》が不吉《ふきち》だと言《い》ひ傳《つた》へて、爲《た》めに傷死者《せうししや》を出《だ》すことがある。

◎此《こ》の物品贈與《ぶつぴんぞうよ》が終《をは》ると其日《そすひ》に男子《だんし》は結髪《けつぱつ》して笠《かさ》を冠《かぶ》り、ヨンガミ《旦那》さんになつて親族《しんぞく》を廻訪《くわいはう》し、其夜《そのよ》饗延《きやうえん》を開《ひら》き曉頃迄《あかつきころまで》も冠《かんむ》り祝《いはひ》をする。

◎女子《ぢよし》の方《はう》では、男子《だんし》から贈《おく》つた中《うち》の白布《しろぬの》を以《もつ》て、男子《だんし》服《ふく》を手《てつ》から裁縫《さいはう》し式《しき》の前日《ぜんじつ》、之《これ》を男子《だんし》に送《おく》り、其日《そのひ》から髪《かみ》を結《むす》び始《はじ》める。

◎處《ところ》が、式《しき》の當日《たうじつ》には、日本《にはん》と反對《はんたい》に、男《をとこ》の方《はう》が女《をんな》の家《いへ》に行《ゆ》き、第《だい》三日目《かめ》に女《をんな》を携《たつさ》へて我家《わかや》に歸《かへ》る例《れい》だ、若《も》し第《だい》三日目《かめ》に歸《かへ》らなければ、爾後《じご》一年《ねん》を經過《けいくわ》しなければ歸《かへ》る事《こと》が出來《でき》ないのだそうだ。

◎扨《さ》て式《しき》の當日《たうじつ》には、男子《たんし》の朋友《はういう》知己《ちき》皆《み》な今日《けふ》を晴《は》れと、美々《びゞ》しく着飾《きかざ》つて男子《たんし》の家《いへ》に行《ゆ》き、男子《たんし》は多《おほ》くの從者《じゆうしや》を伴《ともな》ひ、定刻《ていこく》に家《いへ》を出《い》て、女子《ぢよし》の家《いへ》に行《ゆ》く、先行者《せんかうしや》が二人《ふたり》あつて、一人《ひとり》は白傘《しろかさ》を持《も》ち、一人《ひとり》は鴨《かも》を赤《あか》い風呂《ふろ》敷《しき》包《つゝみ》にして、首《くび》を出《だ》したのを携《たつさ》へて行《ゆ》く。鴨《かも》は夫婦《ふうふ》和睦《わぼく》の表象《しるし》で、赤色《あか》は祝《しゆく》賀《が》の印《しるし》なのだ、多《おほ》くの場合《ばあひ》、木《き》で拵《こしら》へた鴨《かも》を代用《たいよう》する、罕《まれ》には生《い》きた蒼隼《はやぶさ》を用《もち》ふる事《こと》もある。京城《きやうじやう》では、威張《ゐば》つたのは、凡《すべ》て人力車《じんりき》で出《で》かけるが、地《ち》方《はう》では馬《うま》に乘《の》つて行《ゆ》く、男子《たんし》の父《ちゝ》は少《すこ》し離《はな》れて前方《ぜんはう》に多《おほ》くの從者《とも》を率《ひき》ひ、一所《しよ》に出《で》かける。行列《ぎやうれつ》が女《をんな》の家《いへ》に近《ちかづ》くと、鴨《かも》を持《も》つた從者《とも》が先《ま》づ馬《うま》を下《くだ》り家《いへ》に入《い》り、米《こめ》を盛《も》つた大皿《おほさら》の上《うへ》に鴨《かも》を置《お》き、直《たゞ》ちに去《さ》つて行《ゆ》く。

◎此時《このとき》、男子《だんし》の父《ちゝ》は、正門《せいもん》の前《まへ》で馬《うま》を下《お》り、從者《とも》皆之《みなこれ》に倣《なら》ふ、男子《だんし》自《じ》身《しん》は最後《さいご》に馬《うま》を下《お》り、一同東《どうひがし》に向《むか》ひて立止《たちとま》り、茲《こゝ》に飾服《かざりふく》を脱《ぬ》いで常衣《じやうい》に更《か》へ、女子《ぢよし》の家《いへ》に入《い》る、女子《ぢよし》の父《ちゝ》は之《これ》を迎《むか》へ、男子《だんし》が先《ま》づ、飾《かざ》られた室内《しつない》か、或《あるひ》は屋前《をくぜん》の幔幕《まく》の内《うち》に導《みちび》かるゝ。其室《そのしつ》には、新婦《しんぷ》は已《すで》に四人《よにん》の侍女《ぢぢよ》、及《およ》び家《か》人《じん》、客等《きやくら》は取捲《とりま》かれて坐《すわ》つて居《ゐ》るので、此時始《このときはじ》めて新郎《しんらう》は新婦《しんぷ》を見《み》るのである。

◎客《きやく》が皆《み》な集《あつま》ると、新郎新婦《しんらうしんぷ》を雛壇《ひたたん》の様《やつ》に飾《かざ》つた所《ところ》へ並《なら》んで坐《すわ》らせる。式《しき》中《ちう》は二人《ふたり》共《とも》一言《ごん》も發《はつ》しない、其處《そこ》へ鴨《かも》を持《も》ち出《だ》して之《これ》を犠牲《いきにえ》とし、二人《ふたり》は頭《あたま》を下《さ》げて互《たがひ》に渝《かは》らぬ心《こゝろ》を誓《ちか》ふ、然《しか》る後《のち》、新婦《しんぷ》は舅《しうと》を四拜《はい》し、双方《さうはう》の兩親《りやうしん》も互《たがひ》に四拜《はい》の禮《れい》を交換《かうかん》し、大《おほ》きいジュジュブと名《なつ》くる草《くさ》を新郎《しんらう》の前《まへ》に置《お》き、剝製《はくせい》の雉子《きじ》を新婦《しんぷ》の前《まへ》に置《お》き、侍女等《じぢよら》は紅青《あかあは》の絲《いと》を巻《ま》いた瓢《ひさご》の杯《さかつき》に酒《さけ》を盛《も》り、數回夫婦兩人《すうくわいふうふりやうにん》に獻酬《けんしう》させる、之《これ》を賀杯《がはい》と名《なつ》け、式《しき》は玆《こゝ》に終《をは》り、始《はじ》めて法律上婚姻《はうりつじやうこんいん》の成立《せいりつ》したものと見做《みな》さるゝ。

◎併《しか》し、之等《これら》は上流《じやうりう》の豪族間《がうぞくかん》に行《おこな》はるゝ儀式《ぎしき》で、簡單《かんたん》なのになると、新郎《しんらう》の方《はう》から數人《すうにん》の從者《とも》を伴《つ》れて行《い》つて、新郎先《しんらうま》づ新婦《しんぷ》の家《いへ》に入《い》り、室《しつ》に入《い》ると、新婦《しんぷ》は四拜《はい》する、之《これ》を受《う》けて新郎《しんらう》は二拜《はい》する、そして、先《ま》づ新郎《しんらう》が杯《さかつき》を取《と》り酒《さけ》を啜《すゝ》り、新婦《しんぷ》は次《つぎ》に啜《すゝ》る。之《これ》が合歡杯《ごうくわんはい》と言《い》つて夫婦盃《ふうふさかつき》の式《しき》である日本《にほん》では、凡《すべ》て祝事《いわいごと》に偶數《ぐうすう》を嫌《きら》ひ、三々九度《ど》など奇數《きすう》を用《もち》ゐるが、韓國《かんこく》では凡《すべ》て偶數《ぐうすう》らしい。

◎昨今韓人街《さくこんかんじんかい》で、嫁入《よめい》り行列《ぎやうれつ》を見《み》ると、同勢《どうぜい》十餘人《よにん》で、頰に紅《べに》で日《ひ》の丸《まる》を染《そ》めた七八歲《さい》の女《をんな》の子《こ》が二人《ふたり》、其他老若《そのたらうにやく》の女《をんな》が五六名《めい》、之《これ》も盛裝《せいさう》して何《いづ》れも人力車《じんりきしや》に乗《の》り、何《いづ》れも紅《あか》の洋傘《かうもり》を差《さ》して通行《つうかう》する、そして朝鮮《てうせん》お轎《かご》が二臺《たい》其間《そのあひた》に狹《はさ》まつて行《ゆ》く、之《これ》が新夫婦《しんふうふ》なのであらう、其他《そのた》從僕《しもべ》らしいのが三四人後《にんあか》へ隨《したか》ふ。少《すこ》し距《はな》れて見《み》ると、紅《あか》い洋傘《かさ》が五ッ六ッ、俥上《しやじやう》高《たか》く連《つらな》つて行《ゆ》く風情《ふせい》は、宛《まる》で虞美人草《ぐびじんさう》の咲《さ》き傲《ほこ》つた體《てい》だ、あれは第《たい》三日目《かめ》に、新郎《しんらう》が新婦《しんぷ》を携《たつさ》へて我家《わがや》に歸《かへ》る時《とき》の行列《ぎやうれつ》なのだ。

◎扨《さ》て婚姻《こんいく》の式《しき》が終《をは》つた後《のち》、新郎新婦《しんらうしんぷ》は婚姻契約書《こんいんけいやくしよ》を作《つく》る。證書《しようしよ》は赤紙《あかがみ》を用《もち》ひ、双方署名《さうはうしよめい》する、妻《さい》の方《はう》で字《じ》を知《し》らないと、手《て》を紙《かみ》の上《うへ》に載《の》せ、筆《ふで》で手《て》の形《かた》を劃《くわく》する。此證書《このしようしよ》は二つに切《き》つて、夫婦互《ふうふたがひ》に半分《はんぶん》づゝ取《と》り大切《たいせつ》に保存《ほぞん》する。

◎朝鮮《てうせん》の法律《はうりつ》は、妻《つま》を離婚《りこん》したからとて、其女《そのをんな》が生《い》きて居《ゐ》る間《あひだ》は男《をとこ》の方《はう》で再婚《さいこん》を許《ゆる》されない、離婚《りこん》した以上《いじやう》は、男《をとこ》もやもめ暮《くら》しをせねばならぬ次第《したい》喧嘩兩成敗《けんくわりやうせいはい》と言《い》つた形《かたち》だ、だから、此《こ》の契約書《けいやくしよ》の一半《はん》は、妻女《さいぢよ》が死《し》んだ後《のち》夫《をつと》の手《て》に歸《かへ》る。すると始《はじ》めて男《をとこ》が再婚《さいこん》を公許《こうきよ》されるのだ、此點《このてん》は日本《にほん》よりも主婦《おかみ》さんの權利《けんり》が强《つよ》いので、時《とき》としては夫《をつと》たる者《もの》が、妻《さい》の父《ちゝ》に誓約書《せいやくしよ》を與《あた》へ、妻《さい》に對《たい》して變心《へんしん》しない事《こと》を約《やく》する。

◎扨《さ》て婚姻《こんいん》の式《しき》が了《をは》ると、妻《さい》は直《す》ぐ婦人室《ふじんしつ》に入《い》る。夫《をつと》は客《きやく》の爲《た》めに盛大《せんたい》な宴《えん》を張《は》る。酒宴最中《しゆえんさいちう》に、新郎《しんらう》の友人等《いうじんら》は大擧《たいきよ》して不意《ふい》に襲《おそ》ひ來《きた》り、新郎《しんらう》を屋外《をくぐわい》に奪《うば》ひ去《さ》る事《こと》がある、之《これ》がお祝《いわい》の餘興《よきよう》と見做《みな》され、大變《たいへん》な喧騷《さわぎ》だ、すると、新婦《しんぷ》の父《ちゝ》が、多少《たせう》の贖金《あがないきん》を出《だ》して捕虜《ほりよ》になつた、婿殿《むこどの》を買《か》ひ戻《もど》さなくてはならぬ、此《こん》な惡戯《いたづら》で友達等《ともだちら》は酒代《さかたい》に有《あ》り付《つ》いて歸《かへ》つて行《ゆ》く。新郎《しんらう》の僕婢《ぼくひ》も亦過分《またくわぶん》の貰物《もらひもの》や金錢《きんせん》の祝儀《しうぎ》を得《え》て家《いへ》に還《かへ》る、

◎客《きやく》が皆《み》な歸《かへ》つて了《しま》ふと、新郎《しんらう》は別室《べつしつ》に行《ゆ》き、妻《つま》の祖先《そせん》の靈前《れいぜん》に拜《はい》をする

之《これ》が丁度《ちやうど》日暮頃《ひぐれころ》になるので。今度《こんど》はお閨房入《へやい》りだ、新郎《しんらう》は先《ま》づ花飾《はなかざ》りなどある閨室《へや》に入《い》る。此室《こゝ》には米《こめ》を入《い》れた大皿《おほさら》が二ッ有《あ》つて、皿《さら》の上《うへ》には燭臺《しよくだい》へ蠟燭《らうそく》を點《とも》してある。少時《しばし》經《た》つて、新婦《しんぷ》の母《はゝ》や親戚《しんせき》の婦共《をんなども》が、新婦《しんぷ》を送《おく》つて閨房《へや》に入《はい》つて來《き》、新婦《しんぷ》を新郎《しんらう》に渡《わた》して皆《み》な去《さ》つて了《しま》ふ。

◎併《しか》し、之《これ》で文句《もんく》なし、お床入《とこい》りと云《い》ふ大團圓《だいだんゑん》になるのではない、結婚《けつこん》の當夜《たうや》に、昔《むかし》から閨房《へや》に守房《しゆばう》と云《い》ふて番人《ばんにん》を付《つ》ける。其《それ》は親《した》しい緣族《ゑんぞく》の者《もの》か侍婢《じひ》などが勤《つと》める。所《ところ》が近來《きんらい》は守房《しゆばう》と云《い》ふも名《な》ばかりで、近所《きんじよ》の者《もの》など、窓《まど》へ穴《あな》をあけて室內《うち》を覗《のぞ》きなどして惡戲《いたづら》をするので、新夫婦《しんふうふ》は只《たゞ》室內《しつない》に睨《にら》み合《あ》つて一夜《や》を明《あ》かす。

宮中

◎太皇帝《たいこうてい》は、昨今《さくこん》頻《しき》りに寂寞《せきばく》を嘆《たん》じ、現韓皇《げんかんこう》と同居《どうきよ》したいと仰《おほ》せらるとか併《しか》し、之《これ》は同居《どうきよ》して勢力《せいりよく》を張《は》る意味《いみ》ではなく、眞實《しんじつ》老後《ろうご》寂寞《せきばく》の念《ねん》に堪《た》へぬのらしい。

◎何《な》ぜと云《い》ふに、以前《いぜん》は、太皇帝《たいこうてい》、皇帝《こうてい》、太子《たいし》、嚴妃《げんひ》、皇后《こうごう》凡《すべ》て毎日《まいにち》同室《どうしつ》内《ない》に居《を》つて會食《くわいしよく》會談《くわいだん》遊《あそ》ばせられた親密《しんみつ》な關係《くわんけい》があつたので、親子《おやこ》の情念《じやうねん》に於《おい》て、朝鮮人《てうせんじん》は、一般《ぱん》に極端《きよくたん》に濃厚《のうかう》なる其《そ》の情愛《じやうあい》が、先天的《せんてんてき》具備《ぐび》されてあるのだらう。

◎僅《わつ》か二間《カン》位《くらゐ》の溫突《をんとる》内《ない》に親子《しんし》雜居《ざつきよ》の慰樂《ゐらく》は、上下《じやうか》貴賤《きせん》の差別《さべつ》あるべき譯《わけ》はない。外《そと》に對《たい》して尊大《そんたい》と威嚴《いげん》を張《は》る韓人《かんじん》は、内《うち》に在《あ》つては、一般《ばん》に寛《くつろ》いで居《ゐ》ると云《い》ふが、此《こ》の氣質《きしつ》は、朝鮮《てうせん》の王室《わうしつ》にも歴々《れき〳〵》見《み》らるゝと云《い》ふ。世界《せかい》の帝王《ていわう》は凡《すべ》て嚴格《げんかく》に各皇族別居《かくこうぞくべつきよ》して數日《すうじつ》の間《あひた》、僅《わづ》かに一度《ど》の會談會食《くわいだんくわいしよく》をすると云《い》はるゝ中《なか》に、朝鮮王室内《てうせんわうしつない》のみは、其樣《そん》な別居制《べつきよせい》を採《と》らずに、一王城《わうじやう》内《ない》に居《を》り、朝夕會談會食《てうせきくわいだんくわいしよく》の慰樂《いらく》を大勢《たいせい》で享《う》くるとは、實《じつ》に好《この》ましい次第《しだい》である。

◎現韓皇《げんかんこう》は、普通《ふつう》の御健康《どけんかう》を保《たも》たれ、御氣色《おきしよく》も、病弱《びやうじやく》らしいとは見《み》えぬ、非常《ひじやう》な近視眼《きんしがん》で、お顔《かほ》を突《つ》き合《あは》せんばかりにして侍臣等《じしんら》と御物語《おものがた》りあり、一寸《ちよつと》も一所《ひとゝころ》に坐《すわ》つて居《を》らずに、三四人《にん》の拜謁者《はいえつしや》を同室《どうしゆつ》に招《まね》き、其方《そつち》の人《ひと》へ一寸話《ちよつとはなし》かけては、直《たゞ》ちに此方《こつち》の人《ひん》へ話《はなし》を向《む》ける。と言《い》つた態度《たいど》、氣變《きかは》りのひどい氣質《きしつ》かとも見《み》らるゝ。

◎韓人《かんじん》が上下貴賤《じやうかきせん》凡《すべ》て室内《しつない》に便器《べんき》を備《そな》へる習慣《しうくわん》は王城内《わうじやうない》にも通用《つうよう》せらるゝと云《い》ふ。以前國王即位式《いぜんこくわうそくゐしき》の際《さい》にも列席《れつせき》の大官等《たいくわんら》は、列後《れつご》に中坐《ちうざ》して便器《べんき》を使用《しよう》した例《れい》もある。併《しか》し便尿《べんねう》を放棄《はうき》するには一定《てい》の棄《す》て場《ば》を設置《せつち》して居《を》る。

◎御膳部《おせんぶ》は莫大《ばくたい》の費用《ひよう》を要《えう》するので、然《しか》らば非常《ひじやう》の御大食《ごたいしよく》かと云《い》ふに、然《そ》うではない、王者《わうしや》の食膳《しよくぜん》は方丈《はうじやう》鼎《かなへ》を連《つら》ねて…と言《い》つた格《かく》に、御膳掛《おせんかゝり》の役人《やくにん》が、山海《さんかい》の珍味《ちんみ》を調《とゝの》へるのである。御膳掛《おせんかゝ》りの腹《はら》が太《ふと》り懐《ふところ》が暖《あたゝ》かになり、金庫《きんこ》が据《す》へ付《つ》けらるゝは怪《あや》しむに足《た》らぬ、官妓《くわんぎ》の出入《でいり》は嚴肅《げんしゆく》に吟味《ぎんみ》され、内官《ないくわん》の勢力《せいりよく》も減少《げんせう》せられ、雜輩《ざつぱい》の出入《でいり》が禁《きん》じられ、宮中面目《きうちうめんもく》を新《あら》たにするに至《いた》ればとて、御膳掛《おせんかゝ》りの勢力丈《せいりよくた》けは依然《いぜん》として居《ゐ》る、畢竟御膳掛《ひつきやうおせんかゝり》りは明察《めいさつ》にして、健全《けんぜん》な精神《せいしん》は健康《けいかう》な身體《しんたい》に宿《やど》る位《くらゐ》の理窟《りくつ》は五百年《ねん》の昔《むかし》から朝鮮人《てうせんじん》の頭《あたま》に牢乎《らうこ》として浸潤《しんじゆん》して居《ゐ》たのだらう、世間《せけん》で能《よ》く言《い》ふ、精力《せいりよく》を增《ま》すと云《い》はるゝ蓮根代《れんこんだい》ばかりも何《なん》千圓《ゑん》と云《い》ふもの宮中《きうちう》へ納《おさ》めるとか聞《き》く。

◎宮中《きうちう》の娯樂《ごらく》は如何《いか》なるものかと云《い》ふに、昨今《さくこん》では官妓《くわんき》の數《すう》も大《おほい》に減《げん》ぜられ、毎日毎夜《まいにちまいよ》笛太鼓《ふえたいこ》で宴樂《えんらく》を催《もやう》すと云《い》ふ樣《やう》な事《こと》はない、極《きは》めて靜平《せいへい》なものである。

◎一體官妓《たいくわんき》と云《い》ふのは、我邦《わがくに》の典侍《てんじ》、內侍《ないじ》など云《い》ふのとは稍《や》や異《ことな》つたもので、御用妓生《ごようきせい》とも云《い》ふべきもの、毎日日課《まいにちにつくわ》として事務《じむ》を執《と》るのではない、國王《こくわう》が不時《ふじ》の催《もやう》しに當《あた》つて一曲歌《きよくうた》ひ舞《ま》ふ爲《た》めの準備《じゆんび》をして置《お》くので、眞《しん》の侍女《じぢよ》とも見《み》るべき老婦人《らうふじん》が、常《つね》にお傍《そば》に侍《はべ》つて萬端《ばんたん》の御用《ごよう》を便《べん》ずるのである。

◎官妓《くわんき》は、賤民階級《せんみんかいきふ》から、金《かね》に困《こま》つて身《み》を賣《う》る日本《にほん》の藝妓《げいき》とは大《おほい》に異《ことな》り、學問智見等《がくもんちけんとう》、凡《すべ》て常人《じやうじん》を絕《ぜつ》して居《ゐ》るのだ、平壤《へいじやう》に妓生學校《ぎせいがくかう》と云《い》ふのがある、京城《きやうじやう》でも、今《いま》の明治町《めいぢまち》の憲兵隊《けんぺいたい》の屯所《とんしよ》は以前《いぜん》妓生學校《ぎせいがくかう》であつたので、此《こ》の妓生學校《ぎせいがくかう》は、女子大學《ぢよしだいがく》とも云《い》ふべき最高學府《さいかうがくふ》であつた、此《こ》の學校《がくかう》は、宮中《きうちう》に入《い》るべき女官養成《ぢよくかんやうせい》を本旨《ほんし》とし、百科《くわ》の學藝《がくげい》を授《さづ》ける、讀書《とくしよ》、算術《さんじゆつ》、習字《しふじ》醫藥《ゐやく》、歌舞音曲等《かぶおんぎよくとう》の技藝《ぎげい》一として備《そな》はざるなきものを養成《やうせい》するのである。

かくて才色共《さいしよくとも》に秀逸《しういつ》な者《もの》は官妓《くわんぎ》として宮中《きうちう》に入《い》る。故《ゆゑ》に特殊《とくしゆ》の地位《ちゐ》ある大《たい》官兩班《くわんやんばん》の娘《むすめ》に非《あら》ざるかぎりは、妓生學校《ぎせいがくかう》に入《い》り、選抜《せんばつ》せられて官妓《くわんぎ》として宮中《きうちう》に入《い》る事《こと》は非常《ひじやう》な榮達《えいたつ》なのだ、學業不成績《がくげふふせいせき》なのは、何《ど》うしても宮中《きうちう》に入《い》る事《こと》を得《え》ずして、市中《しちう》の妓生《キーサン》となり、亭主《ていしゆ》を持《も》ちながら、他人《たにん》の宴《えん》に侍《じ》し、果《はて》は色《いろ》を賣《う》る。色《いろ》を賣《う》ると云《い》ふと、劣等《れつとう》な女《をんな》の樣《やう》に聞《きこ》えるが、總體《そうたい》に劣等《れつとう》な朝鮮婦人界《てうせんふじんかい》に在《あ》つては、妓生《キーサン》は一番豪《ばんえら》いので、他《た》の平凡《へいぼん》な婦人《ふじん》は、手腕《しゆわん》も學問《がくもん》も藝《げい》も無《な》いから、其實賣色《そのじつばいしよく》の妓生以下《ぎせいいか》に見下《みさ》げられて居《ゐ》る、即《すなは》ち、文字《もじ》通《とほ》りな糟糠《さうかう》の妻《つま》で、全《まつた》く亭主《ていしゆ》の附屬物《ふぞくぶつ》として、一生《しやう》溫突《をんどる》內《ない》に燻《くすぶ》る生活《せいくわつ》を物足《ものた》らなく過《すご》すのである。

◎扨《さ》て此《こ》の官妓《くわんぎ》が宮中《きうちう》に入《い》るのは、大抵《たいてい》十五六歳《さい》からで、二十歳《さい》になると最早《もはや》脂濃《あぶらこ》い不淨身《ふじやうしん》のお婆《ばア》さん格《かく》になつて、宮中《きうちう》からお拂箱《はらひばこ》にされるのだお拂箱《はらひばこ》にされると云《い》ふこと、悲慘《ひさん》な運命《うんめい》と思《おも》はるゝが、其實《そのじつ》彼女等《かれら》は籠《かご》を出《い》でゝ之《これ》からが、官妓《くわんぎ》と云《い》ふ金箔付《きんぱくつ》きの身《み》を光《ひか》らして、自由《じいう》に翔《か》けるので、之《これ》からが、彼等《かれら》の眞《しん》に花咲《はなさ》く時代《じだい》なのだ、幾多《いくた》の兩班大官連《やんばんたいくわんれん》が、放《はな》れ鳥《とり》を追《お》ふが如《ごと》くに、爭《あらそ》ふて彼《か》れ宮下《みやさか》り妓生等《キーサンら》の歡心《くわんしん》を買《か》はんと、其《そ》が足下《そくか》に俯《ふ》する事蟻《ことあり》の甘《あま》さを慕《した》ふが如《ごと》くにする、妓生《キーサン》は傲然《ごうぜん》として、男共《をとこども》を手玉《てだま》に取《と》る、此場合《このばあひ》、妓生《キーサン》は日本《にほん》の藝者《げいしや》の樣《やう》に看板《かんばん》かけた賣色婦《ばいしよくふ》として扱《あつか》はるゝのてない、十分《ぶん》の尊敬《そんけい》を拂《はら》はるゝ、猶《な》ほ外國《ぐわいこく》の女優等《ぢよゆうら》が、一代《たい》の傑物《けつぶつ》を手玉《てだま》に取《と》つて煩悶《はんもん》せしむるが如《ごと》き態度《たいど》だ。
◎だから、之《これ》と思《おも》ふ男《をとこ》の正妻《せいさい》となる、正妻《せいさい》となつて而《しか》うして本夫《ほんぷ》の承諾《しようだく》を得《え》て、他《た》の客《きやく》を取《と》る、本夫《ほんぷ》は之《これ》を名譽《めいよ》として自《みつか》ら妓夫《きふ》の役目《やくめ》を勤《つと》める。子《こ》が生《うま》れて六七歳《さい》になると。此《こ》の子《こ》を道路《だうろ》に見張《みは》りさせて、客《きやく》を我母《わがはゝ》の許《もと》に誘《いざな》はしむる、本夫《ほんぷ》は門外《もんぐわい》に立《た》つて之《これ》を引繼《ひきつ》ぐ、此間《このかん》の消息《せうそく》は實《じつ》に驚《おどろ》くべき非《ひ》倫《りん》の極《きよく》だ、そして本夫《ほんぷ》は其《な》の金《かね》で他《た》の妓生《キーサン》買《か》ひをすると云《い》ふに至《いた》つて、ヨボは男女性慾問題《だんちよせいよくもんだい》を[redacted]に解決《かいけつ》し卒《お》へたものである。
◎宮中《きうちう》には新聞紙《しんぶんし》は殆《ほとん》ど入《はい》らない、大韓毎日申報《たいかんまいにちしんぽう》が折々《をり〳〵》散亂《さんらん》して居《ゐ》るのが見受《みう》けらるゝ位《くらゐ》のことである。さらば、韓皇《かんこう》は何《ど》んな娛樂《ごらく》を取《と》らるゝかと云《い》ふに、何《なに》も之《これ》と言《い》つて、所謂道樂《いはゆるだうらく》と云《い》ふべきものはない、圍碁《いご》將棋位《しやうぎくらゐ》は具《そな》へてあるが、之《これ》にも餘《あま》り親《した》しまれぬらしい。餘閑《よかん》には獨《ひと》りで骨牌《かるた》を弄《ろう》さない、能《よ》く獨《ひと》りで骰子《サイ》を轉《ころ》ばさるゝを見受《みう》けるとか云《い》ふ。それから藥玉《くすだま》の付《つ》いた念珠《ねんじゆ》を手繰《たぐ》られて玉《たま》を數《かぞ》へる事《こと》もある。好んで庭園《ていゑん》を散歩遊《さんぽあそ》ばさると云《い》ふ樣子《やうす》もなく、果樹花草《くわじゆくわさう》の道樂《だうらく》もあらせられぬとか。常《つね》に思《おも》はせらるゝは、英親王《えいしんわう》の身《み》の上《うへ》で、過日《くわじつ》の英親王《えいしんわう》、東京《とうきやう》に於《お》ける日常生活《にちじやうせいくわつ》の活動《くわつどう》寫眞《しやしん》は最《もつと》も愛好遊《あいかうあそ》ばさるとか。

◎昨今《さくこん》は宮中《きうちう》の肅正《しゆくせい》大に行《おこな》はれ、昔《むかし》の樣《やう》に雜輩《ざつはい》も横行《わうかう》せず、昌德宮《しやうとくきう》と、德壽宮《とくじゆきう》と分離《ぶんり》してからは、伏魔殿《ふくまでん》らしい趣《おもむき》が全《まつた》く無《な》い、秘密《ひみつ》もない、帝室《ていしつ》財産《ざいさん》が國有《こくいう》となつたからには、凡《すべ》ての魂膽《こんたん》を孕《はら》むべき原因《げんいん》も消滅《せうめつ》した。

◎目下《もくか》の昌德宮《しやうとくきう》は修繕後《しゆぜんご》實《じつ》に立派《りつぱ》になつた、皇帝《こうてい》に私用《しよう》で招《まね》かれる其人々《ひとびと》は、裏門《うらもん》から入《い》れられ、玄關《げんくわん》へ掛《か》ゝると、侍從等《じじゆうら》が出《で》て迎《むか》へる。大《おほ》きな西洋《せいやう》風《ふう》の休息室《きうそくしつ》に通《とほ》さるゝ、此室内《このしつない》の装置《さうち》は、全《まつた》く西洋風《せいやうふう》に卓子椅子《テーブルいす》を備《そな》へ装《さう》飾《しよく》とてはなく、日本風《にほんふう》の室具《しつぐ》は一ッもない。それから、用向《ようい》きの次第《したい》に依《よ》つて別室《べつしつ》に導《みちび》かるゝが、其《それ》は二間《かん》ばかりの溫突《をんとつ》で、韓皇着坐《かんこうちやくざ》し、老侍女等《らうじちよら》も附《つ》き添《そ》ふ、過日齒《くわじつは》を治療遊《ちれうあそ》ばされた際《さい》などは、治療機械《ちれうきかい》が、鋭利《えいり》な刃《は》を光《ひか》らして居《ゐ》るのを見《み》て、何《いづ》れも恐々《こわ〲》に見《み》て居《ゐ》たとか。

◎從來《じうらい》、如何《いか》なる場合《ばあひ》、如何《いか》なる出來事《できごと》でも、苟《いやしく》も宮中《きうちう》に發生《はつせい》する凡百《ぼんひやく》の事件《じけん》には、内宮若《ないぐうもし》くば宮女《きうちよ》の何《いづ》れかゞ、必《かなら》ず之《こ》れに關係《くわんけい》したものであるが、今《いま》は其《そ》の内官《ないくわん》も宮女《きうちよ》も共《とも》に大《おほい》に減《げん》ぜられて居《ゐ》る。

◎今宮女《いまきうちよ》が盛《さか》んに蔓《はび》こつた頃《ころ》の情態《じやうたい》を聞《き》くに、宮女《きうちよ》と官妓《くわんぎ》が、大闕《たいけい》と稱《しやう》する慶福《けいふく》、昌德《しやうとく》、慶雲《けいうん》の三宮《ぐう》に居《を》つたものを合計《がうけい》すれば殆《ほと》んど六百名《ぴやくめい》もあつた、それが各階級《かくかいきう》に隨《したが》つて執《と》る職務《しよくむ》が異《ちが》ふ、消酒房《しやうしゆばう》とて國王《こくおう》の供膳《けうせん》を調理《ちやうり》する部屋《へや》がある。針房《しんばう》とて國王《こくおう》と王妃《おうひ》の御衣《みころも》を裁縫《さいはう》する處《ところ》がある。署踏房《しよとうばう》とは、御衣《みころも》を洗濯《せんたく》する處《ところ》。生菓房《せいくわばう》とは、菓子果實《くわしくわじつ》を調進《ちやうしん》する處《ところ》。藥房《やくばう》は人《にん》蔘《じん》を煎《せん》じたり、念珠《じゆづ》や、扇《おほぎ》に付《つ》ける藥玉《くすりだま》を製《せい》する處《ところ》。王及《おうおよ》び王妃《おうひ》が御《ご》洗面《せんめん》所《じよ》をば洗手房《せんしゆばう》と云《い》ふ。普通《ふつう》の宮女《きうぢよ》は分《わか》ちて是等《これら》各房《かくばう》に奉仕《ほうし》するのである。

◎官妓《くわんぎ》は十五六歳《さい》から、妓生學校生徒《ぎせいがくかうせいと》中《ちう》より選拔《せんばつ》されて宮中《きうちう》に入《い》るのであるが、宮女《きうぢよ》は、多《おほ》く七八歳《さい》の頃《ころ》、宮中《きうちう》に入《い》り、生《せい》を畢《を》ふるまで宮仕《みやづか》へするのである。勿論生涯孀婦《もちろんしやうがいやもめ》で推通《をしとほ》すのであるから、其中《そのなか》には宮内《くない》の官人《くわんじん》に通《つう》ずる者或《ものあるひ》は王《おう》、王妃《おうひ》の祝福《しうふく》を禱《いの》ると稱《しやう》して寺參《てらまゐ》りに托《かこつ》け寺僧《じそう》に通《つう》ずる者《もの》、殆《ほと》んど皆《み》な是《こ》れで、其間《そのあひだ》には、内願《ないぐわん》の取次《とりつ》ぎ、陰謀《いんばう》の手傳《てつだ》ひもしたのであるそうな。

◎宮女《きうぢよ》は初《はじ》めカクシと呼《よ》ばれ、昇《のぼ》りてハガニムとなり、其上《そのうへ》は尚宮《せうきう》である。今《いま》の嚴妃《げんひ》も、此《こ》の尚宮《せうぐう》であつた。宮女《きうぢよ》の最高級《さいかうきう》で、位《くらゐ》は大臣《だいじん》と同品《どうひん》てあ

る。宮女《きうぢよ》の採擇《さいたく》は、尙宮《せうぐう》の掌《つかさど》る處《ところ》である。而《しか》して、カクシもハガニムも三族《ぞく》に分《わか》たれる、夫《そ》れは

◎吏族《りぞく》、營族《えいぞく》、及宮奴族《およびきうどぞく》である、針房内人位《しんぼうないじんくらゐ》の處《ところ》は、皆吏族及營族《みなりぞくおよびえいぞく》であつて、其他《そのた》は皆宮奴族《みなきうどぞく》である。宮奴《きうど》とは下働《したばたら》きを云《い》ふのである。若《も》し尙宮《しやうぐう》となれば區別《くべつ》はない。

◎服裝其他《ふくさうそのた》の區別《くべつ》は、カクシは髮《かみ》を編《あ》んで垂《た》れ、これにタンキと云《い》ふリボンの樣《やう》なものを付《つ》ける。ハニガムは皆《み》な結髮《けつぱつ》し、階級若《かいきうも》しくは吏族營族《りぞくえいぞく》に依《よ》つて結髮《けつぱつ》に區別《くべつ》がある。頭《あたな》の粧飾《しやうしよく》には中差《なかざし》を用《もち》ゆる。兩頰《りやうはく》に臙脂《べに》を用《もち》ゐるのは一般婦女《ばんふぢよ》の婚嫁《こんか》せしと同樣《どうやう》の意義《いぎ》を現《あらは》すので甚《はなは》だお芽出《めで》度い事《こと》どもである。

◎王《おう》の御前《ごぜん》に出《で》るのは、尙宮《しやうぐう》の部《ぶ》に屬《ぞく》する官女《くわんぢよ》で交代《かうたい》に國王《こくおう》に奉侍《ほうじ》する。

宮 中 ヽ 光

尙宮《しやうぐう》に對《たい》しては、王《おう》でも貴《き》妃《ひ》でも尊稱《そんしやう》を用《もち》ゐられる。

◎王《おう》は、平常《へいじやう》、卯時《うのとき》即《すなは》ち六時《じ》頃《ごろ》に御《ご》起床《きしやう》になる、すると洗手房《せんしゆばう》の内人《ないじん》が、白銅《はくどう》か亞《あ》鉛製《えんせい》の御器《おうつは》に水《みづ》を入《い》れて奉《たてまつ》る。

◎王妃《おうひ》は、王《おう》と同時刻《どうじこく》に御《ご》起床《きしやう》になる。御《ご》洗面《せんめん》は總《すべ》て王《おう》の通《とほ》りで、王《おう》が國《こく》政《せい》を視《み》られる頃《ころ》は、王妃《おうひ》は內政《ないせい》を治《をさ》めらるゝ、尙宮《しやうぐう》を呼《よ》び寄《よ》せて衣類其他《いるゐそのた》の買物《かひもの》から、金錢《きんせん》の出納《すゐとう》まで細《こま》かに御《ご》指圖《さしづ》になつたものである。

◎御臥床《ごぐわしやう》は、王《おう》は從來夜《じうらいや》中《ちう》に政務《せいむ》を裁決《さいけつ》し、元老大臣等《げんらうだいじんとう》を引見《いんけん》せらるゝの例《れい》があつたので、殆《ほと》んど、一定《てい》しなかつた。王妃《おうひ》は午後《ご》七時《じ》頃《ごろ》より御床《おんとこ》に入《い》られる例《れい》であつた。

◎宮女《きうぢよ》には、一定《てい》の支《し》給《きう》があるが、正月《しやうぐわつ》に、王《おう》と王妃《おうひ》の祝福《しうふく》を禱《いの》らんが爲めに、寺詣《てらまゐ》りをするか、若《も》しくは御遊《おんあそ》びの相手《あひて》などする時《とき》には、特別《とくべつ》の御手《おて》當《あて》があり、又勢力《またせいりよく》ある宮女《きうぢよ》は、内謁《ないえつ》の取次《とりつ》ぎなどして臨時《りんじ》の增收《ぞうしう》が甚《はなは》だ多《おほ》く、寺僧《じそう》に託《たく》して貸金《かしきん》をする者《もの》、生家《せいか》へ送《おく》りて一家《か》を賑《にぎは》すもの色々《いろいろ》であつた、

◎又《また》、王及《おうおよ》び王妃《おうひ》は、時々巫覡《ときどきみこ》を宮中《きうちう》に召《め》された。其數《そのすう》は、二十人許《にんばかり》もあつたであらう。彼等《かれら》は一度《ど》宮中《きうちう》に入《い》れば、夥《おびただ》しき賜物《たまはりもの》を頂戴《ちやうたい》して退出《たいしゆつ》するのであつた。

◎國王《こくわう》の御遊《おあそ》びの御相手《おあひて》になる時《とき》こそは、實《じつ》に尙宮等《しやうぐうら》が身《み》を責《せ》めて奉侍《ほうぢ》すべき機會《きくわい》で、一躍《やく》して國母《こくぼ》と仰《あふ》がれるの機會《きくわい》を捉《とら》ふるもあれば、或《あるひ》は王妃《おうひ》の嫉《ねたみ》を受《う》けて、憂愁《いうしう》の裡《うち》に悲酸《ひさん》の最期《さいご》を遂《と》げたるもありとか。

◎國王《こくおう》の上廁《じやうせい》せらるゝ時《とき》の御料《ごりやう》の紙《かみ》は、朝鮮人蔘《てうせんにんじん》の本場《ほんば》たる開城《かいせう》で、人蔘《にんじん》蒸《む》しにしたものであるといふ。

◎太皇帝在位《たいくわうていざゐ》の頃《ころ》には、王室《わうしつ》の經濟《けいざい》が凡《すべ》て之《これ》を親《みづか》らせられ、常《つね》に大《おほ》きな巾《きん》着《ちやく》の中《なか》に金錢紙《きんせんし》幣《へい》、其他貸金證書《そのたかしきんしやうしよ》や、契約書《けいやくしよ》、印章等《いんしやうとう》を盡《ことごと》く納《をさ》めて居《ゐ》られたもので、出納計算《するとうけいさん》、王《わう》の手《て》に一切掌握《さいしやうわく》し、甚《はなは》だしきは提灯《ちやうちん》一張買《はりか》ふにも、王《わう》の承認《しやうにん》を要《えう》したとは實《じつ》に驚《おどろ》くべき話《はなし》で、宮中府中《きうちうふ》《ちうびんらん》紊亂《》の極《きよく》、財産《さいさん》は王親《わうみづか》ら鍵《かぎ》を握《にぎ》つて居《ゐ》なくては不《ふ》安心《あんしん》であつたものと見《み》える。そして王《わう》は宮《きう》女等《ぢよとう》を相手《あひて》に遊樂《ゆうらく》あらせらるゝ際《さい》、御氣《き》に入《い》つた者《もの》には、此《こ》の巾着《きんちやく》から金《かね》を出《だ》して賜《たま》はる事《こと》があつた。そんな場合《ばあひ》には其《そ》の宮女《きうぢよ》が、何等《なにら》が日頃他《ひごろほか》から依頼《いらい》されてある事《こと》、若《もし》くは己《おのれ》が情夫《じやうふ》の身上《みのうへ》に關《くわん》した事《こと》を御袖《おんそで》に縋《すが》つて竊《ひそ》かに請願《せいぐわん》したものだそうだ。

◎宮女《きうぢよ》等は、睾丸《かうぐわん》を拔《ぬ》いた官人等外《くわんじんいぐわい》には、一切男《さいをとこ》と接觸《せつしよく》しない規定《きてい》で、男《なん》女《によ》の別《べつ》が極《きは》めて嚴重《げんぢう》であるつもりながら、皆々《みなく》品行正《ひんかうたゞ》しいものはない、實《じつ》は男《をとこ》に餓《う》へて居《ゐ》るので、前《せん》に記《しる》した寺參《てらまゐ》りなどを時《とき》たま許《ゆる》される位《くらゐ》では到《と》底《で》もやり切《き》れぬ處《ところ》から、市中《しちう》から美少年《びしやうねん》を女裝《によさう》させて宮中《きうちう》に引入《ひきい》れ、盜《ぬす》み食《ぐ》ひ、つまみ食《ぐひ》を恣にしたものだそうな。

◎宮中已《きうちうすで》に妖雲《ようへん》を拂《はら》つて、制令嚴肅《せいれいげんしゆく》に行《おこな》はれ、何等《なんち》の怪異《くわいゐ》もないが、唯《たゞ》一ツ今《いま》も相當《さうとう》な權勢《けんせい》を保《たも》つて居《ゐ》るのは、內官《ないくわん》と云《い》ふ役人《やくにん》で、之《これ》は宮中《きうちう》の總取《そうとり》締《しまり》、宮妓侍《くわんぎじ》女等《ぢよら》迄《まで》も、凡《すべ》て取締《とりしま》る役《やく》で、支那《しな》の書《しよ》に能《よ》く見《み》える宦官《くわんぐわん》と言《い》つた、睪丸《きんたま》を拔《ぬ》き取《と》つた男《をとこ》である。生殖作用《せいしよくさやう》を失《うしな》つた男《をとこ》で、宮中《きうちう》にあつて陛《へい》下《か》に近侍《きんぢ》するものだが、昨年《さくねん》の事《じ》變後宮中肅正《へんごきうちうしゆくせい》の令《れい》あり、今《いま》は人數《にんずう》も減《げん》じ勢力《せいりよく》もないが、彼等內官《かれらないくわん》の內幕《うちまく》に面白《おもしろ》いことがある。

◎完全《くわんぜん》な身體《しんたい》を持《も》つた男《をとこ》よりも、睪丸《かうぐわん》のない人間《にんげん》が、上位《じやうゐ》にあり大勢力《たいせいりよく》があると云《い》ふ奇觀《きくわん》は日本《にはん》では見《み》られぬヨボー式《しき》であらう。

◎從來《じうらい》國政《こくせい》を左右《さいう》した內官《ないくわん》は澤山《たくさん》あつたが、其內《そのうち》でも、姜錫鎬《けうしやくかう》、羅世煥《らせいくわん》、李炳鼎《りへいてい》、高廷翼《かうていよ》等《とう》は、無睾丸《むかうぐわん》の勢力家《せいりよくか》で、其他《そのた》金高鎬《きんかうく》、鄭某《ていぼう》も勢力《せいりよく》ある內《ない》官《くわん》として、一時《いちじ》は飛《と》ぶ鳥《とり》も落《をと》す勢《いきほひ》であつた。

◎睾丸《かうぐわん》のない人間《にんげん》が何故《なにゆゑ》に有睾丸《ゆうかうぐわん》の人間《にんげん》に勝《まさ》る勢力《せいりよく》を有《いう》して居《を》るかと云《い》へば、つまり陛下《へいか》の傍《かたはら》に陪侍《ばいぢ》して諸臣執奏《しよしんしつそう》の役《やく》を勤《つと》めるからである。何《なん》にせよ、王樣《おうさま》の側《かたはら》には睾丸《かうがん》の有《あ》る人間《にんげん》を置《を》くことの出來《でき》ない規則《きそく》であるので、各大臣等《かくだいじんら》が陛下《へいか》に何事《なにごと》か奏上《そうじやう》せんとするには、此內侍《このないぢ》の手《て》を經《へ》て一度伺《いちどうかゞ》はねばならないであるから、如何《いか》に地位《ちい》高《たか》い大官《たいくわん》でも、此內侍《このないぢ》に惡《にく》まれた日《ひ》にはたまらない、何《なん》と云《い》ふても取繼《とりつ》ぎをしてくれぬ。陛下《へいか》に取繼《とりつぎ》をしてくれぬと何等《なんら》の奇策妙案《きさくみやうあん》も施《ほどこ》すに由《よし》がない、其大官心中憤慨《そのたいくわんしんちうふんがい》しても仕方《しかた》がない、一度《いちど》此《こ》の內官《ないくわん》に睨《にら》まれたが最後《さいご》、折角《せつかく》の權勢《けんせい》も墜落《つゐらく》することゝなる。

殊《こと》に片輪者《かたわもの》と云《い》ふものは片意地《かたいぢ》なもので、睾丸《かうぐわん》の無《な》い内官《ないくわん》は、其性質《そのせいしつ》も殆《ほと》んど婦人《ふじん》に類《るゐ》して嬌慢固執度《きやうまんこしつど》しかたい、大官連中《たいくわんれんちう》も内官《ないくわん》には頭《あたま》が上《あが》らぬ。

そこで、

◎内官取込策《ないくわんとりこみさく》が、よく行《おこな》はれるのである、ドウしても漢城權勢《かんじやうけんせい》の舞臺《ぶたい》に立《たつ》て、千兩役者《せんりやうやくしや》たらんとするものは、是非共此内官《ぜひともこのないくわん》を味方《みかた》に引《ひ》き込《こ》んで、王《おう》様《さま》との通路《つうろ》だけは閉《とざ》されない様《やう》にして置《お》かねばならぬ。夜《よる》、王城歸《おうじやうかへ》りの内《ない》官《くわん》の家《いへ》に行《いつ》て見《み》れば、堂々《どう〳〵》たる睾丸《かうぐわん》のある大官紳士《たいくわんしんし》が不具者《ふぐしや》の前《まへ》に膝《ひざ》を屈《くつ》して居《ゐ》るのがわかる權勢《けんせい》ある大官《たいくわん》の門前《もんせん》に雀羅《じやくら》を張《は》るの時《とき》はあつても、此《こ》の不具者《ふぐしや》の溫突《おんどる》には一寸《ちよつと》の空地《くうち》もない。

◎婦人《ふじん》に對《たい》し無資本者《むしほんしや》たる内官《ないくわん》は、時《とき》の勢力家《せいりよくか》に浮沈盛衰《ふちんせいすゐ》があつても、自《じ》分等《ぶんら》の身《み》は大磐石《たいばんじやく》だ。而《しか》し比較的永久《ひかくてきえいきう》の勢力家《せいりよくか》である内官《ないくわん》にも折々失策《をり〳〵しつさく》はあるが、直接人民《ちよくせつじんみん》に觸《ふ》れぬから失策《しつさく》が人《ひと》に知《しら》れず、殆《ほと》んど一定不變《いつていふへん》の潜勢《せんせい》力《りよく》を保持《はぢ》して居《を》る。

◎彼等内官《かれらないくわん》は執奏《しつそう》の鍵《かぎ》を握《にぎ》つて無上《むじやう》の勢力《せいりよく》を有《ゆう》して居《を》るのみならず、殆《ほと》んど大臣同様《たいじんどうやう》の待遇《たいぐう》を受《う》けるのである。從一位《じういちゐ》以下《いか》の廷臣《ていしん》からは大監《たいかん》と呼《よ》ばるのであるから、局長位《きよくちやうくらゐ》の人《ひと》は、此《こ》の内官《ないくわん》の前《まへ》には下格《げかく》である。故《ゆゑ》に大《たい》官等《くわんら》が、此《こ》の内官《ないくわん》に上達《じやうたつ》の通路《つうろ》を閉《とざ》されぬ樣《やう》にと金銀其他《きんぎんそのた》の財物《ざいぶつ》を此内官《このないくわん》に賄賂《わいろ》するのであるが、内官《ないくわん》は傲然《ごうぜん》と構《かま》へて之《これ》を平氣《へいき》で受取《うけと》り、ニコリともしない、唯鼻《たゞはな》でフンと云《い》ふ位《くらゐ》が上等《じやうとう》の返禮《へんれい》である、しかし其功能《そのかうのう》は宮中《きうちう》に於《おい》て奏達《そうたつ》の際確《さいたし》かに認《みと》め得《え》らるゝことがあるから、皆不滿《みなふまん》をこらへて居《を》るのである。

◎内官《ないくわん》にも妻《つま》あり、此《こ》の變形《へんけい》の内官《ないくわん》にも妻《つま》と呼《よ》ぶ妻《つま》がある。此妻《このつま》との間柄《あひたがら》に就《つい》て語《かた》らんは、面白《おもしろ》いよりは、酸鼻《さんび》すべき事《こと》である。何故《なにゆえ》に不用《ふやう》の具《ぐ》を持《も》つて彼等《かれら》は機關完備《きくわんくわんび》の婦人《ふじん》に配《はい》せんとするやと云《い》ふに、誠《まこと》に涙《なみだ》である。彼等《かれら》と雖《いへど》も生殖器《せいしよくき》こそ不具《ふぐ》なれ、外相《ぐわいさう》は均《ひと》しく人間《にんげん》である以上《いじやう》、矢張《やつぱ》り人《ひと》並《なみ》の事《こと》はしたいのである。決《けつ》して房中《ぼうちう》の快《くわい》を求《もと》むるのではない、人間《にんげん》の體《てい》裁《さい》を作《つく》らんとするのである、不完全《ふくわんぜん》ながらも、一團《いちだん》の家庭《かてい》と云《い》ふものを作《つく》つて見《み》たいのである。妻無《つまな》し男《をとこ》と云《い》はれんことの恥《は》づかしさからである。

◎處《ところ》が此《こ》の機關不具者《きくわんふぐしや》は妻《つま》あるのみでなく、妓生狂《きーさんくる》ひをする、實《じつ》に抱腹絶倒《はうふくぜつたう》である。内官《ないくわん》の多《おほ》くは金持《かねも》ちであるが、外《ほか》に遣《つか》ひ道《みち》がないから肉體上《にくたいじやう》婦人の秋波《しうは》を買《か》ふことが出來《でき》ない、そこで金《かね》を散《さん》じて其缺點《そのけつてん》を補《おぎな》ひ人並《ひとなみ》の虚《きよ》榮《えい》を張《は》らんとするので、妓生等《ぎせいら》は全《まつた》く此虚榮心《このきよえいしん》を捉《とら》へて活殺《くわつさつ》の術《じゆつ》を行《おこな》ふのであるそうな。寧《むし》ろ普通《ふつう》の御客《おきやく》よりは金《かね》を多《おほ》く振撒《ふりま》き、後《のち》に祟《たく》りを殘《のこ》さない爲《た》め、妓生等《ぎせいら》は大《おほい》に之《これ》を歡迎《くわんげい》すると云《い》ふ事《こと》である。

◎然《しか》らば彼等《かれら》が正妻《せいさい》に對《たい》する態度《たいど》如何《いかん》と云《い》ふに、憐《あは》れにも彼等《かれら》は人並《ひとなみ》の陰《いん》陽和合《やうわがふ》の妙《めう》を初《はじ》めより知《し》らぬのであるから、妻君《さいくん》と云《い》ふも全《まつた》く有名無實《ゆうめいむじつ》で殆《ほと》んど家政《かせい》の事《こと》より外《ほか》に用《やう》はない、下男《げなん》ありて使者《ししや》の用《やう》を便《べん》じ、針婆《はりばゞ》を置《おい》て衣服《いふく》の事《こと》に不自由《ふじゆう》は無《な》いのであるから、實際妻君《じつさいさいくん》と云《い》つても用事《やうじ》が何《なに》も無《な》いのである。故《ゆゑ》に只御飾《たゞおかざり》をするに過《す》ぎないのである。此《こ》の御飾《おかざ》り物《もの》に對《たい》して、彼等《かれら》は何《なに》の愛情《あいじやう》も起《おこ》らぬであらうかと云《い》ふに、實際《じつさい》はそうでない。不思議《ふしぎ》にも内官《ないくわん》には普通人《ふつうじん》より尚一層烈《なほいつそうはげ》しい嫉妬心《しつとしん》がある。而《しか》して妻君《さいくん》は最《もつと》も多《おほ》く多婬《たいん》であつて、男《をとこ》を引張込《ひつぱりこ》むだり、男《をとこ》に金《かね》を打《う》ち込《こ》むことが多《おほ》い。

◎内官《ないくわん》は一見《いつけん》してわかる、道《みち》を歩《ある》くと、馬鹿《ばか》に女《をんな》の樣《やう》な顏《かほ》した大《たい》の男《をとこ》が、美《うつく》しき服《ふく》を纏《まと》ふて歩《ある》いて居《を》る。實《じつ》に氣《き》ぬけた顏《かほ》をして、俗《ぞく》に云《い》ふ馬盗人《うまぬすつと》の樣《やう》に肥大《ひたい》である。それが即《すなは》ち内官《ないくわん》で、今《いま》は昨年《さくねん》の宮中肅正以來淘汰《きうちうしゆくせいいらいとうた》されて民間《みんかん》にさまようて居《を》るものが多《おほ》い。彼等《かれら》に就《つい》て宮中《きうちう》の有樣《ありさま》を聞《き》くと面白《おもしろ》い話《はなし》があるだろーが、彼等《かれら》は女官《ぢよくわん》や宮中《きうちう》のことは決《けつ》して語《かた》らぬ。殊《こと》に情《じやう》の方《はう》面《めん》の話《はなし》をすることは、絶對《ぜつたい》に嫌《きら》ふのである。兎角他國《とかくたこく》には見《み》られぬ人間《にんげん》である。

妓生

◎妓生《キーサン》は韓國《かんこく》の名物《めいぶつ》である。足《あし》を韓國《かんこく》の地《ち》に入《い》るゝ者《もの》は必《かなら》ず妓生《キーサン》と云《い》ふ事《こと》を聞《き》かさるゝ。外人《ぐわいじん》が我邦《わがくに》に來《き》て藝妓《げいしや》を珍《めづ》らしいものにして騷《さわ》ぐと同《おな》じこと、旅《たび》に出《で》ては、其土地《そのとち》の女《をんな》を見聞《けんぶん》しやうと云《い》ふ好奇心《こうきしん》が起《おこ》るのである。

◎妓生《キーサン》の事《こと》に關《くわん》しては、宮中《きうちう》の條下《てうか》に、將《は》た料理店《れういてん》の條下《でうか》に多少《たせう》書《か》き記《しる》してあるから、此《こゝ》には其他《そのた》の事柄《ことがら》を載《の》せる。

◎目下《もくか》官妓《くわんぎ》の數《すう》は、約百余名《やくひやくよめい》で、正二品以上《しやうひんいじやう》の官妓《くわんぎ》のみが四十余名《よめい》ある。其下《そのした》の妓生其他《ぎせいそのた》に至《いた》つては七八百名以上《びやくめいへじやう》ありと云《い》ふ。昨年《さくねん》までは官妓《くわんぎ》のみで三百名以上《びやくめいいじやう》あつて、宮中《きうちう》に出入《しゆつにう》するには、大臣大官《たいじんたいくわん》よりも大威張《おほいば》りてあつた。彼等《かれら》は常《つね》に宮中《きうちう》に出入《しゆつにう》して、陰謀《いんぼう》の媒介者《ばいかいしや》となるのみならず、官妓《くわんぎ》自身《じしん》が政治運動《せいぢうんどう》をなし其弊害《そのへいがい》が非常《ひじやう》なので、昨年新協約後《さくねんしんけうやくご》は減少《げんしやう》されて今《いま》出入《しゆつにう》して居《ゐ》る官妓《くわんぎ》は、普通《ふつう》の日《ひ》は十余名《よめい》の者《もの》が交代《かうたい》に三名四名《めいめい》づゝに隔《へだて》られて居《ゐ》るのだ。

◎官妓《くわんぎ》の養成《やうせい》は、以前《いぜん》は今《いま》の西大門内《せいたいもんない》なる官人倶樂部《くわんじんくらぶ》で教育《けういく》をやつた。其《その》時《とき》は宮内府《くないふ》の直轄《ちよくかつ》で、演藝《えんげい》の練習《れんしう》、傍《かたは》ら一般人《いつぱんじん》の見物《けんぶつ》を許《ゆる》して居《を》つた。一等《とう》一圓《ゑん》五十錢《せん》から一圓《ゑん》、五十錢《せん》、三十錢《せん》の席別《せきべつ》があつて、其《そ》の劇場取締《げきぢやうとりしまり》は、正二品《しやうにはん》の御役人《おやくにん》で、毎日札《まいにちふだ》を賣《う》る所《ところ》に出《で》て來《き》て監督《かんとく》をして居《を》つた。又《また》其官妓《そのくわんぎ》は演劇場《えんげきぢやう》の役人《やくにん》の設可《きよか》を得《え》ると、演劇《えんげき》が終《おは》つて後《のち》は客《きやく》と手《て》を携《たづさ》へて官妓《くわんぎ》の家《うち》や料理屋《りやうりや》等《とう》に行《い》くことも出來《でき》た。而《しか》し正二品殿《しやうにはんどの》の許可《きよか》を得《え》ずに男《をとこ》と關係《くわんけい》した場合《ばあひ》は、其翌日《そのよくじつ》官妓《くわんぎ》を集《あつ》めて恥《は》ぢさらしの訓示《くんし》をし、衆人《しゆじん》の前《まへ》で恥《は》づかしめた。そこで彼等《かれら》は決《けつ》して正二品殿《しやうにはんでの》の許可《きよか》なくして事《こと》を行《おこな》はなかつた。日本人《にほんじん》でも正二品殿《しやうにはんどの》に賴《たの》んで金《かね》を少《すこ》しやれば、美人《びじん》を周旋《しうせん》してくれ、又官妓《またくわんぎ》の方《はう》でも、火《ひ》の出《で》る樣《やう》な金《かね》を客《きやく》より取《と》ることはなかつた。今《いま》はこの制度《せいど》も、官政改革《かんせいかいかく》と共《とも》に、破《やぶ》れてしまつた。其取締《そのとりしまり》の正二品《しやうにはん》の李某《りばう》の家《うち》は、彼《か》の永樂町《えいらくちやう》の一進會《いつしんくわい》の南隣《みなみどなり》であつたが、今《いま》は見《み》る影《かげ》もないあばらやつとなつて居《ゐ》る。

◎京城《けうじやう》に於《お》ける現今《げんこん》の官妓《くわんぎ》の養成《やうせい》は、以前《いぜん》の様《やう》に規則《きそく》正《ただ》しく行《おこな》はれず、共《けう》律社《りつしや》によりて一部《いちぶ》の命脈《めいみやく》を繋《つな》ぎ居《ゐ》るのみでだ。而《しか》し現内部大臣宋秉畯《げんないぶたいじんそうへいしゆんじ》氏は官妓《くわんぎ》の養成《やうせい》に就《つい》ては意《い》を用《もち》ひ近頃復活《ちかごろふくくわつ》して前《まへ》の如《ごと》くし大《おほい》に世界的《せかいてき》とするとて、一般《いつぱん》の官妓《くわんぎ》は勿論《もちろん》妓生迄《ぎせいまで》も益《ます》す大威張《おほいば》りで、やれ日本位《にほんくらゐ》に行《い》つてゐだめだ。米國《べいこく》より歐洲《おうしう》に漫遊《まんゆう》するなど丶又《また》ぞろ以前同様《いぜんどうやう》の大法螺《おほぼら》を吹《ふ》くのである。

◎藥房及《やくはうおよ》びサレ房《はう》と云《い》ふのがある。これも妓生《ぎせい》の一種《いつしゆ》で、十五才《さん》から廿二歳《さい》まで丶、現在《げうざい》は三十余名《よめい》ある。此《こ》の藥房《やくはう》サレ房《はう》を稱《しやう》して國妃《こくひ》と云《い》ふて協《けう》立社《りつしや》にも四十余名居《よめいお》る。

◎妓生《キーサン》の出生地《しゆつせいち》は、京城外《けいじやうぐわい》、韓内地《かんないち》では、晋州《しんしう》、大邱《たいこう》、宣川《せんくく》、平壌等《へいちやうとう》で其内《そのうち》、晋州《しんしう》が第《たい》一て、宣川《せんせん》が第《たい》二である。晋州《しんしう》の妓《ぎ》は剣舞《けんぶ》を能《よ》くし、宣川《せんせん》の妓《ぎ》は歌舞《かぶ》が巧《たく》みである。

◎妓生《キーサン》の家《うち》には屋《や》の棟《むね》に鬼瓦《おにがわら》がないと云《い》ふて居《お》つたのも昔《むかし》のことで、今《いま》では種々《いろいろ》の舊慣《きうくわん》が一切取除《さいとりのぞ》かれた。以前《いせん》は妓生《キーサン》の家《うち》の門《もん》には賞花室《しやうかしつ》と書《か》いて張《は》つて居《お》つたが、今《いま》ではあまり見《み》ない。

◎妓生《キーサン》の家《いへ》の構造《こうぞう》は、普通《ふつう》の韓人家《かんじんいへ》とあまり異《こと》なつた處《ところ》はない。只舍廊《たゞサラン》を多《おほ》く用《もち》ひて居《ゐ》る。門《もん》を入《い》ると行廊《ハンナン》と云《い》ふて、下人《げにん》が居《ゐ》る處《ところ》がある。それから行廊《ハンナン》より少《すこ》しく離《はな》れて、守廳《スチヨン》がある。此室《こゝ》には下人《げにん》の取締《とりしまり》をする下人頭《げにんがしら》が居《ゐ》る。其門《そのもん》を入《い》ると、右側《みぎがわ》に大舍廊《タイサラン》と云《い》ふて、父《ちゝ》の友人《ゆうじん》を入《い》れる室《しつ》がある。其次《そのつ》ぎが小舍廊《サウサラン》と云《い》ふて、子供《こども》の友人《ゆうじん》を入《い》れる客室《きやくしつ》である。この大小《たいしやう》舍廊《しやらん》が普通客《ふつうきやく》の間《ま》とする。其間《そのあひた》が板間《いたま》で大廳《たいちう》と云《い》ひ、其板間《そのいたま》を左《ひたり》に行《い》くと内房《ないはう》がある。其他《そのた》庫間《コツカン》等《とう》があつて普通《ふつう》の家屋《かをく》と構造《かうざう》があまり異《ちか》はない。けれども、妓生《キーサン》の家《うち》では、大舍廊《ダイサラン》小舍廊《シヤウサラン》を澤山《たくさん》に持《も》つて居《ゐ》る。詰《つま》り普通《ふつう》の家《うち》での客間《きやくま》、それが妓生《キーサン》の家《うち》の客室《きやくしつ》である。此處《こゝ》で妓生《キーサン》が客《きやく》を取《と》るので、廻《まは》しを取《と》るのだ。

◎妓生《キーサン》の日常生活《にちじやうせいくわつ》は、朝起《あさお》きるのが十時《じ》から十一時《じ》の間《あひた》で、朝飯《あさめし》が十一時《じ》から十一時半頃《じはんごろ》である。それから朝飯《あさめし》には酒《さけ》を少《すこ》し飲《の》み、牛肉《ぎうにく》及《およ》び醬油《しやうゆ》葱《ねぎ》、唐辛子《カラン》とを羮《に》しめたものと、ツプヘキと云《い》ふもの等《とう》を食《くら》ふのである。その時《とき》は夫婦《ふうふ》差向《さしむか》いで食事《しよくじ》する。十二時頃《じごろ》になると、客《きやく》が見《み》へることがある。客《きやく》が見《み》へぬときは、其間《そのあひた》に骨牌《かるた》を弄《もてあそ》び我家《わがいへ》で歌舞《かぶ》の練習《れんしう》をやつて居《ゐ》る。

◎歌舞《かぶ》の稽古《けいこ》は別《べつ》に定《さだ》まつて居《ゐ》る日《ひ》がある。各部《かくぶ》に一《いつ》ヶ所《しよ》の稽古場《けいこば》があつて、そこに集《あつ》まつて練習《れんしふ》をやる、其各部《そのかくぶ》に一人《ひとり》の敎師《けうし》がある、稽古《けいこ》は非常《ひじやう》に熱心《ねつしん》にやる。

◎妓生《キーサン》の亭主《ていしゆ》は韓人《かんじん》の刑事巡査《けいじじゆんさ》即《すなは》ち別巡檢《べつじゆんけん》や宮内府《くないふ》の別監《べつかん》に多《おほ》い、彼等《かれら》は妓生《キーサン》即《すなは》ち自分《じぶん》の妻《つま》に對《たい》して尊敬《そんけい》すること神《かみ》の如《ごと》く、何事《なにごと》も唯々諾々《いゝだく〳〵》として居《ゐ》る。又妓生《またキーサン》も亭主《ていしゆ》扱《あつかひ》をしない、客《きやく》の手引《てびき》も亭主《ていしゆ》がすれば、廣告的《くわうこくてき》の吹聽《てう》も亭主《ていしゆ》がする。而《しか》し韓國《かんこく》には義兄弟《ぎけうだい》と云《い》ふことがある。其《それ》に義兄弟《ぎけうだい》は義兄弟《けうだい》の盟《ちかひ》を結《むす》んだ友《とも》の妻《さい》になつて居《ゐ》る妓生《サーサン》を買《か》ふことはならぬ。以前《いぜん》は若《も》しも義兄弟同志《ぎけうだいどうし》が其規則《そのきそく》を破《やぶ》つた時《とき》は、姦通《かんつう》と同《おな》じく近所寄合《きんじよよりや》つて打殺《うちころ》したのである。今《いま》では打死《うちころ》しはせぬが、義兄弟《ぎけうだい》の間《あひだ》は矢張《やつぱ》り盟《ちかひ》が堅《かた》い滅多《めつた》に規則《きそく》を破《やぶ》らぬ。

◎處《ところ》が或《あ》るハイカラな奴《やつ》が文明風《ぶんめいふう》を吹《ふ》かせて義兄弟《ぎけうだい》だつて何《なん》だつて金《かね》出《だ》し

て妓生《キーサン》を買《か》ふに何《なん》の文句《もんく》があるかと、怪《け》しからぬ所業《しよげふ》に及《およ》んだのを其妓《そのき》の亭主《ていしゆ》が知《し》つて、それを警察《けいさつ》へ訴《うつた》へ警察《けいさつ》では、同署補《どうしよほ》佐官《さくわん》が首《くび》を垂《た》れて考《かんが》へた處《ところ》、如何《いかん》ともすることができず、韓人署長《かんじんしよちやう》に處分《しよぶん》をまかせたら、署長先《しよちやうせん》生《せい》は三人《にん》を呼《よ》んで、義兄弟《ぎけうだい》の約《やく》を解《と》かせて事濟《ことす》みになつたとか。

◎妓生《キイサン》の家《いへ》では、決《けつ》して料理《りやうり》はせぬ。料理《りやうり》は一々《いち〳〵》亭主《ていしゆ》や下人《げにん》が附近《ふきん》の料理屋《や》から持《も》ち運《はこ》んで來《く》る。家《いへ》にはビール一本《いつぽん》も備《そな》へてない。又日本《またにほん》の料理屋《りやうりや》見《み》た樣《やう》に料理代《りやうりだい》から儲《まう》かるなどゝ云《い》ふこともない。淡泊《たんぱく》なものだ。

◎昨年《さくねん》の博覽會《はくらんくわい》に出《で》た妓生《サイサン》は、京城《けいじやう》の妓生《キイサン》の內《うち》から優《すぐ》り出《た》した美妓《びぎ》でなく只《たゞ》一つの共律會社《けうりつくわいしや》から出《で》た同會社《どうくわいしや》の第一流《りう》の妓生《キイサン》である。

◎巴城館《はじやうくわん》や天眞樓《てんしんろう》へ來《く》る官妓《くわんぎ》とか妓生《サイサン》とか云《い》ふて居《お》るのは、決《けつ》して妓生《キイサン》や官妓《くわんぎ》でない、あれは、俗《ぞく》に隱君子《いんくんし》と云《い》ふ高等淫賣《かうとういんばい》である。彼等《かれら》は身體《しんたい》が自由《じゆう》であるから、大《おほい》に遠征《ゑんせい》を試《こゝろ》みるのである。官妓《くわんぎ》や妓生《キイサン》では、外國人《ぐわいこくじん》には進《すゝ》んで出《で》ることを欲《ほつ》せぬ、而《しか》し隱君子《いんくんし》は西洋人《せいやうじん》支那人《しなじん》なんでもござれで金《かね》さへ出《で》ると、何處《どこ》へでも行《い》く、一夜《いちや》普通《ふつう》六圓《ゑん》、是《こ》れも客《きやく》を見《み》てから價踏《ねぶ》みをするので差等《さとう》がある。朝鮮《てうせん》の料理屋《りやうりや》などでも直《す》ぐ寄《よ》んでくれる。それは此《こ》の隱君子《いんくんし》は、妓生《キイサン》や官妓《くわんぎ》よりも取扱《とりあつか》ふに都合《つがふ》がよく、呼《よ》びに行《い》く人《ひと》には二割《わり》を與《あた》へる約《やく》があるのだと、容色《やうしよく》から云《い》へば此種《このしゆ》の安賣連《やすうりれん》は第《だい》三流《りう》である。

◎妓生《キーサン》の社會《しやくわい》の花代《はなだい》は日本《にほん》と大《おほい》に違《ちが》ふので、一時間《じかん》と云《い》ふ極《きは》めはない、七時間《じかん》を一本《いつぽん》とするのである。七時間《しちじかん》四圓《ゑん》の規定《きてい》で、他《よそ》の家《うち》では決《けつ》して切賣《きりう》りをしない。即《すなは》ち十二時《じ》から行《い》くと朝《あさ》の七時《じ》まで遊《あそ》んで居《ゐ》ることが出來《でき》る。切賣《きりう》りは必《かなら》ず其妓生《そのキイサン》の家《いへ》に至《いた》りて宿泊《しゆくはく》するので、翌日《よくじつ》の十時《じ》までとして、官妓《くわんぎ》で八圓《ゑん》、妓生《キイサン》で五圓位《ゑんくらゐ》の相場《さうば》だ。普通日本人《ふつうにほんじん》などでは、官妓《くわんぎ》と妓生《キイサン》の區別《くべつ》も明《あきらか》ならず、妓生《キイサン》でも三牌四牌《さんぱいしはい》の下等《かとう》なものに澤山《たくさん》の金《かね》をとらるゝことが多《おほ》いとか。

◎官妓《くわんぎ》の見別《みわ》け法《はふ》は、官妓《くわんぎ》は前《まへ》にも述《の》べた通《とほ》り、各何品《かくなんぽん》と云《い》ふ位《くらゐ》を持《も》つて居《ゐ》る。普通《ふつう》の韓人《かんじん》でも、マングンと言《い》つて笠《かさ》の下《した》に被《か》ぶる物《もの》に金《きん》をつけて居《お》るのが正二品《しやうにほん》て、玉《ぎよく》を付《つ》けて居《ゐ》るのが正三品《しやうぽん》であるが如《ごと》く、髮《はつ》に金《きん》をつけて簪《かんざし》の樣《やう》なものを差《さ》してる官妓《くわんぎ》は正二品《しやうにほん》で、玉《ぎよく》をつけて居《お》るのが正三品《しやうぽん》である。それがないのは其以下《そのいか》である。現今官妓《げんこんくわんぎ》の中《うち》で、流行妓《はやりつこ》は四名《めい》ある、蓮紅《れんかう》、紅梅《かうばい》、竹葉《ちくえう》、桂月《けいげつ》等《とう》である。

◎國妃《こくひ》と賞花室《しやうかしつ》の區別《くべつ》を云《い》ふと、國妃《こくひ》とは、前《まへ》に言《い》つた藥房《やくばう》及《およ》びサレ房《ばう》のことで、賞化室《しやうかしつ》よりは非常《ひじやう》の高地位《かうちゐ》である。賞花室《しやうかしつ》は二牌三牌《にはいさんぱい》即《すなは》ち二流《りう》三流《りう》の才色《さいしよく》であるが、國妃《こくひ》は其上《そのうへ》である。賞花室《しやうかしつ》は五六年前《ねんぜん》までは客《きやく》も下等《かとう》の者《もの》が多《おほ》く、兩班連《やんばんれん》は、馬鹿《ばか》にして彼等《かれら》の家《いへ》へは遊《あそ》びに行《ゆ》くものはなかつたが、近頃《ちかごろ》はそうでない。而《しか》し國妃《こくひ》は賞花室《しやうかしつ》の妓《ぎ》を見《み》ること奴隷《どれい》の如《ごと》しである。

◎妓生《キイサン》は新王城《しんおうじやう》の裏門《うらもん》なる永成門《みいせいもん》附近《ふきん》と、美洞《びどん》、詩谷《しこく》、鐘路《しうろ》の裏道《うらみち》、及《およ》び明月館《めいげつくわん》附近《ふきん》等《とう》に居《ゐ》る。國妃《こくひ》は美洞《みどん》に多《おほ》い、其他《そのた》には各所《かくしよ》に散在《さんざい》してある、現在《げんざい》妓生《キイサン》の數《すう》が千人《にん》位《くらゐ》と云《い》ふのは、色酒《セキチユ》(三牌酒屋《はいさかや》に居《ゐ》る妓《こ》)及陰君子《およびいんくんし》(高《かう》等淫賣《とういんばい》)を總計《そうけい》したるものである。

◎左《さ》に妓生《キイサン》の名《な》の一班《ぱん》を擧《あ》げる。

月色、蓮心、柳色、紅桃、瓊珮、玉葉、彩瓊、海州、牡丹、碧桃、雲香、桃花、翡翠、弄玉、梅花、眞紅、錦紅、蘭珠、花仙、康津、明玉、娟蓮、

月出、弄仙、月姫、竹葉、桂心、桂花、翠月、蓮花、弄珠、蓮紅、杏花、玉香、鳳姫、李花、弄月

名《な》ばかり聞《き》くと、羞花《しうくわ》閉月《へいけつ》、沈魚落雁《しんぎよらくがん》の趣《おもむき》あるが、安物《やすもの》の髪油《かみあぶら》をこて〳〵塗《ぬ》つて居《ゐ》るから、夏《なつ》の夜《よ》を密閉《みつぺい》した温突《おんどつ》で七時間《じかん》四圓《えん》の御《ご》遊興《ゆうけう》は死活《しくわつ》問題《もんだい》だらう。

田舎旅行

◎邦人《ほうじん》が朝鮮《てうせん》の田舎《いなか》を旅行《りよかう》するには、多《おほ》くは馬《うま》に乗《の》つて行《ゆ》く。以前《いぜん》だと、紙幣《さつ》や銀貨《ぎんくわ》が通用《つうやう》しないから、長途《ちやうと》の旅行《りよかう》には、自分《じぶん》が馬《うま》に乗《の》つて馬子《まご》に手綱《たづな》を曳《ひ》かせ、外《ほか》にもう一頭馬《とうば》を借《か》りて、それには一文錢《もんせん》を嚢入《ふくろい》りにして

携帯荷物共《けいたいにもつとも》に背負《しよ》はせたものだ。然《そ》うなると、厄介甚《やつかいはなはた》しい。

◎だが、昨今《さくこん》だと、北韓地方《ほくかんちはう》には多少不便《たしやうふべん》もあるが、南韓地方《なんかんちはう》は日本紙幣《にほんしへい》を持《も》つて行《ゆ》く、そして邦人《はうじん》が到《いた》る處《ところ》に住《す》んで居《ゐ》て、重要《ちうえう》な土地《とち》として邦人《はうじん》の多《おほ》くが視察遊覧《しさつゆうらん》に出《で》かける方面《はうめん》には、大抵邦人《たいていはうじん》の宿屋《やどや》がある。そこで、朝出發《あさしゆつぱつ》の際宿屋《さいやどや》で買物《かひもの》を調《とゝの》へ、一日分《にちぶん》の準備《じゆんび》をし、日本紙幣《にほんしへい》を出《た》して勘定《かんちやう》させて出掛《でか》ける事《こと》にすると、別《べつ》に荷物《にもつ》を着《つ》ける馬《うま》は要《い》らぬ。

◎處《ところ》で、朝鮮《てうせん》の馬《うま》は、何《ど》んなものかと云《い》ふに、京城《けいじやう》で見《み》る例《れい》の高《たか》さ三尺足《しやくた》らずなのへ乗《の》つて出掛《でか》けるのだが、此馬《このうま》日《ひ》に十二里《り》平均《へいきん》は人《ひと》を乗《の》せて歩《ある》くそれで、驛場《うまつぎ》でもあつて、毎日新規《まゐにちしんき》な馬《うま》へ乗《の》り替《か》へるのかと考《かんが》へられるが、然《そ》うではない。あんな痩《や》せた小《ちひ》さい、日本馬《にほんうま》の半分《はんぶん》もない體軀《たいく》をして居《お》るが、非常《ひじやう》に強壮《けうそう》だ。一ト月《つき》でも二タ月《つき》でも堪《た》へる。日本馬《にほんうま》だと駈《か》ける事《こと》は早《はや》いが、そんなに體軀《たいく》は續《つゞ》かぬ。且《か》つ道路峻嶮《どうろしゆんけん》、處々《しよ〳〵》日本馬《にほんうま》が渡《わた》つたら落《を》ちそうな小橋《こばし》が有《あ》る。朝鮮《てうせん》の田舎旅行《ゐなかりよかう》は朝鮮馬《てうせんうま》に限《かぎ》るのだ。

◎それに朝鮮馬《てうせんうま》は、凡《すべ》て蹄鐵《ていてつ》を打付《うちつ》けて有《あ》るから草鞋《わらんじ》の世話《せは》はない、日本《にほん》で蹄鐵《ていてつ》を打付《うちつ》けたのは明治《めいぢ》になつてからであるが、朝鮮《てうせん》では昔《むかし》から蹄鐵《ていてつ》を知《し》つて居《ゐ》た。

◎併《しか》し、韓人《かんじん》の馬《うま》を勞《いたは》る事《こと》は非常《ひじやう》なもので、乘馬旅行《じやうばりよかう》の際《さい》、晝食《ちうじき》の時《とき》には二時間《じかん》も休息《きうそく》するが、其間《そのあひだ》馬子《まご》は酒《さけ》でも飲《の》んでグウ〳〵鼾搔《いびきか》くかと思《おも》ふと却々《なか〳〵》そうではない。一寸《ちよつと》も馬《うま》の傍《そば》を離《はな》れない、そして馬《うま》へは豆《まめ》などを澤山《たくさん》吳《く》れ、毛《け》を梳《す》いてやる足《あし》を洗《あら》つてやる、面倒見《めんどうみ》る事盡《ことつく》せりだ、馬《うま》は緩《ゆつ》くり〳〵豆《まめ》を咬《か》んで喰《く》ふ、馬《うま》の食事《しよくじ》は一時間半以上《じかんはんいじやう》も掛《かゝ》る。長途《ちやうと》の旅行《りよかう》に耐《た》えるのは一は此《こ》の馬《うま》を大切《たいせつ》にする慣《ならは》しからでもあらう。

◎田舍《ゐなか》を旅行《りよかう》すると、日本《にほん》ならば到《いた》る處《ところ》、田園《でんゑん》の趣味《しゆみ》が充《み》ち滿《み》ちて、田野《でんや》の間《あひだ》に、村落《そんらく》が、樹木《じゆもく》のこんもり繁《しげ》つた島嶼《たうしよ》の觀《くわん》を爲《な》して居《を》るが、朝鮮《てうせん》の田舍《ゐなか》は甚《はなは》だ無《む》趣味《しゆみ》だ。第《だい》一に村《むら》には樹木《じゆもく》が多《おほ》く無《な》い、往年《わうねん》露西亞人《ろしあじん》が輸入《ゆにふ》したとかで、ポプラ樹《じゆ》は殆《ほと》んど到《いた》る處《ところ》の田舍《ゐなか》にもあるが、併《しか》し我《わ》が內地《ないち》の田舍《ゐなか》の樣《やう》にこんもりした趣《おもむき》が無《な》い。

◎之《これ》を二三丁《ちやう》距《はな》れて望《のぞ》めば、村落《そんらく》は唯《たゞ》一色《いつしき》、灰色《はいゝろ》の釜《かま》を伏《ふ》せた樣《やう》な藁屋根《わらやね》の塊《かたま》りで、仔細《しさい》に吟味《ぎんみ》すると、各村共《かくそんとも》、庄屋殿《しやうやどの》の住家《すみや》かと思《おも》はるゝのが無《な》いではないが、我內地《わがないち》の庄屋殿《しやうやどの》の家《いへ》の樣《やう》に、遠《とほ》くから白壁《しろかべ》の土藏《どざう》が見《み》え、群《ぐん》を拔《ぬ》いて一戶大《おほ》きい構《かま》へと直《す》ぐ氣《き》が付《つ》く樣《やう》なものではない。之《これ》は盜賊《たうぞく》や稅吏《ぜいり》の掠奪《りやくだつ》を恐《おそ》れて、他家《たけ》よりも立派《りつぱ》な構《かまへ》にする事《こと》を避《さ》けたからであらう。

◎我《わ》が内地《ないち》ならば、村外《そんぐわい》には、必《かなら》ず鎮守樣《ちんじゆさゆ》がある。鎮守《ちんじき》の杜《もり》が無《な》く、猿田《さるた》彦大神《ひこたいじん》とか、二十三夜塔《やとう》とか云《い》ふ種類《しゆるゐ》のものが無《な》くば、田園《でんゑん》も村落《そんらく》も全《まつた》く無趣味《むしゆみ》であるべき所《ところ》へ、況《いは》んや各戸《かくこ》裏庭《うらには》なく、樹木《じゆもく》ないと來《き》て、腐《くさ》れ掛《かゝ》つた藁屋根《わらやね》がギッシリ並《なら》んで居《お》るのだから、何《なん》の風致《ふうち》もない。

◎唯《た》だ、村外《むらはづ》れに時《とき》としては六尺《しやく》ばかりの木《き》へ男《をとこ》の顏《かほ》と女《をんな》の顏《かほ》を畫《か》いたのが立《た》てられて、それへ、地下大將軍《ちかたいしやうぐん》、地下女將軍《ちかによしやうぐん》と書《か》き付《つ》けられて居《ゐ》る事《こと》がある。之《これ》が村人《むらびと》の神樣《かみさま》として畏敬《ゐけい》する御本尊《ごほんぞん》であるとは安上《やすあが》りだ。地方《ちはう》の小都會《しやうとくわい》には、三間《げん》ばかりの旗竿樣《はたざをやう》のものが立《た》つて居《を》る。それが一本《ぽん》の自《じ》然石《せんせき》から削《はづ》り成《な》され、上《うへ》の端《はし》の方《はう》に一尺《しやく》ばかり十字形《じけい》に横棒《よこぼう》が付《つ》いて居《お》る。併《しか》し之《これ》は旗竿《はたざを》でもない、或《あるひ》は種々《しゆ〴〵》のお呪《まじなひ》や御祈禱《ごきとう》の赤《あか》い紙《かみ》などが、貼《は》り附《つ》けられて居《お》るでもない、之《これ》は唯《た》だ此處《こゝ》が村《むら》だぞと言《い》つた紀號《しるし》らしい。

◎田舎《ゐなか》の家《いへ》には、京城市中《けいじやうしちう》に見《みゆ》る様《やう》な、戸《と》に詩句様《しくやう》のものを書《か》いた貼紙《はりがみ》は更《さら》にない。犬《いぬ》や鶏《にはとり》は澤山《たくさん》に居《ゐ》るが、馬《うま》へ乗《の》つて行《ゆ》くと遠吠《とほぼゑ》さへも仕《し》ない、朝鮮《てうせん》の犬《いぬ》は田舎《ゐなか》へ行《い》つても矢張《やは》りヨボ〳〵然《ぜん》たるもので尾《を》を堅《かた》く捲《ま》いて眼《め》を光《ひか》らす慓悍《ひやうかん》なのが見當《みあた》らない。

◎田舎《ゐなか》でも、一郷《きやう》必《かなら》ず有徳《いうとく》の君子人《くんしじん》と云《い》ふべき學者《かくしや》が有《あ》る。彼等《かれら》は孔孟《かうもう》の教《をしへ》を奉《ほう》じ論語孟子《ろんごもうじ》の仁義孝悌《じんぎかうてい》を普《あまね》く一郷人《きやうじん》に説《と》き聞《き》かせ、一村《そん》の道徳《だうとく》は全《まつた》く儒教《じゆけう》で支配《しはい》されて居《ゐ》る。そして宗教《しうけう》めいた事《こと》になると、關帝廟《くわんていびやう》も、佛寺《ぶつじ》もあるのでなく、唯《た》だ死靈《しれい》、生靈《いきれい》、鬼神《きじん》を畏《おそ》るゝばかりだ。そして、文明《ぶんめい》の新知識《しんちしき》は無《な》いから大勢《たいせい》は解《わか》らない、凡《すべ》て排日思想《はいにちしそう》を抱《いだ》く、日本人《にほんじん》が多《おほ》く朝鮮《てうせん》に入《い》り、朝鮮《てうせん》の土地《とち》を占領買收《せんれうばいしう》して了《しま》ふ。我々《われ〳〵》は遂《つひ》に田《た》を失《うしな》ひ、家《いへ》を失《うしな》ひ、餓《か》死《し》する事《こと》になるとて、心配《しんぱい》して居《ゐ》る。

◎各村《かくそん》には村長《そんちやう》見《み》たいな者《もの》がある。併《しか》し村役場《むらやくば》風《ふう》の掛札《かけふだ》をするでなく、自《じ》分《ぶん》の温突内《おんどるない》で役目《やくめ》を濟《す》ますのだから、外《そと》から見《み》ては何家《どこ》が村長《そんちやう》の住居《すまゐ》か少《すこ》しも解《わか》らぬ。

◎田舍《ゐなか》と云《い》ふと、直《す》ぐ小川《をがは》や清《きよ》い流《ながれ》を想像《そうざう》するが、朝鮮《てうせん》の田舍《ゐなか》には、そんな清《きよ》い流《ながれ》は滅多《めつた》に無《な》い。不潔《ふけつ》は何處《どこ》も同《おな》じ事《こと》だ。それに各村共《かくそんとも》、何《いづ》れも豚《ぶた》を飼《か》つて居《お》る。海岸《かいがん》でなければ、生魚《なまざかな》は食《く》へぬ、干《ほ》した明太魚《みんたいぎよ》や、豚《ぶた》などが、唯《ゆ》一の御馳走《どちそう》なのだ。

◎田舍《ゐなか》の百姓《ひやくしやう》は、女《をんな》も皆《みな》出《で》て働《はたら》く、服裝《ふくさう》は京城《けいじやう》に住《す》む下層《かさう》のヨボと同《おな》じであるが、男《をとこ》は腕《うで》も脚《すね》も露《あら》はな短《みじ》かいのを着《き》る、女《をんな》の方《はう》は、勞働《ろうどう》する場合《ばあひ》に腕《うで》や裳《すそ》を端折《はしを》る。そして朝《あさ》は早《はや》く起《お》き、晩《ばん》は早《はや》く寝《ね》て了《しま》ふ。食事《しよくじ》は、三度《ど》も四度《ど》も食《く》ふ所《ところ》もある、多《おほ》く働《はたら》く頃《ころ》には多《おほ》く食《く》ふので、五月田《ゆった》植《うへ》の時《とき》などは、何回《なんくわい》となく食《く》ふ。田植《たうへ》は、日本《にほん》と同《おな》じ事《こと》で、多《おほ》く田《た》を持《も》つて居《ゐ》る者《もの》も、少《すくな》く持《も》つて居《ゐ》る者《もの》も、盡《ことごと》く共同《けうどう》して順《じゆん》に一地《ち》方全體《ばうぜんたい》の植付《うへつ》けをする。京城附近《けいじやうふきん》では、酒肴迄《さけさかなまでも》持つて行《ゆ》き、一方《ばう》には笛太鼓《ふゑたいこ》で囃《はや》し騒《さわ》ぐ、一方《ばう》では植《う》へ付《つ》ける様《やう》な事《こと》もあるそうだが、田舎《ゐなか》では、そんな餘計《よけい》な事《こと》は仕ない、唯《た》だ飯《めし》と、普通《ふつう》のお菜《さい》は澤山《たくさん》に持《も》つて行《い》つて何回《なんくわい》となく食《く》ふ様子《やうす》だ。

◎田舎旅行《ゐなかりよかう》の馬《うま》は、一里《り》三十錢位《せんくらゐ》だ、韓人《かんじん》の宿屋《やどや》へ泊《とま》ると、食事《しよくじ》は一日《にち》二十錢位《せんくらゐ》、溫突《おんどる》の暖《あつた》かい室《しつ》へ寢《ね》ると、ヨボ等《ら》と同室《どうしつ》の光榮《くわうえい》を有《ゆう》する次第《しだい》で、夫《それ》が厭《いや》だとて、獨《ひと》り離《はな》れた溫突《おんどろ》を注文《ちうもん》すると、火《ひ》を焚《た》かない、着儘《きまゝ》のごろ寢《ね》と來《く》るので蒲團《ふとん》なしだから、冬《ふゆ》は寒《さむ》くて堪《たま》らず、夏《なつ》でも冷《ひえ》ていけない。其代《そのかは》り宿屋《やどや》には二十錢《せん》の飯代《めしたい》は取《と》られるけれども室代《へやたい》と云《い》ふものはない。

◎近年《きんねん》全州《せんしう》地方《ちはう》の田舎《ゐなか》へ痘種《とうしゆ》を送《おく》つて、警察《けいさつ》から韓民《かんみん》へ種痘《しゆとう》を勵行《れいかう》しやうとした處《ところ》、彼等《かれら》は決《けつ》して應《おう》じない。彼《か》の藥《くすり》は非常《ひじやう》な毒《どく》で、彼《あ》れが身體《しんたい》へ付《つ》くと、男《をとこ》のチンボコが腐《くる》り、女《をんな》は一生《しやう》孕《はら》まなくなる。日本《にほん》は、朝鮮人《てうせんじん》の種《たね》をたやそうとて、斯《こ》んな事《こと》をするのだと大《おほい》に忌避《きひ》して、我等《われら》の祖先代々《そせんだい〳〵》黑《くろ》ぢやんこであつたのだから、我々《われ〳〵》も黑《くろ》ぢやんこになるのが、子《こ》たるの道《みち》だなどゝヨボけて居《お》るそうだ。

◎田舎《ゐなか》の旅行《りよかう》も、四五年前《ねんまへ》は呑氣《のんき》であつた。今《いま》では、田舎《ゐなか》の者迄《ものまで》も一般《はん》に排日思想《はいにちしさう》にかぶれて日本人《にほんじん》だと云《い》ふと、直《す》ぐ猜疑《さいぎ》の目《め》を向《む》ける、非常《ひじやう》に質《たち》が惡《わる》い。四五年前迄《ねんまへまで》は、田舎《ゐなか》へ行《ゆ》くと、日本人《にほんじん》が來《き》たとて珍《めづ》らしがつた。韓人《かんじん》の宿屋《やどや》でも、金《かね》を少《すこ》し呉《く》れると、稍《や》や淸潔《せいけつ》な溫突《おんどる》を別《べつ》に貸《か》して火《ひ》を焚《た》いて呉《く》れ、大《おほい》に優待《いうたい》したものだ。

◎二人連《にんづ》れて、田舍廻《ゐなかまわ》りをした男《をとこ》の珍談《ちんたん》を二ツ三ツ御紹介《ごしやうかい》しやう。ピストル、仕込杖携帶宜《しこみづゑけいたいよろ》しくあつて、肩《かた》から掛《か》けた鞄《かばん》へ賣藥幾種《ばいやくいくしゆ》かを入《い》れ、當《あた》つたら儲《もう》かる、賣《う》れなくても腐敗《ふはい》せぬと云《い》ふので出《で》かけた。

◎京城《けいじやう》から南方《なんぽう》へ鐵道沿路《てつどうえんろ》の田舍《ゐなか》を行脚《あんぎや》で進《すゝ》んだ。日本《にほん》の田舍《ゐなか》では猛犬《まうけん》が路《みち》の中央小橋《ちうわうこばし》の上《うへ》に臥《い》ね、ウー〱と叱《しか》る樣《やう》な恐《おそ》ろしい聲《こゑ》を出《だ》して旅行者《りよかうしや》を困《こま》らすが、朝鮮《てうせん》の犬《いぬ》は、尾《を》を堅《かた》く捲《ま》いて敢然立《かんぜんた》ち向《むか》ふと云《い》ふ慓悍《ひやうかん》なのは殆《ほと》んど見當《みあた》らない。人《ひと》を見《み》るとヨボ〱避《さ》ける種類《しゆるゐ》だから之《これ》は大《おほい》に助《たす》かる。他《た》に之《これ》と云《い》ふ不便《ふべん》も苦痛《くつう》もない。

◎宿屋《やどや》に泊《とま》つて、日本靈藥有《にほんれいやくあ》りと外《うち》へ看板《かんばん》の紙《かみ》を貼《は》り出《だ》したら、ヨボ等は、大勢來《おほせいく》る。お客《きやく》が付《つ》いたわいと思《おも》つて鞄《かばん》から胃散《いさん》、寶丹《はうたん》、毒下《どくゝだ》しの罐《くわん》を皆《み》な出《だ》して見《み》せると、彼等《かれら》は一々手《いち〱て》に取《と》つて見《み》るが、見《み》るばかりで一《ひと》つも買《か》はない。何《なん》の藥《くすり》だか解《わか》らないのだ、と言《い》つて此方《こつち》で韓語《かんご》を話《はな》せないから說《せつ》明《めい》が出來《でき》ない、商賣《しやうばい》は立《た》ち行《ゆ》かぬ。

◎そこで、一計《けい》を案《あん》じて、村民《そんみん》が野良仕事《くらしごと》をして居《お》る近所《きんじよ》の丘《おか》の上《うへ》へ出《で》かけて見下《みをろ》して居《ゐ》ると、物珍《ものめづ》らしげに彼等《かれら》は群集《たか》つて來《く》る。其中《そのうち》には、顏色《かはいろ》の惡《わる》い、てツきり病人《びやうにん》と見《み》えるのが二人《にん》三人《にんゐ》居るから、其《それ》を攫《つか》まへて藥《くすり》を呉《く》れ其場《そのば》で服用《ふくやう》させる、胃《ゐ》がゲツプを始《はじ》めると、病人《びやうにん》は直《たゞ》ちに効驗《かうけん》あらたかなりと感《かん》ずるが、田舍《ゐなか》では日貨《につくわ》十錢《せん》は大金《たいきん》だから却々《なかなか》買手《かひて》が無《な》い、矢張《やは》り賣《う》れない。

◎一日《にち》、蟲下《むしくだ》しが欲《ほ》しいと筆談《ひつたん》する者《もの》があつたが、蟲下《むしくだ》し藥《くすり》は持《も》つて居《ゐ》なかつたので、蚤《のみ》とり粉《こ》を服用《ふくやう》させた。亂暴極《らんばうきは》まるお醫者《いしや》さんだ。所《ところ》が、蚤《のみ》とり粉《こ》には何《なに》か劇藥《げきやく》が交《まじ》つて居《ゐ》たので、數年來頑固《すうねんらいぐわんこ》に腸内《ちやうない》に執着《しうちやく》した蟲《むし》が一夜《や》の腹痛《はらいたみ》で、目出度《めで》く排泄《はいせつ》され、怪我《けが》の功名《こうめい》をした。
◎村《むら》を過《す》ぐる時《とき》、ヨボや、チョンガ、が澤山《たくさん》に出《で》て來《き》て、前後左右付纒《ぜんごさゆうつきまと》ふてウルサイ。そんな時《とき》にはギラリ仕込杖《しこみづえ》を拔《ぬ》くと、ワアーと逃《に》げて行《ゆ》く。

◎或日《あるひ》夕方《ゆうかた》に、路《みち》を迷《まよ》ふて、汽車《きしや》へ乗《の》るつもりが、飛《と》んでもない片田舍《かたゐなか》へ入《はい》つて、宿屋《やどや》へ泊《とま》つた。不知案内《ふちあんない》の土地《とち》とて一日停車場《にちていしやば》へ出《で》ようと急《せ》いて歩《ある》いた疲勞《ひらう》に、ヨボの酒《さけ》を一合《がう》も飮《の》んでへと／＼になつた。寢《や》やうとしたが大便《たいべん》が催《もよほ》して來《き》た。暗《くら》さは暗《くら》し、と言《い》つて、絶《た》へずヨボ等《ら》は家《いへ》の周《まわ》りを往來《おうらい》して居《ゐ》るから、何處《どこ》へ垂《た》れて好《よ》いかと闇《やみ》の中《なか》を其方此方《そちこち》探《さぐ》り歩《ある》いて居《ゐ》ると、黍桿《きびから》で圍《かこひ》をした三尺《じやく》四方《はう》の便所《べんじよ》がある。甕《かめ》がいけてあつて丁寧《ていねい》に蓋《ふた》迄《まで》して居《ゐ》る、之《これ》あるかなと、蓋《ふた》を取《と》り除《の》け好《よ》い氣持《きもち》に、一日分《にちぶん》の痩糞《やせくそ》をもり〳〵垂《た》れて、之《これ》でさつぱりしたと室《しつ》に歸《かへ》つて來《き》て、連《つ》れに物語《ものがた》ると、連《つれ》は困《こや》つたと云《い》ふ顏《かほ》で夫《それ》はいかん、あれは便所《べんじよ》でない、此家《このうち》のヨボが一番大《ばんたい》事《じ》にして居《ゐ》る漬物甕《つけものがめ》だ、明朝發見《めうてうはつそく》したら、どんなに憤《おこ》られるか知《し》れん、と笑止《おか》しいよりも心配《しんぱい》になつた。魚《さかな》も肉《にく》も滅多《めつた》にないのだから漬物《つけもの》が一番大《ばんたい》切《せつ》なのだ。何《ど》うしやうと言《い》つたが、仕方《しかた》が無《な》い、夜逃《よに》げするにも當《あた》らないから、明朝暗《ちうてうくら》い中《うち》に此家《このいへ》を發《た》つて一里《り》も逃《に》げ延《の》びたらよからう、と云《い》ふので、急《きふ》に主人《しゆじん》を呼《よ》んで、我〳〵《われ〳〵》は明朝急《みやうてういそ》いて出發《しゆつばつ》するからと告《つ》げると、主人《しゆしん》頭《あたま》を横《よこ》に振《ふ》つて、夫《そ》れいけませんと云《い》ふ。何故《なせ》いけぬかと問《と》ふと、實《じつ》は只《たゞ》今妻《いまつま》が產《さん》をしましたから、泊《とま》つて居《ゐ》るお客《きやく》さんにお祝《いわひ》をして頂《いたゞ》くので三日《みつか》間《かん》は御出發《ごしゆつぱつ》を見合《みあは》せて下《くだ》さいと云《い》ふ。之《これ》が朝鮮《てうせん》で產婦《さんぷ》が出來《でき》た時《とき》の常例《じやうれい》なのだと聞《き》いて、二人《ふたり》は開《あ》いた口《くち》が塞《ふさ》がらず、少時《しばし》は顏見《かほみ》合《あは》せて茫然《ばうぜん》たりけるが、三日《みつか》も足止《あしど》めを食《く》つては大變《たいへん》だ何《ど》うせ遊《あそ》んでる身《み》だから宿屋《やどや》で御馳《ごち》走《さう》するなら之《これ》も面白《おもしろ》いが、漬物《つけもの》の方《はう》が必《かなら》ず發覺《はつかく》する。之《これ》は何《ど》うあつても今《こん》夜《や》の中《うち》に片付《かたづ》けなくてはと、相談《さうだん》の末《すゑ》、再《ふたゝ》び主人《しゆじん》を呼《よ》び付《つ》けて、我々《われ〳〵》は急《いそ》ぎの旅《たび》で三日《みつか》も逗留《とうりう》する事《こと》は到底《とうてい》出來《でき》ぬ。それに我々《われ〳〵》は日本人《にほんじん》だから、朝《てう》鮮《せん》の習慣《しうくわん》を守《まも》る必要《ひつえう》は無《な》いと強談《がうだん》をして、主人《しゆじん》が不承知《ふしやうち》なのに些《ち》とばかり餘分《よぶん》に勘定《かんぢやう》を拂《はら》ひ、翌朝《よくてう》暗《くら》い中《うち》に鞄《かばん》を肩《かた》にして其家《そのいへ》を逃《に》げ出《た》した。敢《かへ》て慌《あわ》てないつもりが、それでも傷持《きずも》つ足《あし》の自《おの》づと急《いそ》がれて、飛《と》ぶが如《ごと》くに村《むら》を脱《ぬ》け、やがて夜《よ》が明《あ》け放《はな》れる頃《ころ》には一里《り》餘《あま》りも落延《おちの》び、モウ大丈夫《たいじやうぶ》と、後《あと》を振《ふ》り返《かへ》り〳〵、其日《そのひ》は終日《しうじつ》今頃《いまごろ》はヨボ漬物《つけもの》の葢《ふた》を取《と》つて鼻《はな》を抓《つま》んで憤《おこ》つて居《ゐ》るだらうなど、二人《ふたり》は思《おも》ひ出《た》しては笑《わら》ひ崩《くづ》れた。

◎其晩《そのばん》七八里《り》距《はな》れた村《むら》へ來《き》て、又《また》ヨボの宿屋《やどや》へ泊《とま》つた。其夜《そのや》は連《つ》れの男《をとこ》が繩《なは》へ攫《つか》まつて糞《くそ》を垂《た》れて居《ゐ》る最中《さいちう》に、門前忽《もんぜんたちま》ち騒然《さうぜん》として不良黨《フランダン》々々と村《むら》のヨボ共《ども》が叫《さけ》んで來《く》る。例《れい》の火賊《くわぞく》と云《い》ふ奴《やつ》が此村《このむら》を掠奪《りやくだつ》に來《き》たのだ。大變《たいへん》だと室《しつ》に殘《のこ》つた男《をとこ》は仕込杖《しこみづゑ》を引寄《ひきよ》せて胸轟《むねとゞろ》かして居《ゐ》るが、便所《べんじよ》へ行《い》つた連《つれ》は何時迄待《いつまでま》つても歸《かへ》つて來《こ》ない、氣《き》が氣《き》でないから扉《とびら》を開《あ》けて出《で》て見《み》ると先生《せんせい》、暗闇《やみ》の中《なか》で盛《さか》んに何《なに》か洗《あら》つて居《ゐ》る。何《ど》うしたと聞《き》くと、沒落《ぼつらく》、黄金《くわうごん》溜《たまり》へ、君《きみ》が昨夜《さくや》惡戯《いたづら》をした報《むくい》が僕《ぼく》へ廻《まは》るとは情無《なさけな》い、實《じつ》は穿《は》いた事《こと》もない、ヨボの革靴《かわくつ》を足《あし》へつッ掛《か》けて、足元危《あしもとあぶな》い黄金溜《くわうごんたま》りへ跨《また》つて、ブラ下《さが》つた繩《なわ》へ攫《つかま》つてウンといきんだ處《ところ》へ、不良黨《フランダン》と云《い》ふ消魂《けたま》しい叫《さけ》びにハッと思《おも》ふ途《と》端足元《たんあしもと》の土《つち》が崩《くづ》れてあなやと云《い》ふ間《ま》に沒落《ぼつらく》したのを今洗《いまあら》ひ落《おと》して居《ゐ》るのだと聞《き》いて、一方益々《ぱうます〳〵》騒々《さう〳〵》しい不良黨《フランタン》の叫《さけ》びに恐《おそろ》しさも恐《おそろ》し、笑止《おか》しさも堪《た》へ切《き》れず居《を》る中《うち》に、村民《そんみん》が其方此方《そつちこつち》で例《れい》の火《ひ》繩銃《なはじう》を發砲《はつぽう》する音《おと》がして、已《すで》に備《そなへ》ありと見《み》たか、不良黨《フヲンタン》は村《むら》へは入《はい》らなかつた。

朝鮮の芝居

◎木戸口《きとぐち》へ掛《かゝ》ると、例《れい》の朝鮮笛《てうせんふえ》がピー〳〵大鼓《たいこ》がドン〳〵喧囂《けんこう》を極《きは》めて居《ゐ》る、韓人等《かんじんら》に取《と》つては、嘸《さ》ぞや之《これ》を遠音《とほね》に聴《き》いてさへ心ときめく妙音《めうおん》であらうが、我々《われ〳〵》には頗《すこぶ》る迷惑《めいわく》だ、劇場《しばゐ》の内《うち》へ入《い》ると、此《こ》の笛《ふえ》、大鼓《たいこ》、鉦《かね》、の響《ひびき》が鋭《するど》く耳《みゝ》を突《つ》いて話聲《はなしごゑ》も通《とほ》らず喧《やか》ましくて堪《たま》らない。

◎韓人《かんじん》は、履《くつ》を穿《は》いたまゝ場内《ぢやうない》に入《はい》るので、此點《このてん》は、場内《ぢやうない》の不潔《ふけつ》は一層《そう》であるが、板《いた》の間《ま》へ水《みつ》を打《う》つて置《く》くと砂塵《ほこり》は揚《あが》らず、下足《げそく》の世話《せわ》が無《な》くて、結構《けつかう》だらう。余《よ》が見物《けんぶつ》に行《い》つた時《とき》のは、演藝會風《ゑんげいくわいふう》にやつたので、先《ま》づ最初《さいしよ》が例《れい》の舞童《ぶどう》と云《い》ふのだ、之《これ》は五六歳《さい》から十五六歳迄《さいまで》の韓童《チヨンが》が、袖《そで》の長《なが》い飾《かざり》服《ふく》を着《き》て、大人《おとな》の肩《かた》に立《た》つのだ。すると大人《おとな》は板《いた》の間《ま》を縦横《じゆうわう》に駈《か》け廻《まわ》る、肩《かた》へ兩足《りやうあし》を載《の》せて立《た》つた韓童《チヨンが》は、手《て》を存分《ぞんぶん》に振《ふ》つて舞《ま》ふ。少《すこ》しも危氣《あぶなげ》なく實《じつ》に笑止《おか》しなものだ、曲馬流《きよくばりう》に人《ひと》を三段《だん》にして其上《そのうへ》へ一番《ばん》小《ちい》さい小兒《こども》が乘《の》る、それで自由《じいう》に駈《か》け廻《まは》り自由《じいう》に舞《ま》ふ、却々《なかなか》輕妙《けいめう》だ。之《これ》も確《たし》かに一藝《げい》だ。

◎次《つぎ》に本物《ほんもの》の演劇《しばゐ》になつて。笛《ふえ》、鉦《かね》、大鼓《たいこ》などの囃方《はやしかた》は一同《どう》縦《たて》に、舞臺《ぶたい》の向《むか》つて左側《ひだりがは》に立《た》ち並《なら》ぶ、役者《やくしや》は凡《すべ》て妓生《キーサン》だ、囃方《はやしかた》は凡《すべ》て男《をとこ》であるが、役者《やくしや》には男《をとこ》が一人《ひとり》も無《な》い。

◎幕明《まくあ》くと、舞臺《ぶたい》は一杯《ぱい》の妓生《キーサン》だ、其數《そのかず》四五十名《めい》、中央《まんなか》に二間《けん》ばかり餘地《よち》を取《と》つて縦《たて》に相面《あひめん》して、左右各《さゆうおのおの》二十餘名《よめい》の妓生《キーサン》が、二列《れつ》三列《れつ》に稍《や》や不規則《ふきそく》に立並《たちなら》んだものだ、宛《まる》で女學校生徒《ぢよがくかうせいと》が、體操時間《たいさうじかん》に集《あつま》れ！など掛《か》けられた體《てい》たらく、見物《けんぶつ》の方《はう》へ顔《かほ》を向《む》けて能《よ》く見《み》える樣《やう》にしてやらうなどゝ云《い》ふ親切《しんせつ》は少《すこ》しも見《み》えぬ。勝手《かつて》に左右《さゆう》二組《くみ》の連中《れんちう》が自分等《じぶんら》の慰《なぐさ》みに芝居《しばゐ》をすると言《い》つた調子《てうし》、人數多《にんずおほ》く、夫《そ》れに、登場人物《とうぢやうじんぶつ》外《ぐわい》の世話掛《せわかゝり》らしい男共《をとこども》が大勢《たいせい》其後《そのあと》にごたごたに立《た》つて居《ゐ》るのだから、各俳優《かくはいゆう》の姿勢《しせい》も身態《みなり》も一向見物《かうけんぶつ》の目《め》に留《とま》らぬ、大勢黒群《たいせいくろたか》りになつて、何《なに》か事件《じけん》を始《はじ》めて居《ゐ》る體《てい》だ、日本《にほん》の芝居《しばゐ》の樣《やう》に、背景《はいけい》とてもなく何《な》んだか交番《かうばん》の前《まへ》に人群《ひとたか》りの體《てい》に御《ご》ざい。

◎處《ところ》が、妓生《キーサン》即《すなは》ち登場役者共《とうぢやうやくしやとひ》の服裝《ふくさう》如何《いか》にと見《み》ると、頭《あたま》には西洋婦人《せいやうふじん》の樣《やう》な帽子《ぼうし》を頂《いたゞ》き、此《こ》の帽子《ぼうし》に赤《あか》い房《ふさ》が付《つ》いて居《ゐ》るから、昨今我國《さくこんわがくに》に流行《はや》る子供帽子《こどもぼうし》にも似《に》て居《ゐ》る。身《み》には綺羅錦繍《きらきんしう》を纏《まと》ふではなく、妓生《キーサン》外出時《ぐわいしゆつじ》の平常服《ふだんふく》へ例《れい》の陣羽織然《ぢんばおりぜん》たる淺黄色《あさぎいろ》のものを引掛《ひつか》ける、夫《そ》れが歩《ある》く度《たび》にふらふら裾《すそ》が動《うご》く、支那《しな》の美人《びじん》の畫《ゑ》に見《み》る羅《うすもの》を被《かつ》いだのと似《に》て居《ゐ》るが、あんな上等《じやうとう》なものではない。

◎赤《あか》い房付《ふさつ》きの帽子《ぼうし》を戴《いただ》くから、顔《かほ》の美醜《ひしう》も目立《めだ》たず、何《いつ》れも若《わか》く見《み》えるお手《て》の物《もの》の白粉《おしろい》こそ平常《ふだん》の通《とほ》り塗《ぬ》つてあるが、日本流《にほんりう》に顔《かほ》を筆《ふで》で細工《さいく》すると云《い》ふ事《こと》はない。女學生《ぢよがくせい》の遊戯位《ゆうぎぐらゐ》の所《ところ》だ。此間囃方《このあひだはやしかた》はピー〳〵ドン〳〵賑《にぎや》かだ。

◎やがて、紅《あか》い支那風《しなふう》の甲冑姿《かうちうすがた》の妓生《キーサン》が四人出《よにんで》て來《き》た、之《これ》が列《れつ》の一歩《ほ》前《まへ》に立《た》ち並《なら》ぶ、其前面《そのぜんめん》に、赤衣《せきい》垂衣姿《ひたゝれすがた》のが圓椅子《まるいす》に腰《こし》かけた、之《これ》と向《む》き合《あ》つて右側《みぎかは》の列前《れつぜん》にも青衣《せいい》の、將軍然《しやうぐんぜん》としたのが腰《こし》かけた、赤衣《せきい》の役者《やくしや》と並《なら》んで文官風《ぶんくわんふう》のが一人《ひとり》腰《こし》かけた、舞臺《ぶたい》の前面《ぜんめん》には、妓生《キーサン》が二人《ふたり》立《た》つて戟《ほこ》を交叉《かうさ》して構《かま》へて居《ゐ》る、何《な》んだか鴻門《こうもん》の宴《えん》らしいと思《おも》ふて居《ゐ》ると、果《はた》して鴻門《こうもん》の宴《えん》だと云《い》ふ。

◎右方《うはう》に列《れつ》した青衣《せいい》は楚《そ》、左方《さはう》に列《れつ》した紅衣《こうい》は漢《かん》、沛公《はいこう》の傍《かたはら》に萌黄服《もえぎふく》を着《き》て腰《こし》かけたのは張良《ちやうりやう》だ、そして皆《みん》なが代《かは》り〳〵に項羽《こうう》の前《まへ》へ進《すゝ》んで拜《はい》を爲《な》し盃《さかづき》を受《う》くる、一順盃《じゆんさかづき》が濟《す》むと、舞臺《ぶたい》に居《ゐ》る五十人餘《にんあま》りの妓生《キーサン》が一同《どう》に優長《ゆうちやう》な調子《てうし》で何《なに》か歌《うた》ふ、すると、囃方《はやしかた》の笛大鼓《ふえたいこ》が一陣《しきり》鳴《な》り渡《わた》る。此處多《このところた》少《せう》オペラに似寄《によ》つたものかと思《おも》はれる、妓生《キーサン》の聲《こゑ》は細《ほそ》く澄《す》んで、其《そ》の連唱《れんしやう》は耳《みゝ》に快《こゝろよ》い、朝鮮芝居《てうせんしばゐ》には、何《な》にも取處《とりところ》がないが、此《こ》の連唱《れんしやう》ばかりは氣持《きもち》が快《い》い、實《じつ》に優《やさ》しい可憐《かれん》な聲《こゑ》である。兩側《りやうがは》へ二列《れつ》に立《た》ち並《なら》んだ妓生《キーサン》は、兩《りやう》軍《ぐん》の將卒《しやうそつ》と見立《みた》てたのか宴會《えんくわい》の席《せき》に侍《じ》した侍女《こしもと》か、それとも囃方《はやしかた》の格《かく》か、とんと解《かい》しかねた。

◎盃《さかづき》が一順《じゆん》して連唱《れんしやう》や音樂《おんがく》になり其《それ》が終《をは》ると、又項羽《またこうう》の前《まへ》へ出《で》て順《じゆん》に盃《さかづき》を受《う》くる、幾遍《いくへん》も同《おな》じ事《こと》を繰返《くりかへ》す。其内《そのうち》に舞臺前面《ぶたいぜんめん》に戟《ほこ》を交叉《かうさ》したのを破《やぶ》つて二尺《しやく》ばかりの板片《いたぎ》れを左手《ゆんで》にし、項羽《こうう》の前《まへ》へ駈《か》け付《つ》けた者《もの》がある、そして何《なに》か高《たか》い聲《こゑ》で項羽《こうう》に云《い》ふ、之《これ》が樊噲《はんくわい》なのだ、戟《ほこ》を交叉《かうさ》したのは門《もん》に象《かたど》つたのであると始《はじ》めて解《わか》つた。

◎だが、舞臺面《ぶたいめん》の排置《はいち》が悪《わる》いので、他家《よそ》の坐敷《ざしき》の宴會《えんくわい》を垣間《かきま》から覗《のぞ》く體《てい》、項羽《こうう》も沛公《はいこう》も顔《かほ》が見《み》えぬ。范僧《はんぞう》は何處《どこ》に居《ゐ》るかは全《まつた》く見《み》えぬ。門《もん》に象《かたど》つた戟《ほこ》の番人《ばんにん》をして居《ゐ》る妓生《キーサン》二人《ふたり》の爲《た》めに舞臺《ぶたい》が塞《ふさ》がれて居《ゐ》る仕末《しまつ》、見物《けんぶつ》に見《み》せやうと云《い》ふ考《かんがへ》が届《とど》いて居《ゐ》ない、沒常識《ぼつじやうしき》の甚《はなはだ》しきものだ、それに坐《すわ》つて拝《はい》を爲《な》す時《とき》や盃《さかづき》を受《う》けて席《せき》に復《ふく》する時《とき》など、だらしなくゲツ〳〵笑《わら》つて居《ゐ》る體《てい》、幼稚極《えうちきはま》つたものである。

◎併《しか》し、赤《あか》や青《あを》の服《ふく》で、白《しろ》い房付《ふさつ》きの帽子《ぼうし》を戴《いただ》いたのが五六十人《にん》も登場《とうぢやう》し夫《そ》れに異様《いやう》な樂器《がくき》で囃《はや》し立《た》てゐるのだから、奇麗《きれい》で賑《にぎや》かだ、所作《しよさ》を觀《み》る演劇《しばゐ》で、白《せりふ》や顔《かほ》の表情《へうじやう》は無關係《むくわんけい》なのだ、あれをあの儘《まゝ》で進歩《しんぽ》させたらオペラになるだらう。

◎次《つぎ》に平壤《へいじやう》の觀察使《くわんさつし》が、其昔郡守《そのむかしぐんしゆ》を召集《せうしう》して弓術大會《きうじゆつたいくわい》を開《ひら》く場《ば》で之《これ》も四五十名《めい》の登場者《とうぢやうしや》に囃方大勢《はやしかたたいせい》、何《いつ》れも、妓生《キーサン》で美《び》々《び》しく裝《よそほ》ひ、觀察使《くわんさつし》は赤《あか》い服《ふく》だ、最初郡守《さいしよぐんしゆ》が順次《じゆんじ》に拜賀《はいが》し、盃《さかづき》を受《う》け、終《をは》つて愈《いよい》よ競射《きやうしや》になると、朝鮮式半弓《てうせんしきはんきう》で、舞臺《ぶたい》の一端《たん》に三尺《しやく》の布《ぬの》を張《は》り、之《これ》を的《まと》と見《み》て他《た》の一端《たん》から順《じゆん》に射《しや》を試《こゝろ》みる、其《それ》が何《なに》かになるのだらうと思《おも》ふて我慢《がまん》して見《み》て居《ゐ》たが、全《まつた》く無意味《むいみ》な射的《しやてき》で、幕《まく》が下《お》りた、呆《あき》れて物《もの》が言《い》へぬ、併《しか》し、朝鮮演劇《てうせんしばゐ》では右《みぎ》の二幕樣《まくやう》なのが、時代物《じだいもの》なのだから。足《あし》を何《ど》う運《はこ》ばるの、手《て》を何《ど》う動《うご》かすのと云《い》ふ形《かた》が少《すこ》しも見當《みあた》らぬ、實《じつ》に幼稚極《えうちきは》まつたものであるが、朝鮮人《てうせんじん》にはモッと細《こま》かい藝《げい》は出來《でき》ず、見物《けんぶつ》の方《はう》でも觀賞《くわんしやう》する能力《のうりよく》が無《な》いのだらう。

朝鮮人の新聞社

◎朝鮮《てうせん》の日刊新聞《にっかんしんぶん》は總《すべ》て五種《しゆ》ある、一番古《ばんふる》いのは中立《ちうりつ》の『皇城新聞《こうじやうしんぶん》』それから近頃《ちかごろ》八《や》釜敷《かましき》問題《もんだい》となつた英國人《えいこくじん》裵說《ベツセル》の持主《もちぬし》たる排日主義《はいにちしゆぎ》の『大韓每日申《たいかんまいにちしん》報《ほう》』次《つぎ》ぎは一進會《しんくわい》の機關新聞《きくわんしんぶん》たる『國民新報《こくみんしんぽう》』次《つ》ぎは、『帝國新聞《ていこくしんぶん》』一番新《ばんあた》らしいのは統監府《とうかんぶ》及《およ》び現朝鮮內閣《げんてうせんないかく》の機關《きくわん》たる『大韓新聞《たいかんしんぶん》』である、一番古《ばんふる》い『皇《こう》城新聞《じやうしんぶん》』で二千何號《せんなんがう》、新《あたら》しい『大韓新聞《たいかんしんぶん》』に至《いた》つては僅《わづ》かに三百何號《なんがう》に過《す》ぎぬて朝鮮《てうせん》に於《お》ける新聞《しんぶん》の歷史《れきし》の大要《たいえう》は推知《すいち》せらるゝのである。

◎新聞事業《しんぶんじげふ》がまだ甚《はなは》だ幼稚《えうち》な爲《た》めでもあらうか、一ツは朝鮮人《てうせんじん》の特性《とくせい》が呑《のん》氣《き》なので、あらゆる仕事《しごと》の中《うち》で一番繁劇《ばんはんげき》と云《い》はれ居《を》る新聞記者《しんぶんきしや》でさい、夫《そ》れは〳〵呑氣《のんき》至極《しごく》である、記者《きしや》とは云《い》へ、役所《やくしよ》を訪問《はうもん》するでもなければ在《ざい》野《や》の有志家《いうしか》の門《もん》を叩《たゝ》くと云《い》ふでもない、大臣會議《たいじんくわいぎ》があらうが、地方官會議《ちはうくわんくわいぎ》があらうが、記者先生《きしやせんせい》にはトント馬耳東風《ばじとうふう》である、宜哉《むべなるかな》四頁《ページ》の菊版《きくばん》の倍《ばい》位《くらゐ》な紙面《しめん》の中《うち》、先《ま》づやつと二面《めん》が論説《ろんせつ》より雜報《ざつぱう》まで充《み》たされてあるのみで、他《た》は皆《み》な廣告《くわうこく》であるそれが全部《ぜんぶ》四號活字《がうくわつじ》と來《き》ては、如何《いか》に其日《そのひ》〳〵の材料《ざいれう》の少《すく》ないかゞ想像《さうぞう》さるゝ。

◎其處《そこ》で朝鮮《てうせん》の新聞《しんぶん》が毎日《まいにち》どうして出來《でき》るであらうか、其大體《そのたいたい》を説明《せつめい》するのも少《すこ》しは興味《きやうみ》ある事《こと》と思《おも》ふ、何處《どこ》の國《くに》の新聞《しんぶん》でも社論《しやろん》は其新聞《そのしんぶん》の魂《たましい》である、所謂其社《いはゆるそのしや》の主張《しゆちやう》である、論説記者《ろんせつきしや》は、先《ま》づ第一流《だいりう》の記者《きしや》であるが、各社《かくしや》必《かなら》ず論説記者《ろんせつきしや》を持《も》てるといふ譯《わけ》でもない、先《ま》づ囑托記者《しよくたくきしや》である、毎日論説《まいにちろんせつ》一篇《ぺん》を寄稿《きかう》するそして、毎月《まいげつ》幾《い》くらといふ俸給《ほうきう》も貰《もら》つて居《を》る、先《ま》づは内職《ないしよく》である。社《しや》に依《よつ》ては専門《せんもん》の論説記者《ろんせつきしや》即《すなは》ち主筆記者《しゆひつきしや》を持《もつ》てる處《ところ》も無《な》いではない。

◎夫《そ》れから一般《はん》記者《きしや》といふ側《かは》を見《み》るに之《こ》れはまた甚《はなは》だ困《こま》つたものである、記者《きしや》と云《い》ひながら何《な》にも自分《じぶん》の頭《あたま》から考《かんが》へ出《た》す材料《ざいれう》とては一ッもない、之《こ》れを日本《にほん》の新聞記者《しんぶんきしや》に比《くら》べたら、呆《あき》れて物《もの》が云《い》へぬのである、三人《にん》も四人《にん》も先《ま》づ十時頃《じごろ》から例《れい》の衣冠束帯《いくわんそくたい》て堂々《どう〲》と濶歩《くわつぽ》してやつて來《く》る、各《おの〱》極《きま》つてある机《つくえ》に坐《すわ》る、各地《かくち》から稀《ま》れに來《く》る通信《つうしん》を檢閲《けんえつ》して雑報《ざつぽう》を作《つく》くるのと、一ッは官報《くわんぽう》から叙任辭令《じよにんぢれい》や法令《はうれい》の必要《ひつえう》なものを切抜《きりぬ》いて工場《こうぢやう》に卸《おろ》す、夫《そ》れから近頃《ちかごろ》は新聞《しんぶん》の材料《ざいれう》を供給《きやうきふ》する通信社《つうしんしや》といふ調法《てうはふ》な機關《きくわん》がある、之《こ》れは勿論《もちろん》日本《にほん》の假名交《かなまじ》り文《ぶん》であるが、調法《てうほふ》な事《こと》には新聞記者《しんぶんきしや》なんといふ側《がわ》には日本《にほん》の假名交《かなまじ》り文《ぶん》の意味《いみ》だけが分《わ》かるので、夫《そ》れを飜譯《ほんやく》する。

◎次《つ》ぎは探訪《たんばう》である、處《ところ》か此探訪《このたんばう》も朝鮮《てうせん》の新聞《しんぶん》では其社専門《そのしやせんもん》のものでないのが多《おほ》い、假令《たとへ》ば甲探訪《かうたんばう》は某々兩新聞社《ばう〳〵りやうしんぶんしや》に材料《ざいりやう》を供給《きやうきふ》して兩社《りやうしや》から一定《てい》の俸給《ぼうきう》を貰《もら》ふて居《を》るのもある、午後《ごゝ》四時頃《じごろ》にもなると所謂探訪先生《いはゆるたんばうせんせい》から材料《ざいれう》は使者《ししや》を以《もつ》て届《とゞ》けらる丶。探訪先生《たんばうせんせい》決《けつ》して社《しや》に出《で》て來《こ》ない、編輯局《へんしうきよく》の記者《きしや》は探訪《たんばう》から送《おく》り届《とゞ》けられた原稿《げんかう》を檢閲《けんえつ》して一々淨寫《じやうしや》する、かような有様《ありさま》で記者《きしや》といふのは只《た》だ淨寫係《じやうしやかゝ》りに過《ず》ぎぬので、誠《まこと》に簡單《かんたん》な而《し》かも機械的《きかいてき》な遣《やり》方《かた》である。

◎支那《しな》や朝鮮《てうせん》は素《もと》と文字《もじ》の國《くに》である、ドンナ先生《せんせい》でも一種《しゆ》の能書家《のうしよか》である只《た》だ其缺點《そのけつてん》…殊《こと》に新聞記者《しんぶんきしや》としての缺點《けつてん》…は省略《せいりやく》した文字《もんじ》を書《か》けぬ事《こと》と又讀《またよ》めぬ事《こと》である、彼等《かれら》の原稿《げんかう》は全《まつた》く吾々《われ〳〵》の清書《せいしよ》である、チットモ字畫《じかく》を略《りや》くさぬ楷書《かいしよ》の奇麗《きれい》な文字《もんじ》は丸《まる》で活字其儘《くわつじそのまゝ》である、字畫《じかく》を略《りや》くさず丁寧《ていねい》に原稿紙《げんかうし》にキチン〱と書《か》くから、其遲《そのおそ》さ加減《かげん》ッたら呆《あき》れて物《もの》が云《い》へぬ、モー五時《じ》だ原稿締切《げんかうしめき》りをせねばならぬといふ時《とき》ですら、彼等《かれら》の原稿《げんかう》は依然《いぜん》活字的《くわつじてき》楷書《かいしよ》である。

◎モー一ツの奇觀《きくわん》は校正《かうせい》である、編輯局《くんしうきよく》の片隅《かたすみ》に机《つくえ》を据《す》へて工場《こうぢやう》から出來《でき》て來《く》る校正刷《かうせいすり》りを、丸《まる》で僧侶《ばうず》の讀經《どつきやう》と同《おな》じような音調《おんてう》もて高々《たか〱》と朗讀《らうどく》して居《を》る、日本人《にほんじん》の耳《みゝ》には僧侶《ばうず》の讀經《どくきやう》としか思《おも》はれぬ、之《こ》れは朝鮮人《てうせんじん》の音讀《おんどく》の一般《ぱん》である、讀書《どくしよ》も同一《どう》である、そして大勢《おほせい》が遠慮《ゑんりよ》なく高《たか》い聲《こゑ》でやるから丸《まる》でお寺《てら》の子《こ》僧共《ぞうども》のお經《きやう》の稽古《けいこ》と同《おな》じで中々《なか〱》八釜《やかま》しい。

◎朝鮮人《てうせんじん》は大抵《たいてい》二食《じき》だといふが、新聞社《しんぶんしや》の連中《れんちう》は二時《じ》三時《じ》の間《あひた》に晝飯《ひるめし》をやる、食麵包《しよくぱん》を噛《か》じるものもあれば、近所《きんじよ》の飲食店《いんしよくてん》から膳《ぜん》を取寄《とりよ》せて二三人《にん》之《こ》れを圍《かし》んでッヽイてるのもある、膳部《ぜんぶ》は誠《まこと》に簡單《かんたん》なものである、中《なか》には上戸黨《じやうことう》は晝《ひる》も一本《ぽん》やるのもある、茶《ちや》を煮《に》るための用意《ようい》の湯沸《ゆわか》しに一本《ぽん》がコロがつてる事《こと》もある、何事《なにごと》にも頓着《とんちやく》せぬ無禮講流義《ぶれいかうりうぎ》は何處《どこ》でも新聞社共通《しんぶんしやきやうつう》の有様《ありさま》で、總《すべ》ては呑氣千萬《のんきせんばん》に出來《でき》て居《ゐ》る。

◎大體《たいたい》に朝鮮人《てうせんじん》は時間《じかん》の觀念《くわんねん》に乏《とぼ》しい、新聞記者《しんぶんきしや》も夫《そ》れであるが、工場《こうぢやう》の連中《れんちう》も亦《ま》た格別遲《かくべつおそ》くなるのを氣《き》に掛《か》けぬ、一番遲《ばんおそ》き役割《やくわり》に當《あた》つてる機械《きかい》の連中《れんちう》などは、日《ひ》の短《みぢか》い秋冬《あきふゆ》の頃《ころ》には餘程遲《よほどおそ》くなるが、一時《じ》になつても二時《じ》になつても意《い》に介《かい》せぬようだ、ツマリ自分《じぶん》は最後《さいご》の役割《やくわ》りに當《あた》つてるから一番後《ばんあと》から歸《かへ》るのは當然《たうぜん》であると諦《あきら》めて居《を》るらしい、即《すなは》ち朝鮮人《てうせんじん》は機械代《きかいがわ》りに使《つか》ふには餘程都合《よほどつがう》よく出來《でき》た人間《にんげん》である。

◎新聞《しんぶん》に對《たい》する一般《ぱん》の觀念《くわんねん》の幼稚《えうち》なのには驚《おどろ》く、觀察使《くわんさつし》と云《い》へば全國《ぜんこく》にタツタ十三人《にん》しかない地方長官《ちはうちやうくわん》である、夫《そ》れが會議《くわいぎ》があつて京城《きやうじやう》に出《で》て來《く》ると役所《やくしよ》から『觀察使《くわんさつし》出《しゆつ》京中《きやうちう》に付返戻《つきへんれい》す』といふ附箋《ふせんつ》付けて不在中《ふざいちう》新聞《しんぶん》を返《かへ》して來《く》る。一般《ばん》に新聞代《しんぶんだい》を拂《はら》はぬのも無理《むり》がない、觀察使《くわんさつし》も拂《はら》はぬ、郡守《ぐんしゆ》も拂《はら》　一般讀者《ばんとくしや》は勿論《もちろん》拂《はら》はぬ、三年《ねん》と經過《けいくわ》すると少《すこ》しづゝ新聞代《しんぶんだい》が回《くわい》收《しう》さるゝそうで、何處《どこ》の社《しや》も經濟大困難《けいざいだいこんなん》といふ實況《じつきやう》であるそうだ。

兩班の生活

◎朝鮮兩班《てうせんヤンパン》も、今《いま》では恐《おそ》ろしく下落《げらく》して爪糞位《つめくそぐらゐ》の位《くらゐ》があれば、やれ己《おれ》は兩班《ヤンパン》だと自惚《うぬぼ》れたがるが、昔《むかし》の兩班《ヤンパン》はそーではない、少《すく》なくとも下人《げにん》の二十人位《ぐらゐ》を置《お》き、位は正二三品のもので地方官《ちはうくわん》では觀察使以上《くわんさつしいじやう》であつた。其生活《そのせいくわつ》と云《い》つたら、昔《むかし》の日本《にほん》の大名樣《だいめうさま》だ。殊《こと》に中央政府《ちうおうせいふ》の大臣《だいじん》にでもなるとか、地方《ちはう》で觀察使《くわんさつし》にでもなると、親戚《しんせき》は皆《みな》押《お》し寄《よ》せて來《き》て居候《いさうろう》に

其《その》二十餘人《よにん》の下人《げにん》は各自主家《めい〳〵しゆか》の用向《ようむき》を分擔《ぶんたん》して居《ゐ》る。即《すなは》ち膳《ぜん》の調理《てうり》、煑方、掃除《さうぢ》、應接係《おうせつがゝり》、其他《そのた》受持《うけもち》があつて單《たん》に主人《しゆじん》の用《よう》ばかりでなく、家族《ぞく》一統《とう》に附屬《ふぞく》して諸種《しよしゆ》の用《よう》を辨《べん》ずるのだ。

◎兩班《ヤンバン》の家《いへ》では父《ちゝ》の權力《けんりよく》は非常《ひじやう》なもので、其子《そのこ》でも父《ちゝ》に向《むか》つて直接《ちよくせつ》に發言《はつげん》する事《こと》は少《すく》ない、温突《おんどる》の外《そと》から用事《ようじ》を云《い》ふ。且《か》つ朝《あさ》は各家族《かくかぞく》が顔《かほ》を洗《あら》ふて後主人《のちしゆじん》の室《しつ》に御伺《おうかゞ》ひに出《で》る。

◎兩班家《ヤンバンけ》では、夫婦同室《ふうふどうしつ》に寢《ね》ない、自分《じぶん》の室《しつ》に寢《ね》るのである。而《しか》して夫《ふう》婦《ふ》の室《しつ》は中庭《なかには》を隔《へだ》てゝ作《つく》られて居《ゐ》る。而《し》かも何《いづ》れの門《もん》よりするも内房《ないばう》は家《いへ》の中央《ちうおう》に位《くらゐ》して、此《こ》の内房《ないばう》は夫《をつと》の外出入出來《ほかしゆつにふでき》ず、内房附近《ないばうふきん》の廊下《らうか》でも通行《つうかう》する時《とき》は、たとひチョンガーでも横《よこ》を向《む》ひて通《とほ》り、内房中《ないばうちう》に女《をんな》の顔《かほ》が見《み》へても見《み》ることはできない。だから日本人《にほんじん》は韓人《かんじん》と三年《さんねん》も五年《ごねん》も同居《どうきよ》して居《を》つても、娘《むすめ》や妻君《さいくん》の顔《かほ》を見《み》ることはできぬ。

◎某日本人《ばうにほんじん》が兩班《ヤンバン》の家庭教師《かていけうし》となつて、内房《ないばう》の庭《には》をへだてゝ息子《むすこ》の室《へや》に同居《どうきよ》して居《を》つた。或時友人《あるときいうじん》が尋《たづ》ねて來《き》た、いつも應接間《おうせつま》で話《はなし》する事《こと》にしてあるのだが、此友人《このいうじん》が今日《こんにち》は溫突生活《おんどるせいくわつ》の狀態《さま》を見度《みた》いと云《い》ふから、部《へ》屋《や》へ案內《あんない》して來《き》た。其兩班《そのヤンバン》の息子《むすこ》も居《を》つて、種々《いろ／＼》と韓人《かんじん》の家庭《かてい》の話《はなし》があつた。男《をとこ》は決《けつ》して女《をんな》を見《み》ることはできぬと云《い》ふから、仰《あを》ぎ見《み》る可《べか》らずなどゝ冗談《じようだん》を云《い》ふて、扨《さ》て歸《かへ》る時《とき》、面白半分《おもしろはんぶん》に內庭《うちには》の突溫《おんどる》の戶《と》を押《お》し開《ひら》く似爲《まね》をしたから、信用《しんよう》ガラリと落《お》ちて、家庭敎師《かていけうし》の先生其翌日《せんせいそのよくじつ》から外房《ぐわいばう》の應接間《おうせつま》の傍《かたはら》の溫突《をんどる》へ左遷《させん》された。

◎併《しか》し其男《そのをとこ》の話《はなし》に依《よ》ると、實《じつ》は女《をんな》の方《はう》では他《た》の男《をとこ》が見《み》たくて堪《たま》らぬ樣子《やうす》で、日本人《にほんじん》と聞《き》くと尻《しり》に毛《け》があるなどゝ云《い》ふて種々《しゆ》の工夫《くふう》をして御自分《ごじぶん》の顏《かほ》をば隱《かく》して窃《そ》つと其男《そのをとこ》を見《み》るので、男《をとこ》も朝顏《あさかほ》を洗《あら》ふ際《さい》に、幾度《いくど》も兩《ヤン》班妻女《バンさいぢよ》の顏《かほ》を見《み》たとの事《こと》である。

◎一方彼等《いつぱうかれら》韓婦《かんぷ》は日本《にほん》の女《をんな》を歡迎《くわんげい》するは非常《ひじやう》なもので、又女客《またをんなきやく》など案《あん》内《ない》なしで内房《ないはう》へ入《はい》つても何《なん》とも云《い》はない却《かへつ》て非常《ひじやう》に喜《よろこ》ぶ、室内《しつない》には韓人《かんじん》簞笥《たんす》と唐木《からき》の机《つくゑ》がある。すぐ手《て》をとつて座布團《ざふとん》の上《うへ》に座《すは》らせ、髮《かみ》から衣《い》服《ふく》と手《て》を觸《ふ》れて珍《めづら》しさうに見《み》るのが甚《はなは》だウルサイと云《い》ふ。菓子《くわし》等《など》持《も》ち行《い》くと、すぐ其場《そのば》で開《ひら》いて食《く》ふ。韓人流《かんじんりう》の甘酒即《あまさけすなは》ち水《みづ》に砂糖《さとう》を入《い》れ御飯《ごはん》を少《すこ》し入《い》れたものを大《たい》なる盃《サバリ》に持《も》ち來《きた》り、口付《くちつけ》に主婦《しゆふ》から順《じゆん》に飲《の》み廻《まは》しをなすには閉口《へいこう》すると、併《しか》し内房《ないはう》にばかり垂《た》れ籠《こ》めて居《ゐ》るに似《に》ず其外交的《そのぐわいかうてき》手腕《しゆわん》は實《じつ》に日本人《にはんじん》の驚《おどろ》く程《ほど》である。婦人《ふじん》の外出《ぐわいしゆつ》は用《よう》のある時或《ときあるひ》は親戚訪《しんせきはう》問《もん》をなす時《とき》は必《かなら》ず輿《かご》に乘《の》り、一人《ひとり》の下女《げぢよ》を連《つ》れて行《ゆ》く。夏《なつ》などは被衣《かつぎ》を深《ふか》く被《かむ》つて夕暮《ゆふぐれ》から散歩《さんぽ》に出《で》ることがある。そして歸《かへ》りには情夫《をとこ》を女輿《をんなかご》に乘《の》せて内房《ないはう》に引《ひ》き入《い》れ、他家《たけ》の娘《むすめ》が遊《あそ》びに來《き》たのだと言《い》つて置《お》くと、自分《じぶん》の夫《をつと》も内房《ないはう》に入《い》ることできぬを幸《さいは》ひ、交情《かうじやう》を續《つゞ》け。果《は》ては大膽《たいたん》にも料理屋《れうりや》などで密會《みつくわい》をすることがある。一般《いつぱん》に男女《だんぢよ》とも亂婬《らんいん》である。男《をとこ》は官妓《くわんぎ》を買《か》ひ、少《すこ》し金《かね》があつたら妾《めかけ》を置《お》く。

◎疊《たゝみ》と嚊《かゝあ》は新《あた》らしいに限《かぎ》ると、ヨボ君《くん》も大《たい》の自然主義《しぜんしゆぎ》を好《この》む方《はう》で、六七年《ねん》も伴《つ》れ添《そ》ふて、そろ〱嫌氣《いやけ》が差《さ》すと、他《ほか》から又若《またわか》いのを引張《ひつぱ》つて來《く》る。お極《きま》りの嫉妬喧嘩《やきもちけんくわ》が大《おほ》ごだ〱を持上《もちあ》げて仕末《しまつ》に終《ね》へなくなる、ヨボ君《くん》、若《わか》い新《あた》らしいのを左夫人《さふじん》と見立《みた》てゝ、左右《さいう》に婦《をんな》を侍《はべ》らして寢《ね》る。そして左夫人《さふじん》と顔《かほ》を合《あは》せて、舊夫人《きうふじん》へは後《うしろ》を向《む》ける。そこで舊夫人《きうふじん》は後《うしろ》から小突《こづ》いて邪魔《じやま》をしてやる。漸々火《だん〱ひ》の手《て》が烈《はげ》しくなると、ヨボ君《くん》は大《たい》喝《かつ》して舊夫人《きうふじん》に、そんなチン〱云《い》ふ者《もの》は家《いへ》に置《お》かぬ、出《で》て行《ゆ》けと三下《みくだ》り半式《はんしき》に出《で》る。モウ仕方《しかた》が無《な》いと見《み》ると、舊夫人《きうふじん》は、出《で》て行《い》つては今更《いまさら》食《く》ふに困《こま》るから、今度《こんど》は涙《なみだ》を呑《の》んで謝罪《しやざい》する、其時《そのとき》、シビハランで可《い》いから、何《ど》うか此家《このいへ》に措《お》いて下《くだ》さいと云《い》ふのださうだ。

◎兩班家《ヤンパンけ》の主人《しゆじん》が外出《ぐわいしゆつ》の時《とき》は妻女《さいぢよ》は出《で》ないが、男子《だんし》は凡《すべ》て庭《には》に降《お》りて腰《こし》を折《お》つて内門《ないもん》を出《で》る迄目送《までもくそう》する、歸《かへ》つた時《とき》も同《おな》じてある。

韓人との交際

◎韓人《かんじん》と交際《かうさい》するにはどうするかとは、能《よ》く人《ひと》の問《と》ふ處《ところ》であるが、何《なに》も他《た》に方法《はうはふ》も術《じゆつ》もない、韓人《かんじん》は毎日閑散《まいにちかんさん》で遊《あそ》んで居《を》る、殊《こと》に近頃《ちかごろ》は日本人《にほんじん》と交際《かうさい》をして、仲間共《なかまども》に、己《お》れは日本人《にほんじん》の友人《いうじん》を持《も》ち居《を》ると誇《ほこ》る風《ふう》があるから、彼等《かれら》も非常《ひじやう》に日本人《にほんじん》との交際《かうさい》を希望《きばう》する。

◎電車《でんしや》の中《なか》などで、少《すこ》し上等《じやうとう》な服装《ふくさう》をして兩班《ヤンパン》然《ぜん》たる韓人《かんじん》に會《あ》ふたならオデカショ《何處へ行くか》くらゐ云《い》ふと、彼《か》れは喜《よろこ》んで種々《いろ〳〵》話《はなし》をし、名刺《めいし》を出《だ》して交際《かうさい》を求《もと》むる。其《た》の名刺《めいし》には現《げん》に官職《くわんしよく》に就《つい》て居《ゐ》ない者《もの》は自己《じこ》の今迄《いままで》の履歴《りれき》の内《うち》で一番高官《いちばんかうくわん》であつた肩書《かたがき》を書《か》いて居《ゐ》る。即《すなは》ち前郡主前秘書丞《せんぐんしゆせんひしよじやう》と云《い》つたものだ。だから此方《こつち》でも人《ひと》を馬鹿《ばか》にした樣《やう》な、日本人《にほんじん》の前《まへ》には出《だ》せぬ樣《やう》な思《おも》ひ切《き》つた肩書付《かたがきつ》きの名刺《めいし》を遣《や》るのだ、例《たと》へば日本大學卒業《にほんだいがくそつげふ》とか早稲《わせ》田《た》大學卒業《たいがくそつげふ》とか肩書付《かたがきつ》けるのだ。それから士族《しぞく》は韓國《かんこく》の兩班《ヤンパン》と同《おな》じと云《い》ふことを知《し》つて居《ゐ》るから士族《しぞく》なら是《こ》れも肩書《かたがき》に入《い》れる。而《そ》して住所《ぢうしよ》を記《き》して、必《かなら》ず何日何時頃《なんにちなんどきごろ》（早朝《そうてう》はよくない）と時間《じかん》を定《さだ》めて來遊《らいいう》せよと云《い》へば、必《かなら》ず來訪《らいはう》する。來訪《らいはう》せぬ時《とき》は、此方《こちら》から訪問《はうもん》をして種々《いろ〳〵》の雜談《ざつだん》をして兩班《ヤンパン》と云《い》ふ身分《みぶん》を矢鱈《やたら》に賛《ほ》める。そして此奴《こやつ》何《なん》かの場合役《ばあひやく》に立《た》つと見《み》たら、例《れい》の明月《めいげつ》なり日本料理《にほんれうり》へなり引張《ひつぱ》り込《こ》む。さうして二三日《にちた》經つて又訪問《またはうもん》して心《こゝろ》よく談笑《たんせう》する、之《こ》れて立派《りつぱ》に所謂《いはゆる》チングサラミ《親友》となつたのである。而《しか》し其時《そのとき》、不在《ふざい》だなど言《い》つて會《あ》はなかつたら先方《せんぱう》が將來《しやうらい》の交《かう》誼《ぎ》を結《むす》ぶ意志《いし》がないものと諦《あきら》めるのだ。併《しか》し此方法《このはうほふ》でなら十中《ちう》八九は成《せい》功《こう》する。何《なん》にせよヨボ連《れん》は肩書《かたがき》と衣服《いふく》で人《ひと》を信《しん》ずるのだから、衣服《いふく》を美《び》麗《れい》にすること、言語動作《げんごどうさ》を兩班然《ヤンバンぜん》として交際《かうさい》すると、彼等《かれら》は好《この》んで握手《あくしゆ》をするから、其積《そのつも》りで居《を》らねばならぬ。

贈答品

◎韓人《かんじん》は餘《あま》り贈答品《ぞうたうひん》を遣《つか》はない。併《しか》し、誕生日《たんじやうび》と祭祀日《チヨンナリ》には、何《なに》か互《たがひ》に贈答《ぞうたう》をする。尤《もつと》も普通《ふつう》なのは、米《こめ》の粉《こ》で作《つく》つた團子《たんご》を青赤黄《あをあかき》などて着色《ちやくしよく》したのを贈答《ぞうたう》する。其他《そのた》箇人《こじん》と箇人《こじん》では、生徒《せいと》が先生《せんせい》の處《ところ》へ、又《また》は小作《こさく》人等《にんら》が兩班《ヤンバン》の處《ところ》へ持《も》つて來《く》る位《ぐらゐ》の事《こと》で重《おも》に牛肉果物等《ぎうにくくわぶつとう》だ。近頃《ちかごろ》は彼等《かれら》の社會《しやくわい》にも日本風《にほんふう》な贈答《ぞうたう》が行《おこな》はれて居《ゐ》る。それも現職《げんしよく》の大臣《だいじん》とか、高等官《かうとうくわん》の連中《れんちう》とかが日本化《にほんくわ》して、他《た》から貰《もら》つたものを親戚《しんせき》に分《わか》つから、次第《しだい》に進化《しんくわ》して來《き》た。そして種々《いろ/\》の室内裝飾品《しつないそうしよくひん》を贈《おく》る事《こと》が流行《はや》つて居《ゐ》る。日本《にほん》人《じん》から彼等《かれら》に何《なに》か贈物《おくりもの》仕《し》やうとか、一寸訪問《ちよつとはうもん》する手土産《てみやげ》とかには、上品《じやうひん》な菓子類《くわしるゐ》でなく、極《ご》く甘《あま》いもの即《すなは》ち砂糖《さとう》を澤山《たくさん》に用《もち》ひて拵《こしら》つた、こてこてて赤色《せきしよく》の菓子類《くわしるゐ》が最《もつと》も喜《よろこ》ばれる。ラッパ節流《ぶしりう》のマシサタン《味は砂糖と同じ》ハンカチ的《てき》のものがよいのである。馬鹿《ばか》に高價《かうか》の道具《どうぐ》なんかは土臺鑑賞《どたいかんしやう》の能《のう》がないからあまり喜《よろこ》ばない。若《も》し、高價《かうか》の贈《おく》り物《もの》なら、時計《とけい》、眼鏡《がんきやう》、姿鏡《かゞみ》、指輪《ゆびわ》等《など》がよいのである。是《こ》れも直接御本人《ちよくせつごほんにん》に手渡《てわた》しせぬと、行衛不明《ゆくゑふめい》となることが多《おほ》い。贈物《おくりもの》は婦人《ふじん》をして、内房《ないぼう》に持《も》ち行《ゆ》かしむるに限《かぎ》ると云《い》ふ事《こと》である。

下民の生活

◎朝鮮《てうせん》の下民《ゆみん》と云《い》ふのは三種《さんしゆ》ある。一《いつ》は主人《しゆじん》を持《も》つて、主人《しゆじん》の家《いへ》の一部《いちぶ》を與《あた》へられ、主家《しゆか》の用事《ようじ》をなす者《もの》、第《だい》二は車《くるま》を挽《ひ》き又《また》はチゲをかついて歩《ある》く者《もの》で、家《いへ》なく籍《せき》なく一種《いつしゆ》の遊民《いうみん》の様《やう》な、將《はた》孤兒《こじ》か貧兒《ひんじ》の様《やう》なものがある。此種《このしゆ》の者《もの》は南大門《なんだいもん》とか東大門《とうだいもん》とかに夏《なつ》も冬《ふゆ》も寢《ね》るのだ。第《だい》三は賤業《せんげふ》をなせども一家《いつか》を構《かま》へ、或《あるひ》は借家《しやくか》をなして生活《せいくわつ》するもので、冬《ふゆ》は泥《チンコウ》峴《カイ》あたりから殘飯《ざんぱん》をもらつて食《く》ひ、チゲ賃《ちん》を取《と》れば酒《さけ》を飲《の》み決《けつ》して貯蓄《ちよちく》をなすと云《い》ふことはない。唯《た》だ其日《そのひ》其日《そのひ》を送《おく》つて行《ゆ》けば足《た》ると云《い》ふ状態《じやうたい》で、其日《そのひ》の食《く》ひ料《れう》を得《う》れば、幾《いく》らチゲの傭人《やとひにん》があつても動《うご》かぬのである。そして、夏《なつ》は甜瓜《まくわ》を常食《じやうしよく》として年中《ねんぢう》二食《しよく》である。偶《たま》には妻《つま》を貰《もら》ふ爲《た》めに貯蓄心《ちよちくしん》を持《も》つて居《ゐ》るものがあれど少《すく》ない。

◎以上三種《いじやうさんしゆ》の賤民中《せんみんちう》で、一番威張《いちばんいば》るものは。兩班《ヤンパン》の家《いへ》に寄食《きしよく》するもので彼等《かれら》は下層社會《かそうしやくわい》に起《おこ》る種々《いろ〳〵》の事件等《じけんとう》の審判役《さばきやく》を勤《つと》むることがある。彼《か》の兩班《ヤンパン》の輿《かご》に從《したが》ひ、可笑《をか》しな帽子《ぼうし》を戴《いたゞ》くことが彼等《かれら》の理想《りそう》である。昔《むかし》は、兩班《ヤンパン》に附隨《ふずゐ》する下民《かみん》は、巡査《じゆんさ》の樣《やう》な劍《けん》をも佩《お》びて居《ゐ》たとか。そしてイロー〳〵〳〵の制止聲《せいしごゑ》と、圓形《まるがた》な帽子《ぼうし》に赤《あか》い毛《け》の付《つ》いたのを戴《いたゞ》く地《ち》位即《すなは》ち兩班家《ヤンパンけ》の下人《げにん》となる事《こと》は彼等下層人民《かれらかそうじんみん》の畢生《ひつせい》の願望《ぐわんもう》であるとは、其心《そのしん》情思《じやうおも》ひやられる。

韓人街の車夫

◎韓人町《かんじんまち》の辻々《つじつじ》に警視廳《けいしちやう》の認下標《にんかひやう》の處《ところ》に俥《くるま》を美《うつく》しく並《なら》べて日本人《にほんじん》の通《とほ》るを見《み》れば、ヨンガミ《旦那》さん俥《くるま》、……俥《くるま》チヨツソ……と乘車《じようしや》を勸《すゝ》め、俥《くるま》と呼《よ》ぶと、四五人《にん》ネーと一度《いちど》に走《は》せて來《き》て自分《じぶん》の客《きやく》に仕《し》やうと爭《あらそ》ふ、彼等《かれら》は順番《じゆんばん》を定《さだ》めずに、押強《おしつよ》い奴《やつ》は皆《み》な自分《じぶん》の客《きやく》にしやうと掛《かゝ》る。日本人《にほんじん》の俥《くるま》宿《やど》に居《ゐ》るのは、能《よ》く駈《か》けるが、韓人街《かんじんまち》に居《ゐ》る者《もの》は餘《あま》り走《はし》らない。幾《いく》らオソ／＼と叫《さけ》んでも駄目《だめ》だ、泥峴《チンコツカイ》へでも出《で》ると、雜沓《ざつとう》するから、危《あぶ》なさうに俥《くるま》の用心《ようじん》ばかりして存分《ぞんぶん》走《はし》れない。併《しか》し、彼等《かれら》も近頃《ちかごろ》はイロー／＼と言《い》はずに、ハイ／＼／＼と日本車夫《にはんしやふ》の掛聲《かけごゑ》を眞似《まね》て走《はし》る樣《やう》になつた。提《ちやう》燈《ちん》も、日本風《にほんふう》に何々《なになに》組《くみ》とか、何《なん》とか、かんとか、日本人《にほんじん》の姓《せい》を書《か》くのである、彼等《かれら》の俥《くるま》に乗《の》るには豫《あらかじ》め俥代《くるまだい》を定《さ》めないと、彼等《かれら》は此《こ》の人《ひと》は餘《あま》り俥《くるま》に乗《の》り付《つ》けないのだと早合點《はやがてん》して、モ少《すこ》し下《くだ》さい、酒代下《さかだいくだ》さいと盛《さかん》にねだる。だから俥《くるま》と叫《よ》んで、泥峴《チンコウカイ》、行《カッソー》けと命《めい》じ、目的地《もくてきち》まで行《ゆ》きて、十五錢《せん》やると思《おも》ふたら、先《ま》づ十錢《せん》を拂《はら》ふて去《カーカー》れ〳〵と云《い》へば、旦那《ヨンガミ》さん少《すく》ない、と云《い》つて其錢《そのぜに》を持《も》ち來《く》るから、ぢや不用《イリオプソ》かと錢《ぜに》を一先《ひとま》づ取《と》り上《あ》げると、彼奴《きやつ》泡食《あわく》つて旦那《ヨンガミ》さん〳〵、と付《つ》いて來《く》る、其時後《そのときあと》の五錢《せん》を足《た》してやるのである。彼等《かれら》は一度《いちど》では承知《しやうち》せぬ。うるさくねたれば、日本人《にほんじん》は短《たん》氣《き》だから錢《ぜに》を出《だ》すと信《しん》じて居《ゐ》るのである。

◎兩班連中《ヤンバンれんちう》は近頃《ちかごろ》自《じ》用車《ようしや》を備《そな》へる事《こと》を誇《ほこり》とする。夜《よる》だと下人《げにん》の車夫《しやふ》は、葬式用《そうしきよう》のと同《おな》じ様《やう》な提灯《ちようちん》を持《も》つて走《はし》り、一人《ひとり》は後《あと》からついて行《ゆ》くのである。併《しか》し韓人街《かんじんまち》の車夫《しやふ》の内《うち》には家《いへ》がなく、其俥《そのくるま》を家《いへ》として寝《ね》る奴《やつ》が澤山《たくさん》あるから、韓人街《かんじんまち》では、いつかな深更《しんこう》でも辻《つじ》に俥《くるま》の二三臺《だい》居《ゐ》ないことはない。

朝鮮の飲食店

(一)酒　屋

◎韓人《かんじん》の酒屋《さかや》は、韓人《かんじん》の生命《いのち》とも云《い》ふべきもので酒屋《さかや》即《すなは》ちスリチビは家《いへ》の裏《うら》に長《なが》い竿《さを》を立《た》て、其《そ》の端《はし》へ油紙《あぶらがみ》で張《は》つた長方形《ちやうはうけい》の不細工《ぶさいく》な提灯《ちようちん》を晝《ひる》も晩《ばん》も高《たか》く吊して居《ゐ》る。晩《ばん》には蠟燭《ろうそく》を點火《とぼ》す。此《こ》の酒屋《さかや》は酒《さけ》を賣《う》ると共《とも》に外《ほか》に、女《をんな》も賣《う》るので、一家《いつか》少《すく》なきは一人《ひとり》、多《おほ》きは三四人《にん》の賣笑婦《ばいせうふ》が居《ゐ》て、下等社會《かとうしやくわい》のヨボを相手《あひて》として居《ゐ》る。兩班《ヤンパン》は決《けつ》して普通《ふつう》の酒店《さかや》には出《で》入《いり》をせぬ。近頃《ちかごろ》日本人《にほんじん》の發展《はつてん》につれて、以前《いぜん》は日本人《にほんしん》の顔《かほ》を見《み》れば、門《もん》を〆《し》める習慣《しゆくわん》であつた酒店《さかみせ》も、水口《シク》門草洞《モンサウドン》あたりは、日本人《にほんじん》の客《きやく》を歡待《くわんたい》するとか。

◎酒《さけ》は朝鮮盃《てうせんサバグ》で一杯《はい》が白銅一つ《ペヤクトンツプン》（二錢《せん》五厘《りん》）。肴《さかな》の五錢《せん》も食《く》へば腹《はら》が出來《でき》る。醉《よ》ふてアラランの一つも謠《うと》ふと、美人《びじん》が奥《おく》から出《で》て來《き》て、日本《イルボン》ヨンガミサン、コッチヨロシーと溫突《をんどる》に引込《ひきこ》み、十五錢《せん》二十錢《せん》が韓人《かんじん》の相場《さうば》なれど日本人《にほんじん》は三十錢《せん》、まけて二十錢《せん》を取《と》らるゝ。併《しか》し決《けつ》して一夜《いちや》の宿《しく》泊《はく》は許《ゆる》さぬ又《また》日本人《にほんじん》で、亂暴《らんばう》をしたり、金《かね》を惜《を》しんだりする者《もの》には、二《に》度目《どめ》には門《もん》を閉《と》ぢて入《い》れない。酒無い〳〵《スリオブソ》と斷《ことは》つてしまふ。

（二）飯　屋

◎日《に》本人《ほんじん》は大抵《たいてい》酒屋《さかや》と飯屋《めしや》とをまちがへて居《ゐ》る。飯屋《めしや》は餘《あま》り大《おほ》きい家《いへ》は無《な》く、竿《さを》で高《たか》く灯燈《ちようちん》をつるしては居《ゐ》ない。玆《こゝ》に一人《ひとり》あすこに一人《ひとり》と土間《どま》に立《た》つて、重《おも》にチゲサラミー即《すなは》ち下等社會《かとうしやくわい》の者《もの》や、田舎者《シツノルサラミ》が食事《しよくじ》をなす家《いへ》だ。御飯《ごはん》に牛肉《ぎうにく》の汁《しる》をかけ、モヤシ其他《そのた》のものを入《い》れ、他《た》にキムチ（漬《つけ》物《もの》）がある。其他《そのた》焼肉等《やきにくなど》もある。酒家《さかや》には門《もん》を構《かま》へた大《おほ》きい家《いへ》もあるが、飯屋《めしや》には門《もん》を構《かま》へたのは殆《ほとん》ど無《な》い。飯《めし》は大茶椀《おほちやわん》へ一杯《ぱい》二錢《せん》五厘《りん》が相場《さうば》だ。

（三）料理店

◎朝鮮《てうせん》の料理店《れうりてん》は日本《にほん》の料理店《れうりてん》と略《ほ》ぼ同《おな》じ樣《やう》なもので、其《そ》の家《いへ》には、赤《あか》白黄《しろき》の紙《かみ》で作《つく》つた、消防夫《せうぼうふ》が持《も》つ纒《まとひ》の樣《やう》なものがぶら下《さか》つて其《そ》のわきに袋《ふくろ》の長《なが》いやつが下《さが》つて居《ゐ》る（纏《まとい》なしに袋《ふくろ》のみあるのは、うどん専門《せんもん》の店《みせ》である）店《みせ》には硝子《がらす》棚《たな》があつて、チョンガや、大人《ヨンガミ》が澤山《たくさん》居《ゐ》る。店棚《みせたな》には種々《いろ〳〵》の飲食物《いんしよくぶつ》が陳列《ちんれつ》され、間取《まど》りは二階《にかい》もあり、座敷《ざしき》もあつて、酒店《さかみせ》や飯店《めしみせ》の如《ごと》く土間《どま》に腰掛《こしか》けて食《く》ふ日本《にほん》の繩暖簾式《なわのれんしき》なのとは違《ちが》ひ、餘程《よほど》體《てい》裁《さい》が善《よ》い。

客《きやく》は必《かなら》ず内《うち》に入《い》り温突《おんどる》に上《あが》つて徐《おもむ》ろに種々《いろ〳〵》の品々《しな〳〵》を命《めい》ずると言《い》ふ遣《や》り方《かた》である。だから、下等社會《かとうしやくわい》のものは、偶《たま》に素麪《そうめん》を買《か》つて來《き》て、自分《じぶん》の内《うち》で食《く》ふ位《くらゐ》の事《こと》で斯種《こんな》飲食店《いんしよくてん》の座敷《ざしき》へ上《あが》り込《こ》んで飲食《いんしよく》することはない。詰《つま》り此種飲食店《このしゆいんしよくてん》は兩班《ヤンパン》サラミ連《れん》の飲酒飲食《いんしゆいんしよく》する處《ところ》である。時々《とき〴〵》は女《をんな》などを引張《ひつぱ》つて事《く》る兩班《ヤンパン》もある。純粋《じゆんする》の韓人料理《かんじんれうり》を食《く》はうと思《おも》ふなら料理店《れうりてん》に入《はい》る事《こと》だ。飲食店《いんしよくてん》では日本人《にほんじん》をも歡迎《くわんげい》する。韓語《かんご》が解《わか》らず、料理《れうり》の品《しな》が

朝鮮の飲食店　一四五

不明《ふめい》だつたら店《みせ》の隅《たな》へ行《い》つて其《そ》れ之《こ》れと命《めい》ずれば宜《よろ》しい。泥峴《チンコウカイ》に近《ちか》い料《れう》理《り》店《てん》ならば、日本語《にはんご》を解《かい》する韓人《かんじん》が居《ゐ》る。右《みぎ》の次第《したい》であるから、韓人《かんじん》の中以上《ちういじやう》の人間《にんげん》と交際《かうさい》を求《もと》むるには、此《こ》の料理店《れうりてん》で會飲《くわいいん》するに限《かぎ》る。

◎光化門《くわうくわもん》の明月館《めいげつくわん》は唯一《ゆいつ》の朝鮮料理屋《てうせんれうりや》であるが、半《なか》ば日本化《にほんくわ》し西洋化《せいやうくわ》して、昨今《さくたん》は日本人《にほんじん》の料理人《れうりにん》さへ抱《かゝ》へたとか、然《さ》れば眞《しん》のヨボー式《しき》の趣味《しゆみ》ある料理《れうり》を食《く》ふ處《ところ》ではない、殊《こと》に明月《めいげつ》は大官連《たいくわんれん》が官妓《くわんぎ》を引張《ひつぱ》つてくる處《ところ》で、雑人《ざつじん》が行《い》つては待遇《たいぐう》が惡《わる》い。時《とき》によつては官妓《くわんぎ》と大官《たいくわん》の活劇《くわつげき》を見《み》せつけにさるゝ恐《おそ》れがある。併《しか》し、明月《めいげつ》では日本人《にほんじん》にも良《い》い加減《かげん》な妓生《キーサン》を一夜《や》八圓《えん》で呼《よ》んで呉《く》れるとか。處《ところ》が此《こ》の妓生《キーサン》日本人《にほんじん》に對《たい》しては平素《ふだん》の意《い》地汚《ぢきた》なさを憶面《おくめん》もなくねだつて、やれ麥酒《ビール》、やれ西洋料理《せいやうれうり》と注文《ちうもん》矢《や》の如《ごと》く命《めい》ずる。若《も》し其際《そのさい》勝手《かつて》放題《はうだい》に食《く》はせぬと夜半《よは》になつて、言語《げんご》が通《つう》ぜぬを幸《さいはひ》、妓生《キーザン》は何《なん》とか胡魔化《ごまくわ》して食《く》ひ逃《に》げする恐《おそ》れがある。

◎處《ところ》で其際《そのさい》妓生《キーサン》に潰しの利《き》くのは、統監府《とうかんふ》のお役人様《やくにんさま》だと觸《ふ》れる事《こと》である。そして妓生《キーサー》を美人《びじん》だと賞《ほ》めると、彼女《やつ》ホク／＼もので安全《あんぜん》に朝迄《あさまで》お伽《とぎ》をする。生中《なまなかに》日本語《にほんご》交《まじ》りの韓語《かんご》でゝも話《はなし》をし、酒《さけ》の少《すこ》しも飲《の》み始《はじ》めたら乗《じやう》ぜられて、散々《さん〴〵》な散財《さんざい》になる。官妓《くわんぎ》を買《か》ふには統監府《とうかんふ》の役人《やくにん》と云《い》ふに限《かぎ》る。殊《こと》に正服《せいふく》でも着《き》て行《ゆ》くと至極安全《しごくあんぜん》だそうだ。念《ねん》の爲《た》めに申添《まをしそ》へるが、妓生《キーサン》は入墨《いれずみ》を恐《おそ》るゝから見現《みあら》はされぬ注意《ちうい》が大事《だいじ》。

◎官妓買法《くわんぎばいはふ》として最《もつと》も都合《つがふ》のよいのは、韓人《かんじん》と共《とも》に行《ゆ》く事《こと》であるが、併《しか》し放念《うつかり》として居《ゐ》ると馬鹿《ばか》を見《み》ることがある。一體韓人花柳界《いつたいかんじんくわりうかい》の常例《じやうれい》として、兩班連《ヤンパンれん》は毎日巣《まいにちす》を變《か》へずに、宛《あた》かも圍者《かこゐもの》の樣《やう》に只一人《たゞいちにん》の妓生《キーサン》の家《いへ》へばかり出入《でいり》する。だから韓人《かんじん》の案内《あんない》で行《い》くと、彼等《かれら》は自分《じぶん》の馴染客《なじみ》の處《ところ》

・へ連《つ》れて行《い》くのだから、最初《さいしよ》の晩《ばん》は、此方《こつち》が大分嬲《たいぶんなぶ》りものにされて、お下頂戴《さかりちやうたい》と云《い》ふ次第《しだい》になるのだ、だから所謂此《いはゆるこ》の初會《しよくわい》には、淡泊《たんぱく》に男前《をとこまへ》を見《み》せて、隱約《いんやく》の間《あひだ》に斯間《このあひだ》の秘機《ひき》を會得《えとく》することだ。處《ところ》で順序《じゆんじよ》から言《い》へば先《ま》づ一室《いつしつ》に入《はい》つて酒《さけ》の一二杯《ぱい》も飲《の》む、官妓《キーサン》はしきりに取《と》り持《も》つてラッパ節《ぶし》の一つ二つは歌《うた》ふて日本人《にほんじん》の機嫌《きげん》を取《と》る、そして貴郎《あなた》アラランをお謠《うた》ひなさいなどゝ頻《しき》りにちやほやする。やがて韓人《かんじん》は別室《べつしつ》に去《さ》る。妓生《キーサン》は日本《にはん》ヨンガミさんチヨッソ〱と煽《おだ》てる。酒《さけ》は餘《あま》り飲《の》まずに其室《そのしつ》に韓人《かんじん》夜具《やぐ》の薄《うす》いものにくるまり、長煙管《ながきせる》ですぱ〱一人《ひとり》吸《す》ふて寢《ね》る。頭邊《まくらもと》には種々《いろ〱》異樣《ゐやう》の器具《きぐ》を備《そな》へる、洗面用金盥《せんめんようかなたらい》、ビール瓶《びん》、西洋手拭《せいようてぬぐい》（少《ちい》さいもの）等《など》である。それて朝《あさ》は十時迄大丈夫《じまでだいぢやうぶ》だ。十時頃《じごろ》に昨夜《さくや》の韓人《かんじん》が出《で》で來《く》る。五圓《ゑん》を出《だ》す。すると妓生《キーサン》は、コーマプソ《難有う》復來《またく》るヨロシーと必《かなら》ず日本人《にほんじん》に握手《あくしゆ》をなす、是《これ》からは其官妓《そのくわんぎ》の宅《たく》に韓人《かんじん》の案内《あんない》なしに獨《ひと》りで出《で》入《い》りができる。而《しか》し金錢《せんせん》のことを云《い》ふたり亂暴《らんばう》なことをしたらば直《たゞち》に出《しゆつ》入禁止《にふきんし》になる。それと他《た》の官妓《くわんぎ》をば必《かなら》ず買《か》はぬ ことにしなくては忽《たちま》ち露現《ろけん》してお拂箱《はらひばこ》にされる。出《で》入《いり》必《かなら》ず俥《くるま》で威勢《ゐせい》付けなくてはいかぬ。兎《と》に角《かく》日本《にほん》の娼妓《しやうぎ》を買《か》ひ藝者《げいしや》を買《か》ふ心《こゝろ》ではよくない、何《なに》はともあれ彼等《かれら》の地《ち》位は日本《にほん》のそれよりもズッと高《たか》い、言《い》はゞ官女《くわんによ》のお古《ふる》なので彼等《かれら》自《みづか》らも大《おほい》に自重心《じちやうしん》に富《と》んで居《ゐ》るのだから少《すこ》し尊敬《そんけい》の意《い》を表《へう》さねばならぬ。韓語《かんご》が通《つう》せぬながらに、威張《ゐば》つて官妓《くわんぎ》の宅《たく》に出入《でいり》することが出來《でき》る日本人《にほんじん》は今《いま》では京城内《けいじやうない》に四五人《にん》あるとか。

韓人の店看板

福徳房《ポクトパン》

◎韓人町《かんにんまち》を歩《ある》くと必《かなら》ず白《しろ》い日被《ひおひ》を張《ひつぱつ》つた店《みせ》に、例《れい》の煙草盆《たばこぼん》が中央《まんなか》にあつて、ヨボーが四五人《しごにん》安座《あんざ》をなし、新聞《しんぶん》を讀《よ》んだり碁《ご》を打《う》つたり將棊《しようぎ》をさしたりして居《を》るのがある。是《こ》れが韓人《かんじん》の云《い》ふ福徳房《ポクトパン》なる周旋屋《しゆうせんや》で、昔《むかし》は政治《せいぢ》の運動《うんどう》までやつて居《を》つた、やれ郡主《ぐんしゆ》に世話《せわ》するから五千兩《ごせんりよう》とか、觀察使《くわんさつし》なら一萬兩《いちまんりよう》と云《い》ふ運動《うんどう》をやつて居《を》つた。今《いま》でも鐘路《しようろ》附近《ふきん》の福徳房《ポクトパン》では巡檢主事位《じゆんけんしゆじぐらゐ》の周旋《しゆうせん》はするとか、彼等《かれら》が普通《ふつう》の職《しよく》として居《を》るのは其附《そのふ》近《きん》の家屋土地《かおくとち》の賣買借家《ばい〳〵しやくか》の周旋等《しゆうせんなど》で韓人《かんじん》は必《かなら》ず家《いへ》を賣《う》るにも貸《か》すにも此《こ》の福徳房《ポクトパン》の手《て》を借《か》らねばならぬ、手數料《てすうれう》を出《だ》さねばならぬ。萬一韓人《まんいちかんじん》が日本人《にほんじん》などゝ直取引《ぢきとりひき》をしたら、後《あと》の祟《たゝ》りがあつて、必《かなら》ず幾分《いくぶん》の金《かね》をせびられる。若《も》し自分《じぶん》で及《およ》ばぬ時《とき》は、無頼漢《ぶらいかん》をやるのである。又《また》福徳房《ボクトパン》は、附近《ふきん》の家屋《かおく》土地《とち》のことを能《よ》く知《し》つて居《を》る故《ゆゑ》に、なまじいな韓人《かんじん》に頼《たの》んで土地《とち》家屋《かおく》を買《か》ひ又《また》は借《かり》るより、通辯《つうべん》でも連《つ》れて福徳房《ボクトパン》を訪問《はうもん》すると、数《あま》多《た》の家《いへ》に案内《あんない》してくれる。そして安全《あんぜん》に家屋《かをく》の内部《ないぶ》まで見《み》ることができる。

◎一方福徳房《ばうボクトパン》は附近《ふきん》の集會所《しゆうくわいじよ》である、且《か》つ彼等《かれら》は一見眞《いつけんしん》に家《いへ》を借《かり》る爲《た》めに來《きた》りしか買《か》ふ爲《た》めに來《きた》りしかを推知《すいち》する神通力《しんつうりき》があるから、眞《しん》から買《か》ひ借《か》るの目的《もくてき》なら折《をり》カバンの一つも持《も》つて行《ゆ》き、家《いへ》の内《うち》に入《はい》つて腰《こし》を下《おろ》し煙草《たばこ》の一ぷくも吸《す》ふて話《はな》すのがよいのである。

旅閣

◎旅閣《りよかく》は京城《けいじやう》にもあるが、開港場《かいかうぢやう》には此《こ》の看板《かんばん》の大家《たいか》がある。看板《かんばん》を見《み》ると、「ホテル」の様《やう》に考《かんか》へられど、是《こ》れは旅館《りよくわん》ではない、日本《にほん》で云《い》ふて見《み》ると、海運問屋《かいうんとひや》である、即《すなは》ち地方《ちはう》の旅商人《たびしやうにん》が、集《あつま》り來《きた》る處《ところ》で、旅宿《りよしく》ではない。旅閣《りよかく》の主人《しゆじん》は、商人《しやうにん》に代《かは》つて商品《しやうひん》の賣買《ばいばい》をし或《あるひ》は周旋《しゆうせん》をなして利益《りえき》を〆《し》むるので、韓人《かんじん》の職業《しよくげふ》では最《もつと》も盛《さか》んなもの、他業《たげふ》の及《およ》ぶ處《ところ》でない。且《か》つ旅閣《りよかく》は少《すく》なくとも資《し》本金《ほんきん》二三萬圓《まんゑん》を有《いう》せざれば營業《えいげふ》を行《おこな》ふことできず、大《たい》なる家屋《かをく》と倉庫《さうこ》多數《たすう》を備《そな》へて居《を》る。斯《か》く盛《さか》んな旅閣《りよかく》も、一《いち》度《ど》旅商《りよしやう》に不便《ふべん》を與《あた》ふれば、各荷主間《かくにぬしかん》に傳播《でんぱん》し、其信用《そのしんよう》を減《げん》ずる組織《そしき》になつて居《ゐ》るから彼等《かれら》旅閣《りよかく》は托《たく》せられたる物品《ぶつぴん》に對《たい》しては、賣行《うれゆ》かざるときは二千三千の金《かね》を支出《しゝゆつ》し、又荷主《またにぬし》は數《すう》千圓《ゑん》の荷《に》を旅閣《りよかく》に托《たく》して顧《かへり》みざる等《とう》、日本人《にほんじん》の夢想《むさう》することもできぬ。又兩者間《またりやうしやかん》には、一片《いつぺん》の紙片《しへん》「手票《しゆひやう》」

なるものありて、政府《せいふ》兌換券《だつかんけん》の如《ごと》く流通《りゆうつう》し、其信用《そのしんよう》は無限《むげん》のものである。

客主

◎旅閣《りよかく》を以《もつ》て海運問屋《かいうんとひや》とすれば、客主《とくい》は陸運問屋《りくうんといや》である。而《しか》し旅閣《りよかく》の樣《やう》に米穀牛皮《べいこくぎうひ》等《とう》の大荒物《おほあらもの》でなく、金銀其他《きんぎんそのた》寶玉《ほうぎよく》等《とう》にして、京城《けいじやう》にては、一《いつ》洞毎《とうごと》に二三の客主《とくい》がある。一般旅商《いつぱんりよしやう》の信用《しんよう》甚《はなは》だ重《おも》く、商業機關《しやうぎふきくわん》の發達《はつたつ》したる今日《こんにち》でも、非常《ひじやう》に大繁昌《たいはんじやう》である。殊《こと》に客主《とくい》の保證《ほしやう》若しくは客主《とくい》の手《て》形《かた》と云《い》へば、誰《たれ》でも拒絶《きよぜつ》するものはない。今《いま》では銀行信用組合《ぎんかうしんようくみあい》等《とう》、種々《いろ〳〵》の金融機關《きんゆうきくわん》を設《もう》けたけれども、彼等《かれら》は平氣《へいき》である。何《なん》とも感《かん》じない。此《こ》の旅閣《りよかく》、客主《とくい》は、決《けつ》して日本人《にほんじん》の思《おも》ふ樣《やう》な旅館《りよくわん》でない、外《ほか》にホテルはあるのである。

旅舍

◎韓國《かんこく》では必《かなら》ず其家《そのいへ》の一室《しつ》には、俗《ぞく》に云《い》ふサランパンとて、必《かなら》ず客室《かくしつ》がある。故《ゆゑ》に田舍《ゐなか》と京城《けいじやう》とを問《と》はず、一般中等以上《いつぱんちうとういじやう》のものは、決《けつ》して旅舍《りよしや》に入《い》らぬ。殊《こと》に下等《かとう》のものでも、必《かなら》ず親類《しんるゐ》の家《いへ》を訪《と》ふて、サランパンに入《い》るのである、故《ゆゑ》に、普通韓國《ふつうかんこく》の旅館《りよくわん》は、其家屋《そのかおく》醜汚《しうを》にして、惡臭《あくしう》は勿論一般下等民家《もちろんいつぱんかとうみんか》と等《ひと》しく、其陋屋《そのろうおく》他國人《たこくじん》では宿泊《しゆくはく》することはできぬ。

◎宿泊料《しゆくはくれう》は受《う》けない。只食料《たゞしよくれう》のみを請求《せいきう》し、價《あたひ》は驚《おどろ》く程低廉《ほどていれん》である。一ケ月位滯在《げつくらゐたいざい》して十圓位《ゑんくらゐ》を超《こ》へないのである。

舍所

◎舍處《しやしよ》とは官吏若《くわんりも》しくは上流者即《じやうりうしやすなは》ち兩班《ヤンパン》の宿泊《しゆくはく》する場合《ばあひ》に特別《とくべつ》に一家屋《かおく》

を貸《か》し之《こ》れを接待《せつたい》するもので、食費《しよくひ》は普通食費《ふつうしよくひ》の三倍位《ばいくらゐ》にて普通《ふつう》の旅舍《りよしや》と大同小異《たいどうせうい》であるが只混同宿泊《たゞこんどうしゆくはく》をさせぬだけで、さうして決《けつ》して二人《にん》以上《じやう》は、舍處《しやしよ》は許《ゆる》さない、家《いへ》がないからである。

舍館

◎舍館《サクワン》とは京城《けいじやう》にあるもので、地方人民《ちはうじんみん》の逗留旅宿《とうりうりよしゆく》である。是《こ》れは我《わ》が國《くに》の下宿屋《げしゆくや》と同《おな》じもので上中下《じやうちうげ》の三等《とう》に分《わか》れて居《を》る。上等舍館《じやうとうしやくわん》は、室内《しつない》食品《しよくひん》ともに清潔《せいけつ》なれども、舍館《しやくわん》は官許《くわんきよ》でもなく、又内所《なたないしよ》の營業《えいゆよ》でもなく臨時《りんじ》に友人親戚等《いうじんしんせきとう》の知人《ちじん》の依頼《いらい》によりてなす習慣《しふくわん》である。故《ゆゑ》に一般田舍《ぱんゐなか》人《じん》が、上京《じやうきやう》して旅宿《りよしゆく》を求《もと》むるに困難《こんなん》である。旅閣《りよかく》、客主《とくい》は看板《かんばん》あれど、其他《そのた》の宿舍《しゆくしや》は看板《かんばん》がないから、日本人《にほんじん》では旅閣《りよかく》、客主《とくい》を旅館《りよくわん》と思《おも》ふて、

韓人の店看板

いやに談判《だんぱん》して腕力《わんりよく》に訴《うつた》へ、警察《けいさつ》に引張《ひつぱ》られて、宿屋《やどや》でないときいて頭《あたま》をカキ〳〵下《さが》るものが多《おほ》い。

歩行客主

◎歩行客主《ボヮハンかくしゆ》は、歩行《あるい》て來《き》た人《ひと》の旅館《りよくわん》で、田舍《ゐなか》にも京城《けいじやう》にもある。京城《けいじやう》では夜具《やぐ》を供《きよう》することなく、一食十錢《いつしよくじつせん》及《およ》び十二錢《せん》五厘《りん》にて、食費外《しよくひぐわい》を要《えう》せぬことは一般《いつぱん》と異《こと》なることはない、又日本《またにほん》の下宿屋《げしゆくや》の樣《やう》に長《なが》く置《お》くことあれど、一食《しよく》づゝの勘定《かんぢやう》をして、用《よう》ある間《あひだ》は、一ケ月《げつ》は勿論《もちろん》二年《ねん》も三年《ねん》も滯在《たいざい》して居《ゐ》る。是《こ》れが普通《ふつう》の旅館《りよくわん》に相當《さうたう》するものである。又田舍《またゐなか》では一食《しよく》五錢《せん》五厘《りん》高《たか》くて七錢《せん》五厘《りん》である。二三十年前《ねんぜん》は、一食《いつしよく》七厘位《りんくらゐ》。

毛物店

◎毛物廛《モムルチユン》は皮類《かはるゐ》を賣《う》る家《いへ》で、夜具等《やぐなど》もある。種々《いろ〳〵》の毛皮類《もうひるゐ》を廛《みせ》にぶら下《さ》げ、毛布《もうふ》なども賣《う》つてある最《もつと》も多《おほ》き場所《ばしよ》は、鐘路《しやうろ》より南大門通《なんたいもんどほり》である。

隅物店

◎隅物廛《ウムルチユン》は果物《くだもの》を賣《う》る店《みせ》で、到《いた》る處《ところ》にある。大《たい》なる問屋《とひや》は、鐘路《しやうろ》より大《たい》漢門《かんもん》に至《いた》る場所《ばしよ》の右側農工銀行《みぎがはのうこうぎんかう》の前《まへ》あたりに、大《おほ》きな廛《みせ》を出《だ》して居《ゐ》る。小《せう》なるものは、人《ひと》の家《いへ》の隅《すみ》に小《ちい》さく作《つく》りし處《ところ》に、果物《くだもの》と、少《すこ》しの煙草《たばこ》なども並《なら》べてある。此《こ》れも同《おな》じく隅物廛《ウムルチヨン》である。

乾鞋店

◎乾鞋廛《コンヘイチユン》は韓人《かんじん》の常《つね》に用《もち》ふる鞋《わらじ》を賣《う》る家《いへ》で、別《べつ》に定《さだ》まりしと云《い》ふにあらねども、乾鞋廛《コンヘイチユン》は皮製《かはせい》のもの多《おほ》く、草鞋廛《わらじみせ》には藁製《わらせい》のもの多《おほ》く、廛頭《てんとう》には數《すう》十年來《ねんらい》の古鞋《ふるわらぢ》を四五足陳列《そくちんれつ》して居《ゐ》る。

◎**立　店**《ノンマーチユン》　絹物《きぬもの》を賣《う》る廛《みせ》である。

◎**白木店**《タイマクチヨン》　木綿《もめん》を賣《う》る廛《みせ》である。

◎**荒貨店**《ハンペウチヨン》　眼鏡《がんきやう》、土《と》手《しゆ》、（寒い時手ぬきのかはりになるもの）帯紐類《おびひもるゐ》及《およ》び、帽子《ばうし》附屬物《ふぞくぶつ》、能《よ》く韓人《かんじん》が前《まへ》にぶら下《さ》げて居《お》る巾着《きんちやく》等《など》を賣《う》る家《いへ》である。

◎**床店**《サンチヨン》　宕巾《タングン》、網巾《マングン》、染粉《そめこ》、色絲《いろいと》、帽子《ばうし》、巻紙《まきがみ》等《など》を賣《う》る店《みせ》である、而《しか》し此《こ》の店《みせ》は處《ところ》によつて名稱《めいしよう》が違《ちが》ふ、即《すな》ち、東床廛《とうせうてん》、筆床廛《ひつせうてん》、安洞床廛《あんどうしやうてん》、壽《じゆ》進床廛《しんしやうてん》、鹽床廛《えんしやうてん》、廟床廛《びやうせうてん》、涅門床廛《ねもんしやうてん》、布床廛《ふしやうてん》、五房床廛《ごばうしやうてん》、銅床廛《どうしやうてん》、九里《り》床廛《しやうてん》、鐵床廛《てつしやうてん》等である。

◎銅器店《トンギーチヨン》　一名《めい》を鉢器廛《パルキサヨン》と云《い》ひ、銅器《どうき》を賣《う》る廛《みせ》である。

◎鍮器店《ユーキチユン》　眞鍮製飲食器《しんちうせいいんしよくき》、家具《かぐ》を賣《う》る廛《みせ》で鐘路《しやうろ》より東大門《とうだいもん》に行《ゆ》く路《みち》に大《おほ》廛《みせ》あり。

◎金字家《クンヂヤーカ》　金粉《きんぷん》を形付《かたつけ》する家《いへ》で、彼《か》の小《た》供等《どもら》の頭毛《とうもう》につけたる、布《ぬの》に壽《じゆ》の字《じ》などを金粉《きんぷん》で押《を》してある、あんなものを造《つく》る家《いへ》である。

◎喪頭都家《サンツトカ》　喪具《さうぐ》を賃貸《ちんがし》する家《いへ》で、普通中等上等《ふつうちうとうじやうとう》の別《べつ》があつて、京城《けいじやう》では普通《ふつう》二圓《ゑん》か一圓《ゑん》五十錢位《せんくらゐ》、田舍《ゐなか》で一圓《ゑん》五十錢《せん》、一圓《ゑん》七十錢位《せんくらゐ》、中等上《ちうとうじやう》等《とう》は是《こ》れに陪加《ばいか》するのである。

◎樺皮店《ハツピチヨン》　染料《せんれう》を賣《う》る家《いへ》で、重《おも》に樺皮《かばかは》であるが、今《いま》では日本《にほん》より輸入《ゆにふ》したる色々《いろ〳〵》の染粉《そめこ》を賣《う》つて居《を》る。

◎商店《ソンチヨン》　骨董廛《こつとうてん》で、雜貨《ざつくわ》も賣《う》る、最《もつと》も多《おほ》い處《ところ》は、水口《シク》門通《モンどほ》り、安洞《あんとう》、別《べつ》宮《きう》、昌徳宮《しやうとくきう》より左《ひたり》に入《い》る小《こ》道《みち》等《とう》で、古書《こしよ》や古書畫《こしよぐわ》等《とう》もあり、今《いま》では、日《に》本人《ほんじん》が高麗燒《かうらいやき》等《とう》と騷《さわ》ぐから、高麗燒《かうらいやき》等《とう》もある。

◎**木器店**《モッキチユン》　下駄《げた》、木鉢《きばち》、尺《ものさし》等《とう》を賣《う》る家《いへ》である。

◎**刀子店**《トウヂヤチユン》　女《をんな》や男《をとこ》が飾《かざ》り物《もの》にする小刀《こかたな》を賣《う》る店《みせ》である。

◎**綱巾店**《マングンチユン》　頭髮《あたま》を結《むす》びし者《もの》が、一寸位《すんくらゐ》巾《はゞ》のものを頭《あたま》に卷《ま》き毛髮《もうはつ》の下《さか》らぬ樣《やう》にする「マング」を賣《う》る家《いへ》である。上等《じやうとう》四圓位《えんくらゐ》で、普通《ふつう》一圓《えん》五十錢位《せんくらゐ》の物《もの》を用《もち》ふるのである。

◎**笠店**《カッチユン》　笠《かさ》即《すなは》ち彼等《かれら》が生命《いのち》より大事《たいじ》にする帽子《ばうし》を賣《う》る家《いへ》で、上等《じやうとう》十圓以《えんい》上《じやう》、普通《ふつう》二三圓《えん》はする中等《ちうとう》のものでは二圓以《えんい》下《か》はない、下人《げにん》のかぶる破《やぶ》れて居《を》るやつでも、五十錢以上《せんいじやう》のものである。田舍《ゐなか》では三十錢《せん》四十錢位《せんくらゐ》のものを常用《じやうよう》するのである。

◎乾劑藥局《コンゼイヤクグ》　藥種卸問屋《やくしゆおろしどひや》である。

◎藥局《ヤッグ》　是《こ》れが藥屋《くすりや》で、藥《くすり》を賣《う》つたり、又藥局《またやくきよく》では醫者《いしや》の處方箋《しよはうせん》を持《も》つて行《い》くと、調劑《てうざい》をしてくれ、又藥《またくすり》を賣《う》る處《ところ》である。

◎飯饌假家《パンチヤンカカ》　諸種《しよしゆ》の日用食品《にちようしよくひん》を賣《う》る店《みせ》だ、日本《にほん》の田舍《ゐなか》の八百屋《やをや》の樣《やう》なもので、野菜物《やさいもの》とか魚《うを》とかをならべて居《お》る處《ところ》である。

◎銀房《ンパン》　銀細工屋《ぎんさいくや》である。

◎笠房《カッパン》　笠即《かさすなは》ちカツを製造《せいざう》する處《ところ》である。日本《にほん》の樣《やう》な雨傘《あまかさ》でない、帽子《ばうし》の製造《せいざう》をする處《ところ》である。

◎冊店《チヤクチエム》　書店即《しよてんすなは》ち本屋《ほんや》で、今《いま》では日本的《にほんてき》に、書輔《しよは》とか書店《しよてん》とか書《か》いて居《お》る。この店《みせ》には、古書《こしよ》はない。

◎砂器店《サキチユン》　陶器《たうき》を賣《う》る店《みせ》のことである。

◎瓮店《ハンアチユン》　素焼物《すやきもの》、即《すなは》ち普通人民《ふつうじんみん》の食器及《しよくきおよ》び植木鉢《うゑきばち》なども此《こ》の店《みせ》にあり

◎欌店《チヤンヂユン》　種々《いろ〳〵》の指物《さしもの》を賣《う》る店《みせ》で此《こ》の店《みせ》では簞笥《たんす》やら棚《たな》を研《みが》いて新《あた》らしく見《み》せる樣《やう》にし、新調《しんてう》もするが、最《もつと》も此《こ》の店《みせ》に澤山《たくさん》ある處《ところ》は、水票橋《するへうきやう》の下《した》の右岸《うがん》である。

◎杖木店《チヤモクチヨシ》　材木屋《ざいもくや》である。

◎其他《そのた》の店《みせ》　米店《べいてん》、雜穀店《ざつこくてん》、魚物店《うをものてん》、紙店《かみてん》、布店《ぬのてん》、苧店《をてん》、鐵物店《てつものてん》、眼鏡房《かんきやうばう》、漆器店《しつきてん》、自轉車舗《じてんしやほ》、等《とう》があるけれど、皆《み》な其《そ》の字《じ》の如《ごと》き品物《しなもの》を賣《う》る店《みせ》である、又近頃《またちかごろ》しきりに新《あら》たに開店《かいてん》して居《を》るのは、理髪店《りはつてん》と競賣《きやうばい》である。競賣《きやうばい》の如《ごと》きは、近々《きん〳〵》のもので、競賣所《きやうばいしよ》と書《か》いて毎朔拍手《まいさくはくしゆ》とか、何《なん》とか書《か》いて居《を》る聞《き》いて見《み》ると、非常《ひじやう》に賣《う》れるとのこと、又圖書舗《またとしよほ》と云《い》ふのがある。これは印判屋《いんばんや》で本屋《ほんや》ではない、名啣所《めいふくじよ》としたのは、名刺屋《めいしや》である。

朝鮮叢話

◎朝鮮《てうせん》の叢話《そうわ》も、我邦《わがくに》と同《おな》じ事《こと》で、多《おほ》くは動物《どうぶつ》が人《ひと》に化《ば》けた事柄《ことがら》である西洋風《せいやうふう》に魔法使《まほふつか》ひの老婆《らうば》など云《い》ふのは殆《ほと》んど無《な》い。

◎動物《どうぶつ》の内《うち》でも善良《ぜんりやう》なのと惡性《あくしやう》なのとある、狐《きつね》、虎《とら》、牡猪《をぶた》、蛇《じや》、蝦蟇《がま》は人《ひと》に禍《わざはひ》する、兎《うさぎ》、蛙《かわづ》、龜《かめ》、龍《りう》は必《かなら》ず人《ひと》を助《たす》けると定《き》められて居《ゐ》る。

◎虎《とら》は、朝鮮《てうせん》では一番惡性《あくしやう》なもので若《わか》い女《をんな》に化《ば》けて來《き》て人《ひと》の家《うち》の戸《と》を叩《たゝ》いて誘《さそ》ひ出《だ》し、そして喰《く》ひ殺《ころ》すと言《い》ひ傳《つた》へられ、此話《このはなし》を聞《き》かせると、小《こ》兒《ども》が泣《な》き止《や》むと云ふ。

◎牡猪《をぶた》は、二十年間《ねんかん》人間《にんげん》の髑髏《しやりかうべ》を浸《ひた》した水《みづ》を飲《の》むと、人間《にんげん》に化《ば》ける通力《つうりき》を得《う》る、併《しか》し犬《いぬ》に出逢《であ》つたら、直《す》ぐ見現《みあら》はされると云《い》ふ。
◎狐《きつね》は妖婦《えうふ》に化《ば》けて國《くに》を傾《かたむ》けしむる事《こと》は、我邦《わがくに》にも言《い》ひ傳《つた》へられて居《ゐ》る之《こ》れは支那《しな》傳來《でんらい》の說だらう。
◎蝦蟆《がま》が百歳《さい》になると、人間《にんげん》に化《ば》けて、堂々《だう〳〵》たる好丈夫《かうぢやうふ》に化《ば》けた虎《とら》の家《け》來《らい》になり、種々《しゆ〴〵》の禍《わざわい》を爲《な》す。
◎蛇《へび》は美女《びぢよ》に化《ば》けて男《をとこ》を誑《たぶ》らかす。
◎以下《いか》朝鮮叢話《てうせんそうわ》の實例《じつれい》を示《しめ》す。

（一）國王たるの相

古《ふる》くから言《い》ひ傳《つた》へられた韓人間《かんじんかん》の傳說《でんせつ》に依《よ》れば國王《こくわう》たるの相貌《さうばう》として九つの條件《でうけん》がある、（一）齒《は》が三十六枚《まい》ある事《こと》、（二）鼻《はな》は甚《はなは》だ凸起《とつき》せる事《こと》、(三)頬骨《はゝぼね》が甚《はなは》だ高《たか》い事《こと》、(四)長《なが》く細《ほそ》い目《め》、(五)顔色《かほいろ》の白《しろ》い事《こと》、(六)脚《あし》よりも胴《どう》がズッと長《なが》い事《こと》、(七)耳《みゝ》が、姿見鏡《かゞみ》なしで自分自身《じぶんじしん》の目《め》に見《み》られる程大《ほどおほ》きい事《こと》、(八)お出額《でこ》な事《こと》、(九)腕《て》が垂《た》れたら膝《ひざ》に達《たつ》する程長《ほどなが》い事《こと》。

思《おも》ふに、これは遠《とほ》く新羅時代《しんらじだい》からの傳説《でんせつ》らしい、と云《い》ふのは、新羅朝《しんらてう》第《だい》二代《だい》の王南解《わうなんかい》が死《し》んだ時《とき》、世子儒理《よつぎじゆり》が、自《みづか》ら位《くらゐ》を履《ふ》まずして、宰相《さいしやう》脱解《だつかい》に讓《ゆづ》らうとした、脱解《だつかい》これ《これ》を辭《じ》して曰《いは》く神器《しんき》は庸人《ようじん》の堪《た》ふる所《ところ》にあらず、聞《き》く聖智《せいち》の人《ひと》は齒《は》が多《おほ》いと、就《つ》いては誰《たれ》なりと齒《は》が多《おほ》い人《ひと》が即位《そくゐ》する事《こと》に決定《けつてい》し永《なが》らく之《これ》を求《もと》めたけれどそんな不具者《ふぐしや》は見付《みつ》からなかつた。

處《ところ》が何《なん》ぞ計《はか》らん此《こ》の世子儒理《せいしじゆり》は三十六枚《まい》の齒《は》を有《も》つて居《ゐ》ると知《し》れ、

文句《もんく》なし世子位《せいしくらゐ》に即《つ》いた、大分《だいぶ》ペテン且《か》つ八百長《やをちやう》の傾《かたむ》きがあるが兎《と》に角斯様《かくかやう》な傳説《でんせつ》だ、處《ところ》が新羅《しんら》の都《みやこ》があつた慶尚道《けいしやうだう》の人民《じんみん》は、今日《こんにち》も猶《な》ほ、一般《はん》の韓人《かんじん》よりも鼻《はな》が著《いちじる》しく高《たか》い、彼等《かれら》は新羅族《しんらぞく》の純粋《じゆんすゐ》の系統《けいとう》を繼《つ》いた人民《じんみん》なのだ。

ベルツ博士《はかせ》が數年以前《すうねんいぜん》、日本人《にほんじん》と韓國人《かんこくじん》との比較研究《ひかくけんきう》を發表《はつぺう》した中《うち》に、韓國《かんこく》の上流者連中《じやうりうしれんちう》は日本固有《にほんこいう》の大和族《やまとぞく》と稱《しよう》する人種《じんしゆ》と容貌酷似《ようばうこくじ》して居《ゐ》ると記《しる》してある。新羅族《しんらぞく》と大和族《やまとぞく》との關係如何《くわんけいいかん》は趣味《しゆみ》ある研究《けんきう》であらう。

（二）オタマジヤクシ時代を忘れるな

朝鮮《てうせん》では、オタマジヤクシの時《とき》を忘《わす》るゝなと云《い》ふ諺《ことわざ》がある。貧乏者《びんばふもの》が一朝成金黨《てうなりきんたう》になつて威張《ゐは》る事《こと》を戒《いまし》むるのである、今《いま》は蛙《かいづ》になり濟《すま》して安坐《あぐら》を組《く》んだ鼻《はな》を蠢《うご》めかして居《ゐ》るが、以前《いぜん》はネルの腰巻《こしまき》で言海灘《げんかいなた》を餡《あん》パン食《く》つて渡《わた》つたのにと言《い》つた格《かく》だ、韓人《かんじん》は一層思《そうおも》ひ付《つ》きな諺《ことわざ》を知《し》つて居《ゐ》る、曰《いは》く、オタマジャクシが蛙《かわづ》になる事《こと》は誰《た》れでも知《し》つて居《を》るが、小兒《こども》は成長《せいちやう》して善人《ぜんにん》になるか惡人《あくにん》になるかは誰《たれ》も知《し》らないと。

(三) 出世乞食

一人《ひとり》の韓童《チョンガ》、五歳《さい》の時《とき》父《ちゝ》が死《し》んで澤山《たくさん》の財産《さいさん》を遺《のこ》したが、此《こ》の韓童《チョンガ》が十二歳《さい》の時《とき》には親族共《しんぞくども》が寄《よ》つて群《たか》つて財産全部《さいさんぜんぶ》を消費《せうひ》して了《しま》つた。韓童《チョンガ》今《いま》は無《む》一物《ぶつ》となり、乞食同樣《こじきどうやう》に當《あ》てもなく旅《たび》から旅《たび》へと廻《まは》つて行《い》つた。

　幾月《いくつき》か經《た》つて、海岸《かいがん》の土地《とち》に出《で》ると、大《おほ》きな製鹽場《せいゑんぢやう》があつたから、其《そ》の支配人《しはいにん》に頼《たの》んで雇人《やとひにん》にしてもらつた。扨《さ》ても此韓童《このチヨンガ》、名《な》は福童《ふくどう》と云《い》ふ毎日《まいにち》手《て》桶《をけ》に海水《かいすゐ》を酌《く》み來《きた》り釜《かま》へ入《い》れて火《ひ》を焚《た》く役目《やくめ》だ。

　日數《ひかず》が經《た》つに從《したが》つて、福童《ふくどう》の衣服《いふく》は宛《まる》で鹽漬《しほづけ》になつて、晴雨計《せいうけい》の代《たい》用《よう》する、詰《つま》り鹽《しほ》は早《はや》く水蒸氣《すゐぢやうき》を吸收《きよしう》するものだから、衣服《きもの》が濕《しめ》つて來《く》ると、やがて雨《あめ》が降《ふ》る事《こと》が悟《さと》られる、空氣《くうき》か乾燥《かんさう》して居《を》ると衣物《きもの》が硬《こは》くなつて鹽《しほ》が白《しろ》く吹《ふ》く。

　或朝《あるあさ》、空《そら》が晴《は》れ日《ひ》は麗《うら》らかに輝《かゞや》いて居《を》るので、近所《きんじよ》の住民《じうみん》は米《こめ》を乾《かわ》かそうとして蓆《むしろ》の上《うへ》に擴《ひろ》げたが、福童《ふくどう》は主人《しゆじん》に向《むか》つて今《いま》に雨《あめ》が降《ふ》るから米《こめ》を出《た》す事《こと》はお止《よ》しなさいと勸《すゝ》めた。主人《しゆじん》はそんなことが……と、笑《わら》ひ出《た》したが、福童《ふくどう》の確信《かくしん》して居《を》るらしい顏色《かほいろ》を見《み》て、手《て》を控《ひか》へて居ると、暫時《ざんじ》にして大雨《たいう》襲來《しふらい》他《た》の人民等《じんみんら》は米《こめ》を全然《すつかり》濡《ぬ》らして大損害《だいそんがい》を蒙《かふむ》つた。主人《しゆじん》は驚嘆《きやうたん》して福童《ふくどう》に、貴様《きさま》は何《ど》うして雨《あめ》が降《ふ》る事《こと》を知《し》つたかと尋《たづ》ねたが、福童《ふくどう》は秘密《ひみつ》を告《つ》げない。

追々《おひ〳〵》には土地《とち》の人民《じんみん》は福童《ふくどう》の主人《しゆじん》が仕事《しごと》を始《はじ》めるのを待《ま》つてからばかり農事《のうじ》に着手《ちやくしゆ》する。種蒔《たねま》き苅入《かりい》れ、米《こめ》を干《ほ》すことなんてもお天氣《てんき》と關係《くわんけい》ある事《こと》は一切《さい》福童《ふくどう》の主人《しゆじん》の手《て》を付《つ》けるのを待《ま》つ事《こと》になり、福童《ふくどう》の評判《ひやうばん》は地方《ちはう》一圓《ゑん》に高《たか》くなり、大《たい》した豫占者《よせんしや》と見做《みな》された。

此時《このとき》に當《あた》つて、國王樣《こくわうさま》が、不思議《ふしぎ》な病《やまひ》に罹《かゝ》つて御殿醫《ごてんい》總掛《そうがゝ》りで藥《くすり》を盛《も》るが、頓《とん》と功驗《こうけん》がないので、王城《わうじやう》では福童《ふくどう》の評判《ひやうばん》を聽《き》き使者《ししや》を遣《つか》はして福童《ふくどう》を召《め》し王樣《わうさま》の重患《ぢうくわん》を取除《とりのぞ》かせやうと云《い》ふ事《こと》になつた。福童《ふくどう》驚《おどろ》いて鹽《しほ》の濕氣《しつき》でお天氣《てんき》は測《はか》れるが、王樣《わうさま》の病《やまひ》は全《まつた》くお門違《かどちが》ひだと思《おも》ひ平《ひら》に辭退《じたい》したが、使者《ししや》は承知《しようち》しない、何《ど》うでも京城迄《けいじやうまで》行つて呉《く》れなくては我々《われ〳〵》使者《ししや》の役目《やくめ》が濟《す》まぬと云《い》ふ。是非《ぜひ》なく、福童《ふくどう》は使者《ししや》に伴《ともな》はれて上京《じやうきやう》の途《と》に上《のぼ》り、數日《すうじつ》を經《へ》て、或日《あるひ》山路《やまぢ》に掛《かゝ》ると、三人《にん》の兄弟《きやうだい》が道を遮《さへぎ》り、自分等《じぶんら》は此《こ》の横《よこ》の山中《さんちう》に住《す》む者《もの》であるが、母親《はゝおや》が今病氣《いまびやうき》で死《し》に掛《かゝ》つて居《ゐ》るから此處《こゝ》を通《とほ》り掛《かゝ》りに是非《ぜひ》にも福童《ふくどう》に療治《りやうぢ》を頼《たの》みたいと云《い》ふ國王《こくわう》の使者共《ししやども》も共《とも》に之《これ》を拒《こば》んだが、三人兄弟《きやうだい》は却々《なか〳〵》承知《しようち》せず唯《た》だ一目見《ひとめみ》てもらいたいと云《い》ふので、さらばと一同《どう》は其《そ》の家《いへ》へ行《い》つた、家《いへ》は丘《をか》の間《あひだ》に隱《かく》れて、實《じつ》に立派《りつぱ》な建物《たてもの》であつた。

だが福童《ふくどう》は困《こま》つた。自分《じぶん》は醫者《いしや》では無《な》いのだ、百方考《ばうかんが》へたが、策《さく》の出《で》る所《ところ》なく仕方《しかた》なし、明朝迄《みやうてうまで》待《ま》つて呉《く》れと言《い》ひ遁《のが》れた。

處《ところ》が、眞夜中《まよなか》になつて、福童《ふくどう》は眠《ねむ》る空《そら》もなくて居《ゐ》ると、其家《そのいへ》の門外《もんぐわい》で柔《やさ》しく『モウシ蝶鉸《てふつがひ》さん、々々《く》々！』と呼《よ》ぶ聲《こゑ》がする。と、内《うち》からは『ハイ何《なん》ですよ』と答《こた》へる者《もの》がある。外《そと》の聲《こゑ》は熱心《ねつしん》に『私共《わたくしども》は今内《いまうち》へ入《はい》れませんか？』と問《と》ふ。すると蝶鉸《てふつがひ》さんと呼《よ》ばれた物《もの》は『不可《いけ》ませんよ』と答《こた》へる、客《きやく》は忌々《いまいま》しいと言《い》つた體《てい》に行《い》つて了《しま》つた樣子《やうす》。福童《ふくどう》は考《かんが》へて、蝶鉸《てふつがひ》さんとは妙《めう》な名《な》も有《あ》つたものだと、好奇心《かうきしん》に驅《か》られて床《とこ》を拔《ぬ》け、窃《そつ》と門《もん》の處《ところ》へ行《い》つて、

『蝶鉸《てふつがひ》さん〳〵』と呼《よ》んで見《み》た。

『ハイ何《な》んですよ？』と、不思議《ふしぎ》や門《もん》に付《つ》いて居《ゐ》た鐵《てつ》の蝶鉸《てふつがひ》が物《もの》を言《い》ひ出《た》した。

『先刻《せんこく》お前《まへ》さんを呼《よ》んだのは誰《た》れです』と福童《ふくどう》は尋《たづ》ねる。

蝶鉸《てふつがひ》は答《こた》へて、

『本當《ほんたう》の話《はなし》はね、あれは人《ひと》に化《ば》けた三疋《びき》の白狐《しろぎつね》です、我家《うち》の老母《おふくろ》へ取憑《とつ》いて殺《ころ》さうとして居《を》るのですから、私《わたくし》は門《もん》を開《あ》けてやらないのです』

『お前本當《まへほんたう》に彼《あ》の狐《きつね》の味方《みかた》でないのなら、何《ど》うぞ 私《わたし》に老母《おふくろ》を助《たす》ける方法《はうほふ》を敎《をし》へて呉《く》れないか』

そこて蝶飲《てふつかひ》は早速承知《さつそくしようち》して、方法《はうほふ》を福童《ふくどう》に敎《をし》へた。

夜《よ》が明《あ》けて、三人兄弟《にんきやうだい》は福童《ふくどう》の室《へや》に來《き》た。そこで、福童《ふくどう》は大《おほ》きな油《あぶら》鑵《くわん》へ油《あぶら》を入《い》れて熱《ねつ》せしめ、夫《そ》れから、人夫《にんぷ》六人《にん》に鋸《のこぎり》三挺《てふ》と、鐵鉗《かなばし》六人《にん》前《まへ》持たせて、丘《をか》を下《お》り、やがて三本《ぼん》の樫《かし》の古木《ふるき》の前《まへ》に來《き》た、福童《ふくどう》は地《ち》上六尺《じやうしやく》の處《ところ》から此《こ》の樫《かし》を鋸《のこぎり》て切《き》らせた。切《き》つて見《み》ると、中《なか》は空洞《がらんどう》になつて居《を》る。そこで、大《おほ》きな鐵鉗《かなばし》を手《て》にして人夫《にんぷ》が幹《みき》の切口《きりくち》に登《のぼ》り沸《に》えて居《を》る油《あぶら》を空洞《がらんどう》に突《つ》き込《こ》んだ、二疋《ひき》の白狐《しろぎつね》は熱《あつ》い油《あぶら》を浴《あ》びされて死《し》んだ、九尾《び》のが一疋《ぴき》丈《た》け一跳《と》びに逃《に》げ出《だ》した。かくて一同《どう》家《いへ》に歸《かへ》つた時《とき》には老母《おふくろ》は、正體《しやうたい》もなかつたのを、人蔘湯《にんじんとう》を飲《の》ませたら息吹《いきよ》き返《かへ》し、一時間後《じかんご》には病《やまひ》が拭《ぬぐ》ふが如《ごと》くに取《と》り去《さ》られた。

三人兄弟《にんきやうだい》は天《てん》に歡《よろこ》び地《ち》に喜《よろこ》んだ事《こと》は言《い》はずもがな、國王《こくわう》の使者《しゝや》一行《かう》も今目前此《いまもくぜんこ》の大手腕《だいしゆわん》を見《み》ては感嘆措《かんたんお》かなかつた。そして三人兄弟《にんきやうだい》は如《い》何程《かほど》にても謝禮《しやれい》を贈《おく》りたいと言《い》ひ出《だ》した。其時福童《そのときふくどう》は、他《た》に望《のぞみ》は無《な》い門《もん》に付《つ》いて居《ゐ》る蝶鉸《てふつがひ》を貰《もら》ひたいと云《い》ふと、一同呆《どうあき》れ顏《かほ》したが、福童《ふくどう》は是非《ぜひ》にと云《い》ふので、兄弟《きやうだい》は蝶鉸《てふつがひ》を引《ひ》き放《はな》して福童《ふくどう》に渡《わた》した。福童《ふくどう》は之《こ》れでモウ大丈夫《だいじやうぶ》と安心《あんしん》して翌日京城《よくじつけいじやう》指《さ》して上《のぼ》つた。

京城《けいじやう》へ着《つ》いたのは數日後《すうじつご》の夕方《ゆふがた》であつた、直《す》ぐ國王《こくわう》の御前《おんまへ》に出《で》よとの事《こと》であつたが、福童《ふくどう》は考《かんが》へて、明朝《みやうてう》でなくては療治《りやうぢ》が出來《でき》ぬと斷《ことは》つた。

そして其夜半《そのよは》窃《ひそ》かに腰《こし》の巾着《きんちやく》から彼《か》の蝶鉸《てふつかひ》を取出《とりだ》して、妙計《めうけい》を聞《き》き取《と》り、翌朝《よくてう》又《また》もや沸《に》へ立《た》つた油鑵《あぶらくわん》と、鍬《くわ》を持《も》つた五人《にん》の人夫《にんぷ》とを請求《せいきう》し、國王《こくわう》の寢所《しんしよ》の裏《うら》の處《ところ》へ廻《まわ》り、其地點《そのちてん》を掘《ほ》らせたら、半時間《はんじかん》ばかりで八寸位《すんくらゐ》の穴《あな》が見《み》えた。そこで其穴《そのあな》へ沸《に》へ油《あぶら》を注《つ》ぎ込《こ》ませたら土《つち》がむく〳〵動《うご》き出《た》し、斷末間《たんまつま》の苦叫《くきう》を發《はつ》して、長《なが》さ八尺《しやく》、周圍《まはり》三尺位《じやくへらゐ》の厭《いや》らしい虫《むし》が出《で》て來《き》たが、沸油《にえあぶら》の爲《た》めに敢《あへ》なく死《し》んで了《しま》つた。そこで一同《どう》取《と》つて返《かへ》して國王《こくわう》の寢所《しんじよ》に行《い》つて見《み》ると、王《わう》は今《いま》や息《いき》を引取《ひきと》りそうな容態《ようたい》である。急《いそ》いで人參湯《にんじんゆ》を飮《の》ませたら息《いき》を吹《ふ》き返《かへ》し、間《ま》もなく病患《やまひ》拭《ぬぐ》ひ去《さ》られた、福童《ふくどう》は病《やまひ》の起因《おこり》を彼《か》の虫《むし》が、國王《こくわう》の浴《ゆあみ》する湯《ゆ》へ首《くび》を突《つき》込《こ》んで飮《の》んだので、其時毒《そのときどく》が湯《ゆ》に入《はい》つたのたと、説明《せつめい》した。

此《こゝ》に於《おい》て、福童《ふくどう》が名醫《めいゐ》であると云《い》ふ評判《ひやうばん》は全國《ぜんこく》に傳《つた》はり、國境《こくきやう》を越《こ》へて支那《しな》に迄其噂《までそのうはさ》が高《たか》くなつた。國王《こくわう》の鍾愛《しようあい》は大《たい》したものである。處《ところ》が、其頃北京《そのころぺきん》の支那《しな》皇后《こうごう》は流行病《りうかうびやう》に罹《かゝ》り、北京中《ぺきんちう》の名醫《めいゐ》に匙《さぢ》を取《と》らせたけれ共癒《どもなほ》らない、遂《つい》に朝鮮王《ちようせいわう》に命《めい》じて福童《ふくどう》を遣《つか》はせと云《い》ふのである。

そこで、日《ひ》ならず福童《ふくどう》は壯麗《そうれい》な行列《ぎやうれつ》で北京《ぺきん》に向《む》け出發《しゆつぱつ》した。途滿洲《みちまんしゆう》を過《す》ぎる時《とき》、彼《か》の蝶鉸《ちよふつがひ》が巾着《きんちやく》の中《なか》で頻《しき》りと動《うご》くので、福童《ふくどう》は蝶鉸《ちよふつがひ》を取《と》り出《だ》して相談《そうだん》をした。すると蝶鉸《ちようつがひ》の云《い》ふには、

『此前《このさ》きで道路《みち》は二つに岐《わか》れるから、其時《そのとき》お前《まへ》は從者共《じゆうしやども》を殘《のこ》らず、右《みぎ》の路《みち》に進《すゝ》ましめ、お前一人左《まへひとりひだり》の道《みち》へ進《すゝ》め、すると間《ま》もなく小《ちい》さい家《いへ》の處《ところ》に出《で》るから、其家《そのいへ》へ入《はい》つて酒《さけ》を一杯《ぱい》命《めい》ずるのだ、其時《そのとき》一老人《ろうじん》が出《で》て、お前《まへ》に非常《ひじやう》に飲《の》みにくい酒《さけ》を三盃《ばい》出《だ》す、お前《まへ》は躊躇《ちゆうちよ》せず其《それ》を一息《いき》に飲《の》

み干《ほ》さなくてはいかぬ、飲《の》み終《をはつ》たら其老人《そのろうじん》から犬《いぬ》と隼《はやぶさ》を是非《ぜひ》に貰《もら》ふのだ。』

福童《ふくどう》は蝶鉸《ちよふつがひ》の言《げん》に從《したが》ひ從者《じゆうしや》と別《わか》れて一人《ひとり》左方《さたりはう》の道《みち》を進《すゝ》んだ所果《ところはた》して家《いへ》がある、老人《ろうじん》に酒《さけ》を命《めい》じたら三ッの盃《さかづき》を出《だ》した、見《み》ると白《しろ》い酒《さけ》の中《なか》に生々《なまなま》しい血《ち》が條《しま》になつて浮《う》いて居《を》る。ぞつとしたが、此處《こゝ》ぞと目《め》を瞑《つぶ》つて一息《いき》に飲《の》み干《ほ》した。之《これ》を見《み》るや、老人《ろうじん》は驚喜《きようき》して福童《ふくどう》に感謝《かんしや》した。そこで此老人《このろうじん》は一體何者《たいなにもの》かと訊《たゞ》すと、彼《かれ》は天《てん》に居《を》る靈魂《たましい》であるが、罪《つみ》あつて地上《ちせう》に放逐《はうちく》され、此《こ》の三ッの盃《さかづき》を飲干《のみほ》して呉《く》れる人間《にんげん》が來《く》る迄地上《までちじやう》に殘《のこ》される運命《うんめい》になつて居《を》たので、彼《かれ》は二箇年間此家《ねんかんこのいへ》に蟄居《ちつきよ》したのだと云《い》ふ。モウ自分《じぶん》の罪《つみ》は許《ゆる》され、天《てん》に還《かへ》る事《こと》が出來《でき》る、就《つい》ては何《なに》なりとお禮《れい》を致《いた》すとの事《こと》に、福童《ふくどう》は犬《いぬ》と隼《はやぶさ》を注文《ちうもん》した、老人《ろうじん》は早速《さつそく》之《これ》を承知《しようち》した。そこで福童《ふくどう》は拳《こぶし》に隼《はやぶさ》を載《の》せ犬《いぬ》を從《しかが》へて、出立《しゆつたつ》し、間《ま》もなく從者《じゆうしや》の一行《かう》と合《がつ》して北京《ぺきんさ》指して進《すゝ》んだ。

遂《つい》に北京《ぺきん》の城廓《じようかく》は遙《はる》かに見《み》えた。宮中《きゆうちゆう》からは大官連《たいくわんれん》盡《ことごと》く迎《むか》へに出《で》る。かくて北京《ぺきん》の都《みやこ》へ入《はい》つた。丁度黄昏時《ちやうどたそかれどき》であつたが、王宮内《わうきゆうない》の一室《しつ》に導《みちび》かれ、福童《ふくどう》は旅《たび》の疲《つか》れを休《やす》めた。同時《どうじ》に皇后《こうごう》は非常《ひじやう》な發作《はつさ》に陷《おちい》つて苦悶《くもん》甚《はなはだ》しく、且《か》つ大聲《おほごゑ》を發《はつ》して、朝鮮《ちようせん》から來《き》た醫者《いしや》の治療《ちりやう》を受《う》けないから直《たゞ》ちに追《お》ひ返《かい》せと云《い》ふ。勿論之《もちろんこれ》は皇后《こうごう》が心氣狂亂《しんききやうらん》の結果《けつくわ》と見《み》られ人々《ひとびと》は之《これ》を聽《き》き付《つ》けなかつた。皇后《こうごう》は愈《いよい》よ猛《たけ》り狂《くる》ふて、朝鮮《ちようせん》の醫者《しや》を己《をの》が寢所《しんしよ》に近《ちか》づける事《こと》ならぬと叫《さけ》んだが、翌朝《よくちよう》になつて、廷臣《ていしん》一同《どう》は强《し》いて福童《ふくどう》を皇后《こうごう》の室《しつ》に引《ひ》き入《い》れた。そして帳《とばり》一重《へ》隔《へだ》てゝ福童《ふくどう》は席《せき》に着《つ》いた。福童《ふくどう》は、皇后《こうごう》の手《て》に糸《いと》を握《にぎ》り一端《たん》は帳《とばり》に穴《あな》を明《あ》けて其處《そこ》から福童《ふくどう》の手《て》に送《おく》り、糸脉《いとみやく》を診《み》る事《こと》を主張《しゆちやう》した。廷臣等《ていしんら》は其《そ》の通《とほ》りにしたが、皇后《こうごう》は戰慄《せんりつ》して恐《おそ》れ、全力《せんりよく》で其《それ》を拒《こば》まうとする。此刹那《このせつな》、福童《ふくどう》は糸脉《いとみやく》を取《と》ると見《み》せて、突然帳《とつぜんとばり》を拂《はら》ひ除《の》け、從者《じゆうしや》に持《も》たせて來《き》た小犬《こいぬ》と隼《はやぶさ》を皇后目《こうごうめ》かけて唆《けしか》けた。犬《いぬ》は皇后《こうごう》の咽喉《のんど》に食《く》ひ付《つ》き、隼《はやぶさ》は目《め》を突《つ》いた。傍《かたはら》に立《た》つた皇帝《こうてい》は不意《ふい》の驚《おどろ》きに啞《をし》の樣《やう》になつて身動《みうご》きも仕得《しえ》ない。大爭鬪《たいそうとう》が始《はじ》まつて少時《しばし》は皇帝《こうてい》と皇后《こうごう》と犬《いぬ》と隼《はやぶさ》が入《い》り亂《みだ》れて滅茶《めつちや》に狂《くる》ひ廻《まは》つたが、やがて犬《いぬ》と隼《はやぶさ》は大勝利《たいしようり》を占《し》めて皇后《こうごう》は床《とこ》の上《うへ》に死《し》んで横《よこた》はつた。皇帝《こうてい》は赫《かつ》として怒《いか》り福童《ふくどう》を弑逆者《すいぎやくしや》と叱《しか》つた。併《しか》し福童《ふくどう》は自《じよ》若《やく》として動《うご》かず、

『其《そ》の死體《したい》を御覽召《ごらんめ》され』と云《い》ふ。

見《み》る間《ま》に死體《したい》は徐々《じよ〳〵》として九尾《び》の白狐《しろきつね》と變《かわ》つた。皇帝《こうてい》の恐怖《きようふ》や如何《いか》

に、並居《なみゐ》る廷臣《ていしん》皆色《みないろ》を失《うしな》つた。王《わう》は我《わ》が后《きさき》は何處《どこ》へ行《い》つたと尋《たづ》ねる。

『床板《ゆかいた》を取《と》り除《のぞ》いて御覽《ごらん》召《め》され』と福童《ふくどう》は云《い》ふ。

そこで床板《ゆかいた》を剝《は》ぎ取《と》つて見《み》ると、狐《きつね》に食《く》ひ殺《ころ》された皇后《こうごう》の白骨《はくこつ》が現《あら》はれた。皇帝《こうてい》は非常《ひじやう》に愁嘆《しゆたん》遊《あそ》ばされたが、今更《いまさ》詮《せん》なしと諦《あきら》め、何《な》にせよ中國《ちうごく》に仇《あた》を爲《な》す妖狐を退治《たいぢ》た功《こう》は大《たい》なるものであるとの御諚《ごじやう》を下《くだ》され、福童《ふくどう》には名譽《めいよ》と莫大《ばくだい》な寶物《たからもの》を下賜《かし》されて朝鮮《ちようせん》へ送《おく》り返《かへ》された。

鴨綠江《をうりよくこう》に達《たつ》した時《とき》、蝶鉸《ちようつがひ》は又《また》も巾着《きんちやく》の中《なお》で動《うご》き出《だ》したから、福童《ふくどう》は、其《それ》を取出《とりだ》すと、蝶鉸《ちようつづひ》は私《わたし》は此《こ》の立派《りつぱ》な河《かは》を一目《め》見《み》たいのだと云《い》ふ、福《ふく》童《どう》は餘念《よねん》なく蝶鉸《ちようつがひ》を掌《て》に載《の》せて矢《や》を射《い》る如《ごと》き急流《ながれ》を眺《なが》めて居《を》る瞬間《しゆんかん》、蝶鉸《ちようつがひ》は潑然《はつせんて》掌を躍《をど》り脫《ぬ》けて急流《ながれ》に沈《しづ》み入《はい》つた。同時《どうじ》に霧《きり》の樣《やう》な物《もの》が福童《ふくどう》の目《め》に遮ると共《とも》に兩眼盲目《りようがんもうもく》になつて了《しま》つた。當分《たうぶん》の間《あいた》福童《ふくどう》は全《まつた》く心迷《こゝろまよ》ふて此《こ》の謎《なぞ》を解《と》き得《え》なかつたが、やがて飜然《ほんぜん》として悟《さと》つた。詰《つま》り、蝶鉸《ちようつがひ》はする丈《た》けの任務《にんむ》を遂《と》げたのだ、そして今《いま》や河底《かはそこ》に安《やす》らかに眠《ねむ》つて居《を》るのだ。其《それ》と共《とも》に、福童《ふくどう》も今後《こんご》再《ふたゝ》び醫者《ゐしや》の務《つとめ》をする事《こと》が無《な》い様《やう》にする爲《た》めに、盲目《もうもく》になつて了《しま》つた。で、福童《ふくどう》は心安《こゝろやす》く京城《けいじやう》に歸《かへ》り、朝野官民《ちようやくわんみん》から目明《めあ》き以上《いじやう》の尊敬《そんけい》を受《う》けて氣樂《きらく》に壽命《じみよう》を終《をは》つた。

（四）東大門と水標橋

利用厚生《りようこうせい》の道《みち》に通《つう》じた韓人《かんじん》却々《なか〳〵》下《した》へは置《お》けない、韓人《かんじん》の話《はなし》に依《よ》ると、今《いま》の東大門《とうだいもん》は新築《しんちく》當時《たうじ》、眞直《まつす》ぐではなく、東《ひがし》の方《はう》へ大分《たいぶ》傾《かし》がつて居《を》つた。新規《しんき》建《た》て直《なほ》そうかとも議論《ぎろん》があつたが、傾《かし》がつた丈《た》けで、却々《なか〳〵》倒《たを》れそうもない。そこて一人《ひとり》献策《けんさく》して、丈夫《じようぶ》な長《なが》い麻縄《あさなわ》を綯《な》ひ、之《これ》を東大門《とうだいもん》の頂上《うへ》へ結《むす》び付《つ》け、他《た》の一端《たん》は水標橋《するひようきやう》へ結《むす》び付《つ》けた、雨《あめ》が降《ふ》ると、東《とう》大門《たいもん》が重《おも》くなつて、愈よ《いよい》東《ひがし》へ傾《かし》がらうと云《い》ふ處《ところ》を、麻縄《あさなわ》も同時《どうじ》に濡《ぬ》れて重《おも》くなるから門《もん》を西《にし》へ引張《ひつぱ》る。之《これ》は名案《めいあん》だ、長《なが》い間《あいた》の習慣《しゆうかん》で、今《いま》ては縄《なわ》なしでも、東大門《とうたいもん》は傾《かし》かつたなりに堅《かた》まつて了《しま》つた。

（五）兎の頓智

虎《とう》が山路《やまみち》で兎《うさぎ》と出會《であ》つた、から。ホク〱もので頤《あご》に緊りもなく涎を垂《た》らした。兎《うさぎ》は驚天《きようてん》して、有《あ》り丈《た》けの智慧《ちゑ》を絞《しぼ》り、『虎殿《とらどの》、良《よ》い處《ところ》で出會《であ》ひました、此《こ》の前《み》さにお前《まへ》さん位《くらゐ》の豚《ぶた》の子《こ》が遊《あそ》んで居《を》る。それは〱見事《みごと》に肥《こ》へ太《ふと》つてころ〱して居《を》る。虎殿《とらどの》には持《も》つて來《こ》いだか、私《わたし》には些《ちつ》と荷《に》が勝《か》つ、彼樣《あんな》の、肉《にく》が何《ど》んなに美味《おいし》いだらうと思《おも》ふて、今道々《いまみち〳〵》考《かんが》へて來《き》た處《ところ》で御《ご》ざる』

虎《とら》は大分《たいぶん》の御機嫌《ごきげん》と見《み》えた。兎《うさぎ》は濟《す》ましたりと、

『思召《おぼしめ》しがあるなら、如何《いかゞ》で御《ご》ざる、手前《てまへ》此方《こゝ》へ其《そ》の豚《ぶた》の仔《こ》を追《お》ひ込《こ》む位《くらゐ》は雜作《ざうさ》もないが、……では虎殿《とらどの》には、其處《そこ》の氷《こほり》の上《うへ》へ體《からだ》を伏《ふ》せて、靜《じつ》として居《をつ》て下《くだ》され、手前《てまへ》は遠廻《とほまは》りに豚奴《ぶため》の後《うしろ》へ出《で》て、彼奴《あいつ》を此處《こゝ》へ追《お》ひ込《こ》むで御《ご》ざらう。ぢやが虎殿《とらどの》には、手前《てまへ》がそれ！と合圖《あいづ》をする迄《まで》は確《しつ》かと目《め》を瞑《つぶ》つて居《をつ》て下《くだ》さらんといけません、何《なに》かガサガサ物音《ものおと》がしたからつて、直《す》ぐ目《め》を開《あ》いたら折角近寄《せつかくちかよ》つた豚奴《ぶため》が、それと悟《さと》つて逃《に》げて了《し》まひますぢやて』

宜《よろ》しとばかり虎《とら》は氷《こほり》の上《うへ》に腹這《はらんば》ひになつて目《め》を閉《と》ぢて合圖《あいづ》を待《まつ》た。

やがて兎《うさぎ》の言《い》つた通《とほ》り、ガサ／＼物音《ものおと》がする、目《め》がピク／＼するのをぢつと堪《こら》へて居《を》ると、程經《ほどへ》て兎《うさぎ》が、『馬鹿野郎《ばかやろう》何時《いつ》迄《まで》目《め》を瞑《つぶ》つて居《を》るんだい』と、嘲笑《あざわら》ふ聲《こゑ》がするから、虎《とら》はハッと目《め》を開《ひら》くと、こはそも、自分《じぶん》の周圍《まわり》には枯草《かれくさ》が一杯《ぱい》、それがめら／＼と嘗《な》める樣《やう》に燃《も》えて居《を》るので、畜生《ちくしよう》、兎奴《うさぎめ》、チョコザイなと奮然《ふんせん》立《た》ち上《あが》らうとしたが、悲《かな》しや太《ふと》い尻尾《しつぽ》が、堅《かた》く凍《こう》り付《つ》いて動《うご》けない、咆《は》へ狂《くる》ふ間《ま》に虎《とら》は燒《や》け死《し》んだ。

(六)章魚入道

章魚《たこ》は助兵《すけべ》な魚《さかな》で、男《をとこ》や婦《をんな》の手《て》には到底《とうてい》攫《つかま》へる事《こと》が出來《でき》ないが、娘《むすめ》の手《て》に掛《かゝ》つては海鼠《なまこ》同然《どうぜん》手《て》も足《あし》も出《た》さないと朝鮮人《かんじん》の言《い》ひ傳《つた》へだ。

嘗《かつ》て海濱《かいひん》の漁村《ぎよそん》に婚禮《こんれい》が有《あ》つた。婿殿《むこどの》は花《はな》よめを連《つ》れて我家《わかや》に歸《かへ》り、内房《ないばう》に入《はい》つた。婚禮時《こんれいとき》の習慣《しゆうくわん》として、新婦《よめ》は婚禮後《こんれいご》數日間《すうじつかん》一語《ご》を發《はつ》せず、目《め》も擧《あ》げぬ事《こと》になつて居《を》る。で其夜《そのよ》新婦《はなよめ》は新郎《はなむこ》と對《たい》して默《だま》つて坐《すは》つて居《を》ると、家《いへ》は海岸《かいがん》の浪打《なみう》ち際《きわ》に建《た》てられ、折《をり》しも滿月《まんげつ》皎々《こう〱》と東方《とうはう》の海面《かいめん》から上《のぼ》り、影《かげ》さやかに溫突《をんどる》の紙戶《かみど》に射《さ》した。すると、はつきりと僧《ばう》さんの頭《あたま》が紙戶《かみと》に映《うつ》つた。まだ生娘《きむすめ》な新婦《はなよめ》は行《い》きなり立《た》つて紙戶《かみと》を明《あ》け、濱邊《はまべ》に下《を》りて何《なに》か手《て》で攫《とら》へた樣子《やうす》、新郎《はなむこ》は此娘《このむすめ》が僧《ばう》さんと何《なに》かしたものと見《み》て、新婦《はなよめ》が再《ふたゝ》び室《しつ》に歸《かへ》つて何《なに》か言《い》はうとする間《ま》もなく、婚禮《こんれい》の夜《よ》にお轉婆《てんば》な行義《ぎやうぎ》の惡《わる》い事《こと》をする女《をんな》だと言《い》つて同棲《どうせい》する事《こと》ならぬと言《い》ひ出《た》した。そこで新婦《はなよめ》は一言《ごん》も返《かへ》さずに生家《せいか》へ歸《かへ》つた。すると翌日仲《よくじつなか》に立《た》つた婆《ばあ》さんが新郎《はなむこ》の家《うち》へ來《き》て、娘《むすめ》は昨夕章魚《さくばんたこ》を取押《とりおさ》へたので、紙戸《かみど》に映《うつ》つた入道《にふだう》は決《けつ》して僧《ぼう》さんでないと説明《せつめい》したので又仲直《またなかなほ》りをして章魚《たこ》の酢《す》の物《もの》で盛宴《せいゑん》か張《は》られたとは芽出度《めでた》し。

(七)不死之僧

慶尙道《けいしやうだう》の太白山《たいはくざん》と小白山《しやうはくさん》との間《あいだ》に古《ふる》い寺刹《てら》がある。此《こ》の寺刹《てら》の後《うし》ろに大《おほ》きな圓《まる》い巖《いわ》があつて、其《そ》の上《うへ》にモ一ッ屋根形《やねかた》の巖《いわ》が載《の》かつて居《を》る。奇體《きたい》なことには、此《こ》の兩《ふた》ッの巖《いわ》の間《あいだ》に、一條《じやう》の繩《なわ》を樂《らく》に通《つう》じ得《え》られる丈《た》けな隙《すき》が各所《かくしよ》にある。此《こ》の巖《いわ》は天《てん》と地《ち》の間《あいだ》に懸《か》つて居《を》るのだと畏敬されて居《を》る。

此《こ》の寺刹《てら》には有名《いうめい》な竹《たけ》がある。其《そ》の來歷《らいれき》を聞《き》くに、遠《とほ》く新羅時代《しんらじだい》に、此寺《このてら》に名僧《めいそう》があつて寺《てら》が榮《さか》えたから印度《いんど》に行《い》つて世界《せかい》に有名《いうめい》な天竺寺《てんじくじ》に巡禮《じゆれい》した。歸國《きこく》の際《さい》、此名僧《このめいそう》は其處《そこ》から竹《たけ》を持《も》つて來《き》て自分《じぶん》の寺《てら》の庭《には》に植《う》へた。そして云《い》ふには、『私《わたし》が之《これ》から雲水行脚に出《で》る、さうしたらば此竹《このたけ》は葉《は》を出《だ》す、若《も》し此竹《このたけ》が枯《か》れたら私《わたし》が死《し》んだと思《おも》へ』斯《こ》う言《い》つて、僧《そう》は何處《どこ》ともなく出《で》て行《い》つた。すると、間《ま》もなく、竹《たけ》は澤山《たくさん》の葉《は》を生《せう》じた、それが漸次《たん〲》榮《さか》えて枯《か》れさうもない。其後《そのご》今《いま》より二百五十年《ねん》ばかり以前《いせん》亂暴《らんぼう》な觀察使《くわんさつし》があつて其竹《そのたけ》を切《き》り取《と》つてステッキにした。すると其後《そのあと》へ又葉《または》が出《で》て立派《りつぱ》に成長《せいちやう》した。土地《とち》の者此《ものこ》の竹《たけ》を飛仙花と呼《よ》んで今《いま》も猶榮《なほさか》えて居《を》る。彼《か》の名僧《めいそう》は今《いま》も雲水の間《あいた》に行脚を續《つゞ》けて居《を》るのだらう。

(八)前世の友

李《り》書《サ》房《パン》と、金《きん》書《サ》房《パン》は漆《うるし》の樣《やう》な仲《なか》であつた。幼《をさな》い時《とき》から二人《ふたり》は共《とも》に遊《あそ》び、共《とも》に寺小屋《てらこや》へ學《まな》び、共《とも》に旅《たび》をもし、共《とも》にぶら〳〵歩《ある》きをした。或《ある》時《とき》金《きん》書《サ》房《パン》は突然《とつぜん》急病《きふびやう》に罹《かゝ》り、直《す》ぐ樣《さま》李《り》書《サ》房《パン》を呼《よ》びにやつた、李《り》書《サ》房《パン》は驚《おどろ》いて取《と》る物《もの》も取《と》りあえずやつて來《き》た、そして殆《ほと》んど正體《しやうたい》もない態《さま》に見《み》える金《きん》書《サ》房《パン》の枕邊《まくらべ》に坐《すわ》ると、間《ま》もなく、誰《たれ》か戸《と》の外《そと》から高聲《こわたか》に金《きん》書《サ》房《パン》を呼《よ》んで私《わし》を室内《しつない》に入《い》れて呉《く》れと云《い》ふ。金《きん》書《サ》房《パン》は僅《わづ》かに頭《あたま》を擡《もた》げて『お前後《まへおそ》かつた、モウ用《よう》は無《な》い』と答《こた》へる。李《り》は怪《あやし》んであれは誰《たれ》だと問《と》ふと、金《きん》は『あれは、私《わし》の前世《ぜんせい》の知合《しりあひ》です』と云《い》ふ。詰《つま》り今金《いまきん》を呼《よ》んだのは金《きん》が過去《くわこ》の世《よ》で仇《あた》であつた靈魂《たましい》で、其《そ》の靈魂《たましい》が今金《いまきん》の生命《せいめい》を奪《うば》つて復讎《ふくしふ》しやうとて來《き》たのである。

靈魂《たましい》は飽迄《あくまで》も室内《しつない》へ入《い》れて呉《く》れと叫《さけ》ぶ、金《きん》はせゝら笑《わら》つて、『俺《おれ》は今《いま》友達《ともだち》と一所《しよ》なので、お前《まへ》が來《き》たとて手《て》を觸《ふ》れさせや仕《し》ないのだ』と云《い》ふ、靈魂《たましい》は『そんな嘘《うそ》を吐《つ》くものでない』と云《い》ふ。

『宜《よろ》しいぢや見《み》せてやらう、彼奴《あいつ》何《なん》の手出《てだ》しも仕得《しえ》ないのだから』と金《きん》は承諾《しようだく》して靈魂《たましい》を呼《よ》び入《い》れた、見《み》ると、靈魂《たましい》と云《い》ふのは下半身《しもはんしん》が無《な》い人間《にんげん》の姿《すがた》であつた、金《きん》は見《み》て嘲笑《あざわら》ひ、

『お前今《まへいま》復讐《ふくしう》しやうたて駄目《ため》だよ、俺《おれ》は昨夜《さくや》夢《ゆめ》に我家《わがや》の氏神《うぢがみ》が枕邊《まくらべ》に立《た》つて、李書房《りサパン》が來《き》て居《ゐ》たら、靈魂《たましい》は何《なん》の手出《てだ》しも仕得《しえ》ないのだとお告《つ》げがあつた。』

靈魂《たましい》は怨《うら》めしげに李書房《りサパン》を顧《み》て、『お前《まへ》さんは私《わたし》の仕事《しごと》を邪魔《じやま》した、其《そ》れが爲《た》めに、お前《まへ》さんは、自分《じぶん》の家《いへ》から遠《とほ》く距《はな》れた處《ところ》で死《し》ぬるのだ』と言《い》つて搔《か》き消《け》す如《ごと》く姿《すがた》を隱《かく》した。

十年《ねん》廿年《ねん》、果《はて》は四十年《ねん》を過《す》ぎた。李書房《りサバン》は何《なん》の變《かは》りなく此土《こど》に生きて居《ゐ》た。其内《そのうち》に日清戰爭《につしんせんそう》が始《はじ》まつて、日本軍《にほんぐん》は韓國内《かんこくない》を通過《つうくわ》した、そして李書房《りサバン》は相變《あひかは》らず生《い》きて次第《したい》に名高《なたか》い人間《にんげん》になつた。處《ところ》が一日《にち》賭《ばく》博《ち》の現場《げんば》を押《おさ》へられ、李《り》は遠《とほ》く北方《はつぱう》へ放逐《はうちく》された。そして自分《じぶん》の家《いへ》から遠《とほ》く距《はな》れた處《ところ》で李《り》は死《し》んだ。彼《か》の靈魂《たましい》に祟《たゝ》られたのだ。

(九)兎の妙計

零落《れいらく》した大龜《おほがめ》が、龍宮乙姫《りうぐうをとひめ》の病氣《びやうき》を醫《い》する妙藥《めうやく》として、兎《うさぎ》の肝臓《かんざう》を得來《えきた》つてお手柄《てがら》に仕《し》やうと考《かんが》へた。そこで陸《おか》へ上《あが》つて兎《うさぎ》に向《むか》ひ、兎殿《うさぎどの》お前《まへ》を面白《おもしろ》い極樂島見物《ごくらくじまけんぶつ》に連《つ》れて行《ゆ》くから私《わし》の脊《せ》にお乘《の》りと云《い》ふ、かくて海《うみ》に出《で》てから、龜《かめ》は兎《うさぎ》に向《むか》ひ實《じつ》はお前《まへ》の肝臓《かんざう》を獲《え》たいのだから、モウ覺悟《かくご》を仕《し》な。兎《うさぎ》は一瞬《しゆん》の間《ま》に妙計《めうけい》を案《あん》じて、カラ〳〵と笑《わら》ひ、龜《かめ》殿《どの》お前《まへ》も御苦勞《ごくらう》な事《こと》をするね、私《わし》の肝臟《かんざう》なら澤山家《たくさんうち》に藏《と》つてある。私《わたし》共《ども》の身體《からだ》には肝臟《かんざう》が澤山入《たくさんはい》つて居《ゐ》るので、折々《をり〳〵》取替《とりか》へる。些《ち》と食《く》ひ過《す》ぎたと思《おも》ふと、肝臟《かんざう》を吐《は》き出《だ》して、能《よ》く水《みづ》て洗《あら》つて冷《つめ》たい處《ところ》へ藏《と》つて置《お》くんで、先刻《さつき》お前《まへ》さんが來《き》た時《とき》も一《ひと》ツ洗《あら》ひかけて居《ゐ》た處《ところ》を、極樂島《ごくらくじま》へ連《つ》れて行《い》くなど云《い》ふもんだから、己《おら》ア夢中《むちう》になつて其儘《そのまゝ》にして來《き》たのさ。要《い》るなら毎日一《まいにちひと》ツ宛《づゝ》やつても良《い》いのだよ。龜《かめ》は雀躍《てをど》りして喜《よろこ》び兎《うさぎ》を乘《の》せて陸《おか》に着《つ》くや、兎《うさぎ》は一歩先《あしさ》きに跳《は》ね下《お》りて、龜殿大《かめどのおほ》きに御苦《ごく》勞《らう》とあかんべろ。

（十）卵から生れた。

朝鮮人《てうせんじん》の祖先等《そせんら》は、多《おほ》く卵《たまご》から生《うま》れたと言《い》ひ傳《つた》へられる。即《すなは》ち此國《このくに》開闢《かいびやく》の祖《そ》檀君《たんくん》は野獸《やじう》の卵《たまご》から生《うま》れたと云《い》ふ來歷《らいれき》を聞《き》くに、洞穴《はらあな》に住《す》んだ野《や》獸《じう》が、神樣《かみさま》の命《めい》に依《よ》つて女《をんな》になつた。すると、神人《しんじん》、桓因《くわんいん》の子《こ》、桓《くわん》雄《いう》と云《い》ふのが、太伯山《たいはくさん》神檀樹下《しんたんじゆか》に降《くだ》つた、之《これ》を神市《しんし》在世理《さいせいり》と云《い》ふ、此《こ》の世理《せいり》、彼《か》の女《をんな》を見付《みつ》けて孕《はらま》せた、生《うま》れたるは檀君《たんくん》である。

新羅《しんら》朝《てう》の祖《そ》、赫居世《かくきよせい》も卵《たまご》から生《うま》れた。其《そ》の由來《ゆらい》を聞《き》くに、今《いま》の大邱《たいきう》附邊《ふきん》に當《あた》る高墟《かうきよ》の村長《そんちやう》、蘇伐公《そばつこう》と云《い》ふ者《もの》、楊山《やうざん》の麓《ふもと》を望《のぞ》むに林間《りんかん》で馬《うま》が嘶《いなゝ》いた、往《い》つて見《み》たら、大《おほ》きな卵《たまご》がある、之《これ》を割《さ》いたら嬰兒《あかご》が出《で》た之《これ》が赫居世《かくきよせい》となつた。其《そ》の卵《たまご》が瓠《ふくべ》に似《に》てあつたが、朝鮮人《てうせんじん》が瓠《ふくべ》の事《こと》を朴《ぼく》と云《い》ふ處《ところ》から赫居世《かくきよせい》は朴書房《ぼくサバン》の姓《せい》を取《と》つたと云《い》ふ。

新羅《しんら》二代《たい》の王南解《わうなんかい》の宰相《さいしやう》、即《すなは》ち、前《まへ》に國王《こくわう》たるの相《さう》の處《ところ》に書《か》き記《しる》した脱解《たつかい》と云《い》ふ男《をとこ》も卵《たまご》から生《うま》れたので、或地方《あるちほう》の王《わう》が女王國《ぢよわうこく》の女《ぢよ》を娶《めと》り大《おほ》きな卵《たまご》を生《う》んだ。王《わう》は之《これ》を不吉《ふきつ》となして絹《きぬ》で包《つゝ》み寶物《はうもつ》と共《とも》に櫝《はこ》に入《い》れ海《うみ》に流《なが》した。之《これ》が一老媼《らうあふな》の手《て》に拾《ひろ》はれた、媼《あふな》が喜《よろこ》んで蓋を開《ひら》いたら嬰兒《あかご》が出《で》た。處《ところ》が其《そ》の櫝《はこ》が流《なが》れて來《き》た時《とき》、鵲《かさゝぎ》が頻《しき》りと鳴《な》いた、で鵲《かさゝぎ》の鳥《とり》を省《はぶ》き、昔《むかし》の字《じ》を姓《せい》とし、又櫝《またはこ》を解《と》いて脱《だつ》し生《うま》れた處《ところ》から脱解《たつかい》と命《めい》じ、昔脱解《せきたつかい》と呼《よ》ばれた。

（十一）朝鮮浦島

慶尚道陜川郡《けいせうだうせんせんぐん》に、其昔《そのむかし》、一人《ひとり》の儒生《じゆせい》が有《あ》つた、家至《いへいた》つて貧《まづ》しいが、儒生《じゆせい》たる者《もの》が自分《じぶん》の額《ひたひ》に汗《あせ》を流《なが》して勞作《らうさく》する譯《わけ》にも行《ゆ》かず、父《ちゝ》の代《だい》から使《つか》つて居《を》つた奴僕《やつこ》が近隣《きんりん》の人《ひと》から貰《もら》つて來《く》る米《こめ》で僅《わづ》かに露命《ろめい》を繫《つな》いて居《ゐ》た。

處《ところ》が、或日《あるひ》儒生《じゆせい》熟々《つく〴〵》、人間《にんけん》の運命《うんめい》が千差萬別《せんさばんべつ》である事《こと》を考《かんが》へて椽《えん》に坐《すわ》つて居《ゐ》ると、日頃《ひごろ》見馴《みな》れぬ犬《いぬ》が一疋《ぴき》走《は》せて來《き》て、自分《じぶん》の家《いへ》でもある樣《やう》に坐《すわ》り込《こ》んで動《うご》かない。儒生《じゆせい》は不思議《ふしぎ》な事《こと》に思《おも》ふて、夫《それ》から毎日《まいにち》此《こ》の犬《いぬ》を連《つ》れて歩《あ》るく、奴僕《どぼく》は、折角《せつかく》汗《あせ》を流《なが》して貰《もら》つて來《く》る米《こめ》の飯《めし》を、犬《いぬ》に迄分《までわ》けてやる事《こと》を大變《たいへん》嫌《いや》がつてブツ〳〵言《い》つて居《ゐ》た。

或朝《あるあさ》、犬《いぬ》は尾《を》を掉《ふ》つて、儒生《じゆせい》に此方《こつち》へ來《こ》いと言《い》つた狀《さま》に其邊《そのへん》を跳《は》ね廻《まは》る、儒生《じゆせい》は好奇心《かうきしん》を動《うご》かして犬《いぬ》に隨《つ》いて行《い》くと、やがて河《かは》の岸《きし》に來《き》た。すると、犬《いぬ》は行《い》きなり水中《すゐちう》に跳《と》び入《い》り、直《す》ぐ上《あか》つて來《き》て、今度《こんど》は儒生《じゆせい》に脊《せ》を向《む》け、自分《じぶん》の脊《せ》に乘《の》つて水《みづ》の中《なか》に入《はい》れと勸《すゝ》める。儒生《じゆせい》は少時《しばし》考《かんが》へたが、日頃《ひごろ》信用《しんよう》して居《ゐ》る犬《いぬ》が、今水《いまみづ》に跳《と》び入《い》つて巧《たく》みに泳《およ》いだ體《てい》から考《かんが》へ、まさか溺死《できし》する事《こと》もあるまいと高《たか》を括《くく》つて犬《いぬ》に乘《の》つて水中《すゐちう》に入《はい》つたが、何《なん》ぞ計《はか》らん、犬《いぬ》は一躍《やく》して河《かは》の底《そこ》へ潜《くぐ》つた。併《しか》し、不思《ふし》議《ぎ》な事《こと》に儒生《じゆせい》は呼吸《いき》も苦《くる》しからず濃《こ》い空氣《くうき》の中《なか》を行《ゆ》く氣持《きもち》だ。犬《いぬ》に確《し》かと攫《つか》まつて行《い》く中《うち》に、程《ほど》なく、小説《せうせつ》で讀《よ》み繪《ゑ》で見《み》たと寸分違《すんぶんたが》はぬ宏《こう》壯華麗《さうくわれい》を極《きは》めた龍宮城《りうぐうじやう》へ着《つ》いた、龜《かめ》や鯛比良目《たいひらめ》などが出《い》て迎《むか》へ、形《かた》の如《ごと》く王宮内《わうきうない》へ導《みちび》いた。

龍宮王《りうぐうわう》は、いと深切《しんせつ》に儒生《じゆせい》を迎《むか》へ、何《な》ぜもつと早《はや》く來《こ》なかつたかと怨《えん》じた。儒生《じゆせい》はお手《て》のもの丶禮儀《れいぎ》正《ただ》しく衣冠《いくわん》を整《ととの》へて、實《じつ》は浮世《うきよ》の俗《ぞく》事《じ》に妨《さまた》げられて遲延《ちえん》した由《よし》を眞《まこと》しやかに述《の》べた。扨《さ》て儒生《じゆせい》の呼《よ》び迎《むか》へられた謂《いは》れはと尋《たづ》ねるに、龍宮城太子《りうぐうじやうたいし》の大傅《たいふ》となる事《こと》で、其《それ》も長《なが》い事《こと》でない、六ヶ月《げつ》で濟《す》むと云ふのであつた。

お手《て》の物《もの》の四書《しよ》五經《けう》を講《かう》じて居《ゐ》る中《うち》に、早《ば》や六ケ月《げつ》も經過《けいくわ》して、儒《じゆ》生《せい》は頻《しき》りと、新鮮《しんせん》な空氣《くうき》が吸《す》ひたくなつた。そこで其旨龍宮王《そのむねりうぐうわう》に乞《こ》ふと、王《わう》は名殘《なと》りを惜《をし》み、何《なん》なりと立派《りつぱ》な贈物《おくりもの》をすると云《い》ふ。其時太子《そのときたいし》は儒生《じゆせい》を傍《そば》に招《まね》ぎ囁《さゝや》いて云《い》ふには、『若《も》し我《わ》が父王《ふわう》が、何《なに》か紀念《きねん》の贈物《おくりもの》をすると言《い》つたら、何《なに》は兎《と》もあれ、彼所《あそこ》の卓上《テーブル》にある木《き》の印《いん》を貰《もら》ふ事《こと》をお忘《わす》れなさるな』と、見《み》る處《ところ》、其《そ》の木印《きのいん》は一向詰《かうつま》らない物《もの》であるが、太子《たいし》の言《い》ひ添《そひ》もある事《こと》なれば、儒生《じゆせい》は、外《はか》に望《のぞみ》は無《な》い、其《そ》の木印《きのいん》をと乞《こ》ふた。王《わう》は惜《をし》げもなく木印《きのいん》を儒生《じゆせい》に贈《おく》り、其他《そのた》、玳瑁《たいまい》、珊瑚《さんご》、眞珠《しんじゆ》など澤山《たくさん》に贈《おく》つた。

儒生《じゆせい》は厚《あつ》く禮《れい》を述《の》べ、彼《か》の犬《いぬ》の背《せ》に乘《の》つて瞬《またゝ》く間《ま》に以前《いぜん》の河岸《かし》に着《つ》いて、我家《わがや》に歸《かへ》つて見《み》ると、六ケ月前《げつぜん》、檐傾《のきかたむ》き、雨漏《あめも》つた我家《わがや》は無くなつて、其處《そこ》に宏壯な見上《みあ》ぐるばかり立派《りつぱ》な兩班屋《ヤンバンや》が建《た》つて居《ゐ》る。驚《おどろ》くよりは悲《かな》しくなつて、我《わ》が家《いへ》は何處《どこ》へ消《き》えたらうと呆氣《あつけ》に取《と》られたが、恐《おそ》る〳〵其《そ》の大《おほ》きな門《もん》を入《はい》つて、此《これ》は一體誰《たいた》れの家《いへ》かと訪《と》ふて見《み》ると、一人《にん》の青年《せいねん》が、いと威風《ゐふう》ある物言《ものい》ひて、以前《いせん》の家主《いへぬし》は、二十年《ねん》前何處《せんどこ》かへ行《い》つて歸《かへ》つて來《こ》ないと云《い》ふ。

『では貴公《きこう》は何人《なんびと》で御《ご》ざる？』と、儒生《じゆせい》は膽《きも》を潰《つぶ》して尋《たづ》ねると、『拙者《せつじや》は、其《そ》の行衞不明《ゆくえふめい》になつた男《をとこ》の息子《むすこ》です』と云《い》ふ。能《よ》く〳〵見《み》ると、確《たし》かに見覺《みおぼ》えの有《あ》る我《わ》が子《こ》なので、儒生《じゆせい》は驚喜《きやうき》して、父子《ふし》の名乘《なの》りをし、其後《そのご》の一部始終《ぶしじう》を物語《ものがた》り、

『一體何《たいど》うして、お前斯樣《まへこん》な立派《りつぱ》な家《いへ》が出來《でき》たか』と問《と》ふと、『いや、お父《とつ》さんが一所《しよ》に行《い》つた犬《いぬ》が、毎月黄金《まいつきこがね》の充滿《いつぱいはい》入つた袋《ふくろ》を喰《くは》へて歸《かへ》つ

て來《き》で置《お》いて行《い》つたので、私《わし》は其金《そのかね》で斯《こん》樣な立派《りつぱ》な家《いへ》を建《た》て、檐下《のきした》千町歩《ちやうぶ》の田《た》も買《か》つたのです』と云《い》ふ。儒生《じゆせい》は聞《き》く毎《ごと》に驚《おどろ》いて、でも只《たつ》た六ケ月《げつ》と思《おも》つたに、龍宮《りうぐう》では時《とき》が經《た》つのが早《はや》いものだと奇異《きい》の思《おもひ》を爲《な》し、今《いま》は前日《ぜんじつ》に引代《ひきか》へて、出《いづ》るに轎《かご》あり、食《くら》ふに肉《にく》あり、何不自由《なにふじいう》のない安樂《あんらく》な生活《せいくわつ》になつたが、解《げ》せぬことには彼《か》の木印《きのいん》は何《なん》の用《よう》にも立《た》たない。

五六ケ月《げつ》も經《た》つて、一人《にん》の僧《ばう》さんが、飄然《ふらり》と訪《おとづ》れて、尊大人《そんたいじん》に會《あ》ひたいと申入《まをしい》れた。呼《よ》び入《い》れて、彼是《かれこれ》話《はなし》をする中《うち》、儒生《じゆせい》が龍宮城《りうぐうじやう》へ行《い》つた話《はなし》になると、僧《そう》は『若《も》しや龍宮《りうぐう》で不思議《ふしぎ》な木印《きのいん》を見《み》ませぬか』と問《と》ふ『いや見《み》たばかりでない、此《こゝ》に持《も》つて居《を》ります』と、彼《か》の木印《きのいん》を示《しめ》すと、僧《そう》は紙片《かみきれ》を取出《とりだ》して『金《きん》十兩《りやう》』と書《か》き、其木印《そのきのいん》を印肉《いんにく》なしにピタリ其上《そのうへ》に捺《お》した。紙《かみ》には鮮明《せんめい》に赤《あか》い印《いん》の色《いろ》が現《あら》はれた。すると僧《そう》は其《そ》の紙片《かみきれ》を折《を》り疊《たゝ》んで、火《ひ》を點《つ》けるなり空高《そらたか》く投《な》げた。其《それ》が地《ち》に落《お》ちて燃《も》えたと見《み》ると、不思議《ふしぎ》や其處《そこ》に燦爛《さんらん》たる十兩《りやう》の重《おも》さの金《きん》の棒《ぼう》が出《で》た。兩人《ふたり》は堅《かた》く之《これ》を秘《ひ》して幾枚《いくまい》も紙片《かみきれ》へ金高《きんたか》を書《か》いては木印《きのいん》を捺《お》し、火《ひ》を點《つ》けて地上《ちじやう》に投《な》げ、無數《むすう》の黄金《こがね》を造《つく》つた。そこで僧《そう》は其《その》の金《かね》で壯麗《さうれい》な寺院《てら》を建《た》て、海中《かいちう》から得《え》た印《いん》に依《よ》つて造《つく》られたと云《い》ふ意《い》を取《と》つて之《これ》を海印《かいゐん》寺《じ》と名《なづ》けた。僧《そう》は今度《こんど》は印度《いんど》に渡《わた》り、お經《けう》を澤山《たくさん》に買《か》ひ込《こ》んで歸《かへ》つた。そして其下《そのした》に彼《か》の木印《もくいん》を秘藏《ひざう》したと云《い》ふのである。所《ところ》が日清戰爭《につしんせんそう》の際《さい》、此《こ》の木印《もくいん》は紛失《ふんじつ》したとやら、此木印《このもくいん》を持《も》つて居《ゐ》る男《をとこ》が使用法《しようはふ》を知《し》らずに、今頃《いまごろ》は貧乏臭《びんばうくさ》い骨董品扱《こつたうひんあつか》ひにして居《ゐ》る事《こと》だらう。

因《ちな》みに、海印寺《かいへんじ》は慶尙道陜川郡山中《けいせうだうせんくぐんさんちう》にあり。伽耶山海印寺《かやさんかいへんじ》古籍《こせき》に曰《いは》く、夫《そ》れ伽耶山《かやさん》一名《めい》牛頭《ぎうとう》海印寺《かいへんじ》は海東《かいとう》之名刹《めいさつ》なり、時《とき》は新羅《しんら》第《たい》三十九王《わう》、哀荘大王王后《あひさうたいわうわうくわう》、患背《やまひせ》に發《はつ》し、良醫効《りやういかう》なし、王大《わうおほい》に患《うれ》へ、吏《り》をして碩徳異僧《せきとくいそう》を求《もと》めしむ、中使路上《ちうしろじやう》に紫氣《しき》を望見《ばうけん》して山下《さんか》に下《くだ》り見《み》るに、二師《し》須《す》應《おう》、須貞《すてい》、定《でう》に入《い》り、光頂門《ひかりてうもん》より出《い》づ、王宮《わうきう》に迎《むか》へんとするも二師《し》肯《き》かず、五色《しき》の線《せん》を授《さづ》けて曰《いは》く宮前梨樹《きうぜんりじゆ》に此線《このせん》を以《もつ》て一頭梨樹《とうりじゆ》に繋《つな》ぎ、一頭《とう》は瘡《さう》に接《せつ》せよ、瘡即《さうすなは》ち患無《やまひな》からんと、梨枯《なしか》れて患差《やまひたが》ふ。王《わう》之《これ》を感《かん》じ之《これ》を敬《けい》して玆《こゝ》に寺《てら》を刱立《さうりつ》し、時《とき》に哀荘王《あいさうわう》三年壬午《ねんじんご》、即《すなは》ち唐之《たうの》貞元《ていげん》十八年也《ねんなり》、大王此寺《たいわうこのてら》に幸《みゆき》し、田《た》二千五百結《けつ》を納《をさ》むと、唐《たう》の貞元《ていげん》十八年《ねん》は哀荘王《あいさうわう》の二年《ねん》に當《あた》り、西暦《さいれき》八百二年《ねん》、我桓武延暦《わがくわんむえんれき》二十一年也《ねんなり》、

龍水

賢女《けんぢよ》あり、夢《ゆめ》に龍《りう》有つて父親《ちゝおや》の硯水《すゞりみづ》を入《い》れる德利《とくり》に入《はい》つたと見《み》た。翌朝《よくあさ》覺めてから、彼女《かれ》は其德利《そのとくり》に口《くち》をして保存《ほぞん》し、他日自分《たじつじぶん》の息子《むすこ》が都《みやこ》に上《のぼ》り科擧《くわきよ》に應《おう》ぜんとする際《さい》、此《こ》の龍水《りうすゐ》を與《あた》へて、此《こ》の水《みづ》で墨《すみ》を磨《す》つて答案《たふあん》を書《か》け、龍門《りうもん》に登《のぼ》る事請合《ことうけあひ》だと告《つ》げた。此《こ》の息子《むすこ》、命《めい》を奉《ほう》じて科擧《くわきよ》に上《のぼ》り、後日大宰相《ごじつたいさいしやう》の位《くらゐ》に上《のぼ》つた。

賄賂の始り

朝鮮人《てうせんじん》は、賄賂《わいろ》と云《い》ふ事《こと》は今《いま》より五百年《ねん》ばかり前《まへ》から始《はじ》まつたと云《い》ふそうだ其《そ》の以前《いぜん》には賄賂《わいろ》の妙術《めうじゆつ》を知《し》らなかつたとすれば、餘《あま》り氣《き》が利《き》かぬ話《はなし》だが、其後僅《そのごわづ》か五百年間《ねんかん》に、賄賂術《わいろじゆつ》が、今日《こんにち》の如《ごと》く進歩《しんぽ》したとすれば、朝鮮人《てうせんじん》も下《した》へは置《お》けぬ悧巧者《りこうもの》だ、扨《さ》て今《いま》より五百年前裁判《ねんぜんさいばん》所《しよ》の副官《ふくくわん》に、大變貧乏《たいへんびんぼう》な男《をとこ》が有《あ》つて、自分《じぶん》の家族《かぞく》を養《やしな》つて行《ゆ》く事《こと》が出《で》來《き》ぬ狀態《さま》だつた。

所《ところ》が、此《こ》の貧乏《びんぼう》な法部副官《はふぶふくくわん》の友人《いうじん》に一人《ひとり》の軍人《ぐんじん》があつて、副官《ふくくわん》の窮《きう》狀《じやう》に同情《どうじやう》を寄《よ》せ、何《なん》か適當《てきたう》な方法《はうはふ》で活計《くわつけい》に助力《じよりよく》しやうと考《かんが》へた末《すゑ》、自《じ》分《ぶん》が兼《かね》て持《も》ち合《あは》せの銀製《ぎんせい》の人形《にんぎやう》へ自分《じぶん》の名《な》を刻《きざ》み付《つ》けて人知《ひとし》れず副官《ふくくわん》へ贈《おく》つた。

副官《ふくくわん》は十分滿足《ぶんまんぞく》して此《こ》の軍人《ぐんじん》の贈物《おくりもの》を受《う》け納《をさ》めた。其後《そのご》間《ま》もなく偶《ぐう》然《ぜん》にも此《こ》の軍人《ぐんじん》の父親《ちゝおや》が罪《つみ》を犯《をか》して法廷《はふてい》に喚《よ》ばれ、審問《しんもん》さるゝ事《こと》となつた、審問掛《しんもんがゝ》りは此《こ》の法部副官《はふぶふくくわん》である。其《そ》の時《とき》此《こ》の軍人《ぐんじん》は父親《ちゝおや》の後《うしろ》に隨《つ》いて法廷《はふてい》に顏《かほ》を現《あら》はした、法部《はふぶ》副官《ふくくわん》は愈々《いよいよ》審問《しんもん》に取《と》り掛《かゝ》ると自分《じぶん》に過日《くわじつ》銀《ぎん》の人形《にんぎやう》を贈《おく》つた友人《いうじん》の軍人《ぐんじん》が其場《そのば》に出《で》て居《ゐ》る、偶《ふ》と氣《き》が付《つ》いて自分《じぶん》も今度《こんど》は其《そ》の恩義《をんぎ》に報《むく》ひなければならぬと悟《さと》り、職權《しよくけん》を濫用《らんよう》して其父親《そのちゝおや》を免訴《めんそ》にしてやつた。其後程《そのごほど》經《へ》て此事《このこと》が、何《ど》うにかして國王《こくわう》の耳《みゝ》へ入《はい》つたから、國王《こくわう》は大《おほい》に怒《いか》つて法部《ほふぶ》副官《ふくわん》を譴責《けんせき》し、免職《めんしよく》を申付《まをしつ》けた。併《しか》し時已《ときすで》に後《おそ》く、軍人《ぐんじん》の父親《ちゝおや》の方《はう》は再審問《さいしんもん》にも附《ふ》せられずに終《をは》つた。人民《じんみん》は此由《このよし》を語《かた》り傳《つた》へて、爾來《じらい》贈進物《おくりもの》の奇効《きかう》を奏《そう》する事《こと》を會得《ゑとく》し夫《それ》からして賄賂《わいろ》と云《い》ふ事《こと》が流行《はや》り出《だ》したと言《い》ひ傳《つた》へて居《ゐ》る。

佛教改宗者

昔《むかし》、金某《きんなにがし》といふ全羅道《ぜんらだう》の一儒生《じゆせい》が、科擧《くわきよ》に應《おう》ずるため、田舍《ゐなか》から京城《けいじやう》に上《のぼ》つて來《く》る途中《とちう》、彼《か》の歌《うた》にも屢々歌《しばしばうた》はれたチリ山《さん》の麓《ふもと》を過《す》ぎた處《ところ》、とある谿間《たにあひ》に一《ひと》つの寺《てら》があつた、覗《のぞ》いて見《み》ると、多《おほ》くの坊主《ばうづ》どもが、しきりと經文《けうもん》を習《なら》つてゐる。金《きん》は好奇心《すきごゝろ》で其《その》一人《にん》に話《はな》しかけた。

『盛《さか》んに御勉强《ごべんきやう》のやうですが、しかし貴公方《あなたがた》の宗教《しうけう》が世界《せかい》に廣《ひろ》まつたら、皆出家《みんなしゆつけ》をするもの許《ばか》りで、數年《すうねん》の中《うち》には、人間《にんげん》の繁殖《はんしよく》がとまつて終《しま》ふてしやう』

坊主《ばうず》は頭《あたま》を振《ふ》つて、

『佛敎《ぶつけう》は一般《ぱん》の獨身《どくしん》を强《し》ふるものではありませぬ。たゞ個人《こじん》の自制《ぢせい》を敎《をし》ふるのみですから、多少繁殖《たせうはんしよく》を妨《さまた》げる位《くらゐ》のことはあつても、繁殖《はんしよく》の止《と》まる氣《き》づかひはありませぬ』

『それは良《よ》いとしても、肉食《にくじき》を禁《きん》ずるとは不都合《ふつがふ》ではありませむか。此自然《このしゆせん》の境《けう》に飛《と》んでるものを食《た》べるといふのを……』

『然《しか》し、まあ能《よ》く考《かんが》へて御覽《ごらん》なさい。此世界《このせかい》に生《うま》れた人間《にんげん》は、孰《いづ》れもそれ〴〵天職《てんしよく》を持《も》つてゐます。動物《どうぶつ》だとて同《おな》じこと、牛《うし》は耕《たがや》すために犬《いぬ》は守《まも》るために、猫《ねこ》は鼠《ねづみ》を捕《と》るために生《うま》れて來《き》たのです。然《しか》るに之等《これら》の動物《どうぶつ》を食《たべ》るとしたら、造物主《ざうぶつしゆ》の御主意《ごしゆい》に背《そむ》く譯《わけ》ではありませんか。』

『然《しか》し私等《わたしら》は牛《うし》がもう老《お》いて役《やく》に立《た》たなくなつた時《とき》に食《た》べる……つまり天《てん》の惠《めぐ》みを拒《こば》むには及《およ》ばぬではありませぬか。』

『貴公《あなた》はさう考《かんが》へますか、ぢやあ貴公《あなた》の本尊《ほんぞん》たる孔子様《こうしさま》の仰《おほ》せに、（人《ひと》皆肉《みなにく》を食《くら》へど、其殺《そのころ》されたる獸《じう》の身《み》を考《かんが》ふるものなし）とあるは、どうてしやうか』

金《きん》は霎時《しばらく》考《かんが》へてゐたが、やがて涙《なんだ》をはら〳〵と流《なが》して、

『袈裟《けさ》を下《くだ》さい。そして、私《わたし》の髪《かみ》を剃《そ》り落《おと》して下《くだ》さい。いかにも御説《ごせつ》の通《とほ》りに相違《さうゐ》ありませむ。今《いま》の今《いま》から私《わたし》は僧侶《さうりよ》となります』

かくて金《きん》は剃髪《ていはつ》の式《しき》を受《う》け、僧侶《さうりよ》の列《れつ》に入《はい》つたが、後《のち》には深淵《しんえん》なる敎理《けうり》を究明《きうめい》して、其《そ》の名聲《めいせい》朝鮮《てうせん》八道《たう》に鳴《な》り渡《わた》るに至《いた》つた。

處《ところ》が彼《かれ》の親戚《しんせき》どもは、彼《かれ》が僧籍《さうせき》に入《はい》つたのを聞《き》いて、頗《すこぶ》る快《こゝろよか》らず思《おも》ひ、いかにもして彼《かれ》を懲《こ》らさんと企《くわた》て、終《つ》ひに一計《けい》を案《あん》じ出《だ》した。

或日《あるひ》のこと、彼等《かれら》は金《きん》を招《まね》いて、共《とも》にノードル《龍山》の渡《わた》しに舟《ふね》を浮《うか》べた。彼等《かれら》は魚《うを》の天麩羅《てんぷら》を作《つく》つて、欺《あざむ》いて金《きん》に喰《く》はせ、戒律《かいりつ》を破《やぶ》つたといふを楯《たて》に、金《きん》を恥《はづか》しめんとしたのだ。金《きん》ははじめ左樣《さう》とは知《し》らず、まんまと計略《けいりやく》に乘せられ、一箸《ひとはし》を口《くち》に入《い》れたが、やがて氣分《きぶん》の惡《わ》るさうな振《ふり》をして、船《ふね》の舳先《へさき》に至《いた》り、食《た》べたものを皆《みな》吐《は》いてしまつた。處《ところ》が其《その》吐《は》いた物《もの》が、見《み》る〳〵水《みづ》に沈《しづ》むで、忽《たちま》ちに一群《ひとむ》れの魚《うを》と變《へん》じた。そこで彼《かれ》は水夫《かこ》を呼《よ》んで、其魚《そのうを》を船《ふね》にすくひ入《い》れさせ、新《あ》らたに之《これ》を調理《てうり》して一同《どう》に食《た》べさせた。

さて酒《さけ》も終《をは》つて歸《かへ》る頃《ころ》になると、一同《どう》は、金《きん》が戒律《かいりつ》を破《やぶ》つたのを嘲笑《ら》ひはじめた。すると金《きん》は、いち早《はや》くも岸《きし》に逃《のが》れて、『皆《みな》さん御苦勞《ごくらう》さま、諸君《みなさん》は私《わし》をだました積《つもり》でゐられやうけれど、私《わたし》の食《た》べた魚《さかな》は、皆反吐《みなへど》にして吐《は》いて終《しま》つた。二度目《どめ》に諸君《みなさん》が食《た》べられたのは、私《わたくし》の吐《は》いた其反吐《そのへど》が、魚《さかな》に變《へん》じたのを、水夫《せんどう》が捕《と》らまへたのだ。つまり諸君《しよくん》は私《わたくし》の反吐《へど》を食《た》べたのだ』

之《これ》を聞《き》いた面々《めん〳〵》は、返《かへ》す言葉《ことば》もなく、しほ〳〵として家《いへ》に歸《かへ》つた。

此日《このひ》金《きん》の反吐《へど》から生《うま》れた魚《さかな》は、コンヂーといつて、今《いま》もノードル《龍山》のあたりに、清川《せいせん》に遊《あそ》んでゐる。たゞし外《はか》には決《けつ》してゐないといふことである。

猫と死人

今《いま》から二百四五十年前《ねんぜん》、サチヤといつて有名《いうめい》な學者《がくしや》がありましたが、其小供《そのこども》の時分《じぶん》の話《はなし》です。或日《あるひ》サチヤは仕事《しごと》から歸《かへ》つて寢床《ねどこ》に入《はい》りましたが、ふと眼《め》が覺《さ》めて見《み》ると、月《つき》は淋《さび》しげに窓《まど》から差《さ》して、部屋《へや》の中《なか》は薄《う》つすりとほの暗《くら》い。すると、何者《なにもの》か戸《と》の外《そと》で動《うご》くやうな氣配《けはひ》がしましたので、ジッと耳《みゝ》を澄《す》ましてゐますと、戸《と》が自然《しぜん》に外《そと》から開《あ》いて、脊《せい》の高《たか》い黑《くろ》い者《もの》が部屋《へや》の中《なか》に入《はい》つて來《き》ました。サチヤは慄《をのゝ》く心《こゝろ》を抑《おさ》へて、薄暗《うすくら》い中《なか》を見詰《みつ》めてゐますと、其者《そのもの》はソレなり部屋《へや》の隅《すみ》に落《おち》付《つ》いて動《うご》く容子《ようす》もありませむ。サチヤは少年《せうねん》ながら氣《き》の勝《か》つた子《こ》なので、其落《そのお》ちついたのを見《み》ますと、クルリと其儘《そのまゝ》他方《あちら》を向《む》いて、寢《ね》て終《しま》ひました。


翌《あ》くる朝眼《あさめ》が醒《さ》めて見《み》ますと、其者《そのもの》は依然《やつぱり》昨夜《ゆふべ》のまゝで部屋《へや》の隅《すみ》に居《ゐ》るのです。能《よ》く〳〵見《み》ますと、それは屍體《しびと》を入《い》れて蓋《ふた》をした棺桶《くわんおけ》が、ニョッキリと立《た》つて居《ゐ》るのでした。サチヤは暫《しば》らく見《み》つめてゐましたが、やがて名案《めいあん》が浮《うか》んだといふ風《ふう》で、下男《げなん》を呼《よ》んで、『此村《このむら》に何處《どこ》か屍《し》體《びと》の無《な》くなつた家《うち》がある筈《はづ》だから、直《す》ぐ行《い》つて搜《さが》してお出《い》で』と命令《いひつけ》ました。下男《げなん》は出《で》てまゐりましたが、間《ま》もなく歸《かへ》つて來《き》て、

『村《むら》は大變《たいへん》で御座《ござ》ります、さる家《うち》に死人《しにん》があつて、昨夜《ゆふべ》其《その》お通夜《つや》の最《さい》中《ちう》、面々《めん〳〵》がちよと居眠《ゐねむり》をした隙《すき》に、ドウしたものか屍體《しびと》も棺桶《くわんおけ》も失《な》くなつたといふ騷《さわ》ぎでゴツタ返《かへ》して居《を》ります』

と復命《ふくめい》しました、

『ぢやあ、直《す》ぐ行《い》つて其家《そのや》の主人《あるじ》を呼《よ》んでお出《い》で』

やがて其家《そのや》の主人《あるじ》なるものが遣《や》つてまゐりました。サチヤは之《これ》を部屋《や》に通《とほ》して、例《れい》の片隅《かたすみ》の一物《もつ》を指《ゆび》さし、靜《しづ》かに申《まを》しました。

『之《これ》は何《なん》ですか』

麻《あさ》の喪服《もふく》を着《き》た主人《あるじ》は、一眼《め》見《み》ますと、驚《おどろ》きと怒《いか》りに息《いき》もはづませて、

『そ、それは己《おれ》のお父《やぢ》の棺《くわん》ぢやあないか。全體汝《ぜんたいおまへ》は何《なに》をしをつたんだ。己《お》れのお父《やぢ》の死骸《しがい》を盗《ぬす》んで、己《お》れの面《つら》に泥《どろ》を塗《ぬ》りをつたな』

『まあ〳〵お待《ま》ち』

サチヤ、は笑《わら》ひ乍《なが》らなだめました。

『どうして私《わたし》にそれが動《うご》かせるもんかねえ、獨《ひと》りで遣《や》つて來《き》たんだよ。

夜《や》中《ちう》に眼《め》が覺《さ》めると、それが來《き》てたんだよ』

主人《あるじ》は容易《ようゐ》に承知《しやうち》しませむ。

『ぢやあ、それがドウして此處《こゝ》へ來《き》たかを話《はな》してあげるよ』

サチャは言葉《ことば》をつぎました。

『汝《おまへ》さんの家《うち》に猫《ねこ》が一匹《ぴき》ゐるだらう。それが此棺《このくわん》を飛《と》び越《こ》えたに相違《さうゐ》ない、處《ところ》が、それが此死人《このしにん》の氣《き》に觸《ふ》れたので、例《れい》の魔力《まりよく》とやらで此《こ》處《こ》まで飛《と》んで來《き》たんだよ。若《も》し汝《おまへ》さんが噓《うそ》だと思《おも》ふなら、猫《ねこ》をこゝまで連《つ》れてお出《い》で、試《た》めして見《み》やうから。』

そこで主人《あるじ》は下男《げなん》を頼《たの》んで猫《ねこ》を連《つ》れさせにやりました。其《その》ひまに、主人《あるじ》は試《こゝろ》みに棺《くわん》を押《お》して見《み》ましたが、滿身《まんしん》の力《ちから》をこめてもビクとも、動《うご》きません。しかるにサチャが代《かは》つて棺《くわん》の近《ちか》くにより、其《そ》の左側《さそく》を輕《かろ》く三つ許《ばか》りたゝきますと、死人《しにん》は誰《たれ》の手《て》かを知《し》つたかのやうに。棺《くわん》は安々《やすやす》と動《うご》いて横《よこ》に寢《ね》かされました。兎角《とかく》する中《うち》、下男《げなん》は歸《かへ》つて參《まい》りました。で猫《ねこ》を部屋《へや》の中《うち》に放《はな》し入《い》れて見《み》ますと、不思議《ふしぎ》なことには、棺《くわん》はまたもや自分《じぶん》の力《ちから》でむつくと起《お》き直《な》り、猫《ねこ》の越《こ》えられぬ處《ところ》に動《うご》いてまゐりました。

之《これ》を見《み》た主人《あるじ》は、スッカリ、サチャの言葉《ことば》を信《しん》じまして、其日《そのひ》無事《ぶじ》に葬式《さうしき》を濟《す》ましました。しかし今度《こんど》は猫《ねこ》に越《こ》えられぬやうにと、一同《どう》棺《くわん》の側《そば》につき詰《つ》めて、注意《ちうい》怠《おこた》りなかつたといふことです。

(十六)鳥の言葉

此《この》サチャに、一人《ひとり》の弟《おとうと》があつて、モチャと申《まを》しました。或日《あるひ》サチャ

が、

『何處《どこ》かにうまい物《もの》があるから捜《さか》して來《き》やうぢやないか』

モチャは笑《わら》つて、

『どうしてソンなことが解《わか》るの？』

『だつて今《いま》二羽《は》の烏《からす》か頭《あたま》の上《うへ》を飛《と》んで行《い》つたが、其《その》一羽《ば》が向《むか》うにうまい物《もの》があると話《はな》してゐたもの』

そこで二人《にん》は所謂《いはゆる》うまいものを捜《さか》しに出《で》かけました。とある家《いへ》の近《ちか》くに行《ゆ》きますと、其前《そのまへ》に死人《しにん》が倒《たふ》れてゐました。サチャは驚《おどろ》いて、

『なんだ不吉《ふきち》な烏《からす》め、うまい物《もの》とは此事《このこと》を言《い》つたんだ。』

二人《にん》はいま／＼しげに、舌《した》うちをして、引返《ひつかへ》さうとしますと、一人《にん》の男《をとこ》が家《いへ》の中《うち》から現《あら》はれて、死人《しにん》を盗《ぬす》まうとしたといふ譯《わけ》で、彼等《かれら》を

捕《と》らまへました。二人《ふたり》は色々《いろ〳〵》辯疏《べんそ》しましたけれど中々《なか〳〵》許《ゆる》しませぬ。直《す》ぐに繩《なわ》を打《う》つて、奉行所《ぶぎやうしよ》の獄屋《ろうや》にぶち込《こ》みました。さて翌朝《あくるあさひ》引《ひ》き出《だ》されて吟味《ぎんみ》を受《う》けましたが、サチャは憶《おく》する色《いろ》もなく、

『實《じつ》にトンデもない間違《まちが》ひです。私《わたし》は唯烏《たゞからす》の話《はな》してるのをきいて、何《なに》かうまい物《もの》があるのかと搜《さが》しに來《き》たのですが、來《き》て見《み》ればアンナ死人《しにん》だつたのです。ほんのそれだけの事《こと》で、死人《しにん》を盜《ぬす》まうとした、などゝはトテツもない濡衣《ぬれぎぬ》です。』

奉行《ぶぎやう》は不思議《ふしぎ》さうにサチャの顏《かほ》を見《み》てゐましたが、

『馬鹿《ばか》な！貴樣《きさま》は氣《き》でも狂《ちが》つてはゐないか、鳥《とり》の話《はなし》が分《わか》るとは何《なん》の事《こと》た』

『いゝえ、本統《ほんとう》に分《わか》るのです。もし御信《ごしん》じ下《くだ》さらぬとなら、充分《じうぶん》に御《お》

吟味《しらべ》遊《あそ》ばして下《くだ》さい。』

恰《あたか》も此時《このとき》一人《ひとり》の子供《こども》が、庭《には》で雀《すゞめ》の子《こ》を持《も》つて遊《あそ》んでゐました。そこで奉行《ぶぎやう》は直《す》ぐそれを持《も》つて來《こ》させて、試《こゝろ》みに部屋《へや》の中《なか》に放《はな》たせました。親鳥《おやどり》や友鳥《ともどり》は、それを外《そと》から呼《よ》んで鳴《な》いてゐます。

『あれは何《なん》と言《い》つてるのか』

奉行《ぶぎやう》は頤《あご》で尋《たづ》ねました。サチャはチョイとまごつきました。實《じつ》は烏《からす》の言葉《ことば》は解《わか》るのですが、雀《すゞめ》の言葉《ことば》は知《し》らなかつたのです。しかし、さうとは色《いろ》にも見《み》せず、

『親鳥《おやどり》はかう申《まを》して鳴《な》いてゐます、そんな小鳥《ことり》を捕《とら》へてドウなさるのです、羽《はね》が何《なん》の役《やく》に立《た》ちます、肉《にく》が何《なん》の役《やく》に立《た》ちます　骨《ほね》が何《なん》の役《やく》に立《た》ちます。それよりは早《はや》く還《かへ》して下《くだ》さいませと』

奉行《ぶぎやう》は之《これ》をきいて、サチヤ等《ら》の身《み》の上《うへ》に思《おも》ひ及《およ》びました。彼等《かれら》を捕《とら》へた處《ところ》が、お金《かね》になるではなし、品物《しなもの》が得《え》られるではなし、土地《とち》がもうかるではなし、何《なん》の役《やく》にも立《た》ちはしない。成《な》る程《ほど》さうだと笑《わら》つて二《ふた》人《り》を許《ゆる》しました。

（十七）孝行のはき違ひ

昔《むかし》、母親《おつかさん》に非常《ひじやう》に孝行《かう〳〵》な天子樣《てんしさま》があつた。母《はゝ》の命《めい》を奉《ほう》ずるのは、人《にん》間《げん》第《たい》一の務《つと》めだと信《しん》じてゐられた。處《ところ》が母《ぼ》后《こう》の召使《めしつかひ》に良《よ》からぬ者《もの》があつて、天子樣《てんしさま》の此母思《このはゝおも》ひを承知《しやうち》し、ドンな惡事《あくじ》を働《はたら》かうと、母《ぼ》后《こう》の御《お》聲《こゑ》がゝりさへすれば赦《ゆる》されるに極《き》まつてをると高《たか》を括《くゝ》つて、あらゆる放埓《はうらつ》をはたらいて居《ゐ》た。其中《そのうち》に、とある酒屋《さかや》を飲《の》み倒《たふ》して、其處《そこ》の主《しゆ》人《にん》が勘定《かんじやう》の催促《さいそく》に來《き》たのを怒《いか》り、之《これ》を捉《とら》へて毆打《ぶつたゞ》いたことが、何時《いつ》か法衙《はふが》に聲《きこ》えて、召使《めしつかひ》は終《つ》ひに獄屋《ろうや》につながれた。處《ところ》が此事《このこと》母后《ぼこう》の耳《みゝ》にはいるや、母后《ぼこう》は法官《はふくわん》の處置《しよち》を非常《ひじやう》に怒《いか》り賜《たま》ひ、皇帝《くわうてい》に命《めい》じてきびしく罰《ばつ》せしめられた。法官《はふくわん》はあらぬ罪《つみ》により死罪《しざい》と事《こと》きまつて、將《まさ》に斷頭臺《だんとうだい》に上《のぼ》さるゝ處《ところ》であつたが、許《ゆる》しを得《え》て一場《じやう》の物語《ものがたり》をした。

『昔京城《むかしけいじやう》に脊虫《せむし》の子《こ》を持《も》つた老夫婦《らうふうふ》があつた。ドウかして直《なほ》してやりたいと諸方《しよはう》の名醫《めいい》にみせたが、どうしても治《なほ》らないので悲《かな》しむでゐた。處《ところ》が或日《あるひ》其門前《そのもんぜん》を

脊《せ》虫直《むしなほ》しく〳〵

と呼《よば》はりて通《とほ》る男《をとこ》がある。そこで直《たゞ》ちに呼《よ》び入《い》れて見《み》せた處《ところ》、其男《そのをとこ》は風呂敷包《ふろしきつゝ》から木《き》の槌《つち》を取《と》り出《た》し、子供《こども》を俎板《まないた》の上《うへ》に俯向《うつむき》に寐《ね》かせて、

其脊《そのせ》をイヤといふ程《ほど》槌《つち》で打《ぶ》つた。すると、脊虫《せむし》は即座《そくざ》に直《なほ》つたが、同《どう》時《じ》に子供《こども》は無論《むろん》死んでしまつた。兩親《りやうしん》は非常《ひじやう》に怒《いか》つて、其《そ》の男《をとこ》を五分《ぶ》切《き》りにもしてやらうと敦圍《いきま》いたが、男《をとこ》は驚《おどろ》かず、私《わたし》は脊虫《せむし》を直《なほ》す約束《やくそく》はしたけれど、生死《いきし》の段《たん》までは約束《やくそく》しなかつたと、言《い》つたといふ話《はなし》がある。私《わたし》は陛下《へいか》の命《めい》を奉《ほう》じて法官《はふくわん》のつとめを司《つかさど》つてゐます以上《いじやう》、苟《いや》しくも法律《はふりつ》に觸《ふ》れたものが有《あ》つたら、ドンな者《もの》でも罪《つみ》に處《しよ》する。よしそれが母《ぼ》后のお召使《めしつかひ》であらうとも、それは止《や》むを得《え》ぬ次第《しだい》である。もし罪《つみ》に問《と》うてならぬ人《ひと》があつたのならば、始《はじ》めから其通《そのとほ》り命令《めいれい》しておかるべきである。聖明《せいめい》の陛下《へいか》にも似《に》つかはしからぬことだ』と臆《おく》せず言《い》ひ放《はな》つた。御簾《みす》越《ご》しに此事《このこと》を聞《き》かせられた陛下《へいか》、礑《はた》と膝《ひざ》をうたせ賜《たま》ひ、なる程《ほど》其《そ》奴《やつ》は己《おれ》より賢者《けんしや》である。其繩《そのなは》を解《と》いてやれと、直《す》ぐ樣法官《さまはふくわん》をお許《ゆる》しになつたといふことである。

（十八）土中の佛

昔高麗時代《むかしかうらいじだい》に一人《ひとり》の賣僧《まいす》があつた。存外多《ぞんぐわいおほ》くの信者《しんじや》を有《いう》して、毎日《まへにち》尤《もつと》らしく說敎《せつけう》をしてゐた。或日《あるひ》、一つ信者《しんじや》を欺《たま》してやらうと、夜中《よちう》に門口《かどぐち》に穴《あな》を掘《ほ》り、之《これ》に佛《ほとけ》を埋《うづ》め、其橫《そのよこ》に豆《まめ》をまいて水《みづ》をかけておいた。さて信者《しんじや》の集《あつ》まつたとき、昨夜夢《さくやゆめ》に佛樣《ほとけさま》が土《つち》の中《なか》にお生《うま》れ遊《あそ》ばすと見《み》た。其方角《そのはうがく》はたしか門口《かどぐち》の方《はう》で、しるしには豆《まめ》が芽《め》を吹《ふ》いてをるとのことであつた。試《こゝろ》みに搜《さが》して見《み》やうでないかと、一同《どう》をそゝのかして出《で》かけて見《み》ると、果《はた》して豆《まめ》が芽《め》を吹《ふ》いてをる。其下《そのした》をほりかへすと、案《あん》に違《たが》はず一體《たい》の佛像《ぶつぞう》が、金光燦爛《きんくわうさんらん》と現《あら》はれたので、信者《しんじや》は少《すこ》し

も疑《うたが》はず、口々《くち〲》にナムアミダブツ〱

(十九)狐の頓才

ある時《とき》狐《きつね》が虎《とら》に出《でつ》くはすと、虎《とら》は恐《おそ》ろしい顔《かほ》つきをして、

『己《お》れは狐《きつね》が好物《こうぶつ》ぢや』

といふ。狐《きつね》はドキリとしたが、さあらぬ體《てい》で、

『なる程《ほど》、さうでせう、しかしまあ森《もり》の向《むか》うまで散歩《さんぽ》しやうぢやありませぬか、向《むか》うまで行《ゆ》くうちには、又《また》ドンな御馳走《ごちさう》があるかもしれぬから』

『宜《よろ》しい、然《しか》し貴様《きさま》は、ソンなことを言《い》つて逃《に》げるかもしれんから、己《おれ》の前《まへ》を歩《あ》るいて行《ゆ》け、己《おれ》は後《うし》ろから監督《みはり》して行《ゆ》くのだ』

狐《きつね》は虎《とら》のいふ通《とほ》りにして、二人《ふたり》て出《で》かけて行《ゆ》くと、森《もり》の中《なか》には、野《ぶ》猪《た》が跳《は》ねてをる、荒熊《あらくま》が遊《あそ》んでをる。其他《そのた》猛獣《もうじう》が出没《しゆつぼつ》してをる。狐《きつね》はしめたりといふ顔《かほ》つきで、

『どうです、之等《これら》は皆《みな》私《わたし》の友達《ともだち》なんです、いざといふたらば何時《いつ》でも助《たす》けてくれるんで……』

虎《とら》は驚《おどろ》いて目《め》を見張《みは》りながら、

『イヤお汝《まへ》を食《た》べねばならんといふのではない。食物《たべもの》はドウにもなるんだから……』

そのまゝ、虎《とら》はふいと逃《に》げてしまつた。

高麗《こま》時代《じだい》の韓國《かんこく》の王《わう》は、孰《いづ》れも兄妹結婚《きやうだいけつこん》をしてをる。ドウした譯《わけ》かと或韓人《あるかんじん》にきいて見《み》ると、其說明《そのせつめい》が面白《おもしろ》いではないか、曰《いは》く高麗時代《こうらいじだい》の王樣《わうさま》は龍《りう》の血統《ちすじ》で、眼《まなこ》のほとりには、龍《りう》の班紋《はんもん》があつた。そこで此《この》尊《たうと》い血統《ちすじ》を汚《けが》さぬために、血族結婚《けつぞくけつこん》をしたのであらうと。

（廿）蛇の起元

元《これ》も韓人《かんじん》の話《はなし》による事《こと》て、此國《このくに》には本《もと》來、蛇《へび》といふものはゐなかつた。處《ところ》が昔《むかし》ある觀察使《くわんさつし》が、蛇《へび》を寢床《ねどこ》の下《した》に入《い》れて寢《ね》ると、非常《ひじやう》に元氣《げんき》がついて強《つよ》くなるときいて、わざ〳〵人《ひと》を印度《いんど》に遣《つか》はし、彼《か》の國《くに》から輸入《ゆにふ》して來《き》た。之《これ》が此國《このくに》の蛇《へび》の起元《きげん》であるさうな。

(廿一)癩病奇談

今《いま》から三百年許前《ねんばかりまへ》、李《り》なにがしといふ觀察使《くわんさつし》があつたが、之《これ》が不思《ふし》議《ぎ》な男《をとこ》で、ドウかして癩病《らいびやう》になつて見《み》たいと志《こゝろざ》し、部屋《へや》の隅《すみ》に穴《あな》をあけて、毎日《まいにち》二三時間《じかん》づゝそこに、默座《もくざ》の行《ぎやう》をしてゐた。すると其穴《そのあな》から一道《だう》の魔氣《まき》が押《お》し入《い》りて、觀察使《くわんさつし》は願《ねが》ひの通《とほ》り癩病患者《らいびやうくわんじや》となつてしまつた。處《ところ》が此國《このくに》の傳説《でんせつ》に、癩病患者《らいびやうくわんじや》は百足《むかで》の巣《す》を食《た》べたらば癒《な》ほる、但《たゞ》し、それを食《た》べたアトに、直《す》ぐ栗《くり》を食《た》べねばならぬ、さもないと直《す》ぐに死《し》んでしまうとのことである。そこで、觀察使《くわんさつし》は百足《むかで》の巣《す》を食《た》べ、直《す》ぐに其《その》アトに栗《くり》を持《も》つて來《く》るやうに召使《めしつかひ》に命《めい》ずると、此召使《このめしつかひ》、何《なに》か良《よ》からぬ罪惡《ざいあく》を犯《おか》してゐて、それが發覺《はつかく》しさうになつてゐた際《さい》なので、栗《くり》の實《み》と稱《しよう》して他《た》の物《もの》を與《あた》へ終《つ》ひに觀察使《くわんさつし》を殺《ころ》して終《しま》つた。此《この》事《こと》イッカ發覺《はつかく》して、それからといふもの、此村《このむら》の人間《ひとたち》は、惡人《あくにん》を出《だ》したといふので、今《いま》でも世間《せけん》から除《の》けものにされてをるといふ話《はなし》である。

(廿二) 蛇物語

昔《むかし》ある男《をとこ》が森《もり》の中《なか》を通《とほ》ると、一疋《ぴき》の蛇《へび》が小鳥《ことり》を啣いて殺《ころ》さうとしてをる。そこで持《も》ち合《あ》はせた杖《つゑ》て其蛇《そのへび》を一打《うち》すると、小鳥《ことり》は欣《よろこ》びの聲《こゑ》をあげて飛《と》んで逃《に》げたが、蛇《へび》はそのまゝ血《ち》を吐《は》いた末野《すゑの》倒《た》れ死《し》にをして終《しま》つた。しばらくしてから、其男《そのをとこ》が又其森《またそのもり》を通《とほ》ると、意外《いぐわい》な處《ところ》に藁葺《わらぶき》小屋《こや》がある。見《み》ると十七八の美《うつ》くしい女《をんな》がにこ〳〵として、お入《はい》りなさいといふ。椽《えん》に腰《こし》かけて色々《いろ〳〵》話《はなし》をして居《ゐ》る中《うち》に、女《をんな》の舌《した》が二つにさけて居《ゐ》るのが分《わか》つた。男《をとこ》は驚《おどろ》いて、之は先達《せんだつ》ての蛇《へび》の死靈《しれい》が仕返《しかへ》しをするのに相違《さうゐ》ないと思《おも》ひ、あわてゝ逃《に》げやうとすると、女《をんな》は終《つ》ひに正體《しやうたい》を現《あら》はし、蛇《へび》となつて男《をとこ》を追《お》ひかけて來《き》た。そこで男《をとこ》は持合《もちあは》せの鐵砲《てつぱう》に彈《たま》を込《こ》めて、ドンと一發放《ぱつはな》すと、蛇《へび》は粉微塵《こなみぢん》になつて死《し》んでしまつた。

處《ところ》が其男《そのをとこ》が、又間《またま》もなく其森《そのもり》を通《とほ》ると、今度《こんど》は草《くさ》の中《なか》に甘《うま》さうな木《き》の子《こ》が生《は》へてをる。之《これ》はうまいと何《なん》の氣《き》もつかず、其《その》まゝ採《と》りて歸《かへ》り、晩《ばん》のおかずに煮《に》て食《た》べると、不思議《ふしぎ》な事哉《ことかな》、其夜《そのよ》からして、身體《からだ》がだん〳〵に膨《は》れあがり、翌《あ》くる日《ひ》には身動《みうご》きも出來《でき》なくなつた。そこで男《をとこ》は死《し》ぬ覺悟《かくご》をして、家《いへ》の中《なか》からイザリ出《い》てゝ庭《には》の木《き》の蔭《かげ》に腹這《はらば》ひになつてをると、何處《いづこ》よりともなく、多《おほ》くの小鳥《ことり》が、男《をとこ》のまはりに集《あつま》り、手《て》となく足《あし》となく突《つ》つきはじめた。すると其傷口《そのきづぐち》から小《ちい》さな蛇《へび》が限《かぎ》りもなく出《で》て來《き》て、皆《みな》、小鳥《ことり》のために食《は》み殺《ころ》されてしまつた。男《をとこ》は夢《ゆめ》に夢見《ゆめみ》る心地《こゝち》で、よく〱考《かんが》へると、先達《せんだつて》助《たす》けた小鳥《ことり》の仲間《なかま》が、其恩《そのおん》がへしに男《をとこ》を救《すく》ひに來《き》たのであつた。蛇《へび》が、皆《み》な啄《つゝ》き取《と》られてしまうと、男《をとこ》はもとの身體《からだ》になつて、終《つ》ひに助《たす》かつたといふことである。

(廿三)七人目の娘

昔《むかし》ある王樣《わうさま》に六人《にん》も娘《むすめ》があつたが、一人《ひとり》も男《をとこ》が生《うま》れぬので非常《ひじやう》に氣《き》にしてゐられた。處《ところ》が其次《そのつ》ぎに生《うま》れたのが又々《ふたく》女《をんな》であつたので、つひに大《おほ》いに怒《いか》り賜《たま》ひ、生《うま》れると直《す》ぐ石《いし》の棺《くわん》に入《い》れて川《かは》に捨《す》てられた。然《しか》るに棺《くわん》は不思議《ふしぎ》にも沈《しづ》まずして川下《かはしも》に流《なが》れ、ある坊主《ばうず》の手《て》に拾《ひろ》はれた。坊主《ばうず》は家《いへ》に携《たづさ》へ歸《かへ》り棺《くわん》を開《ひら》いて見《み》ると、子供《こども》はまだ死《し》なずにに〱

と笑《わら》つて居《ゐ》る。そして棺《くわん》の蓋《ふた》には王女《わうぢよ》なにがしといふことが書《か》きつけてあつたので、坊主《ばうず》は終《つひ》に之《これ》を我《わ》が手《て》に育《そだ》て上《あ》げ、汝《おまへ》のお父《とつ》さんは竹《たけ》で、汝《おまへ》のお母《かあ》さんはヲドンの木《き》だと教《をし》へてゐた。娘《むすめ》は之《これ》を信《しん》じて此《こ》二つを兩親《りやうしん》として尊《たつと》んでゐた。さて幾年《いくねん》か經《た》つて、或《あ》る年《とし》皇后《きさき》が病氣《びやうき》にかゝられた。そこで巫女《みこ》に占《うらな》はせると、もしお捨《す》てになつた七人目《にんめ》の王女《わうぢよ》が見《み》つかつたらば、御病氣《ごびやうき》は直《なほ》るとのことであつた。そこで全《ぜん》國《こく》にお觸《ふ》れを出《だ》されると、之《これ》を聞《き》いた彼《か》の坊主《ばうず》は、此時《このとき》こそと王女《わうぢよ》に委細《いさい》を打《う》ちあけて、彼《かれ》を宮中《きうちう》に上《のぼ》らせた。

さて皇后《くわうごう》の方《はう》では、更《さら》にお醫者《いしや》にお見《み》せになると、醫者《いしや》は、王女《わうぢよ》の中《うち》のお一方《かた》が、自《みづか》ら印度《いんど》に行《い》つてさる藥《くすり》を採《と》つておいでになれば病氣《びやうき》は治《なほ》るとお答《こた》へ申《まを》した。そこで六人《にん》の王女《わうぢよ》に之《これ》を相談《さうだん》せられたけれど、いづれも拒《こば》むで從《したが》はれない。其中《そのなか》に彼《か》の七番目《ばんめ》の王女《わうぢよ》が宮中《きうちう》に到《たう》着《ちやく》せられたので、即《すなは》ち此事《このこと》を計《はか》ると、彼《かれ》は自《みづか》ら進《すゝ》むで印度《いんど》に行《い》かうと言《い》ひ出《だ》し、終《つ》ひに千辛萬苦《しんばんく》を重《かさ》ねて、千里《り》遠《とほ》く藥《くすり》を採《と》つて來《こ》られた。皇后《くわうごう》の病氣《びやうき》は案《あん》の通《とほ》りに治《なほ》つた。皇后《くわうごう》は非常《ひじやう》に欣《よろこ》ばれて、褒美《ほうび》には何《なに》をやらうかと尋《たづ》ねられた處《ところ》、外《ほか》に何《な》んにも望《のぞ》みはない。たゞ巫女《みこ》になりたいとのことで、終《つ》ひに許《ゆる》されて巫女《みこ》の頭《かしら》になつた。韓國《かんこく》で、親《おや》の死《し》んだときに、父親《ちゝおや》ならば竹《たけ》の杖《つえ》、母親《はゝおや》ならばヲドンの木《き》の杖《つえ》をつく習慣《しうくわん》のあるのは、蓋《けた》しこれに始《はじ》まつたのだと傳《つた》へられてをる。

(廿四)チユンチの不平

昔《むかし》、チユンチといふ魚《さかな》は、脊骨《せぼね》ばかりで外《ほか》に骨《ほね》はなく、肉《にく》が非常《ひじやう》にうまかつた。そこで人間《にんげん》が毎日《まいにち》〳〵網《あみ》を打《う》つて、チユンチ漁《と》りに出《で》かけるので、彼《かれ》の仲間《なかま》は日《ひ》に〳〵減少《げんせう》せられた。或日《あるひ》チユンチは大會議《たいくわいぎ》を開《ひら》いて、かう〳〵、仲間《なかま》が平《たい》らげられるのは、畢竟我等《ひつきやうわれら》に骨《ほね》が少《すくな》くて人間《にんげん》に食《た》べよいからだ。宜《よろ》しく魚王《ぎよわう》に願《ねが》ひ出《い》で、我等《われら》にも少《すこ》し骨《ほね》をもらはうではないかと、そこで、一同魚王《どうぎよわう》の前《まへ》に出《い》で之《これ》を訴《うつた》へると、魚王《ぎよわう》は嚇《かつ》と目《め》をむき、聲《こゑ》を荒《あら》らげ、さて〳〵足《た》ることを知《し》らぬ奴等《やつら》ぢや。それ程骨《ほどほね》が欲《ほ》しくば、サアやるから受《うけ》とれと、限《かぎ》りもなき小骨《こぼね》をチユンチの群《むれ》に投《な》げつけられた。今《いま》チユンチが、一番骨《ばんほね》の多《おほ》い魚《うを》になつて居《ゐ》るのは蓋《けだ》しかういふ由來《ゆらい》からであるといふ。

馬盜人

昔《むかし》京城《けいじやう》から遠《とほ》からぬ田舎《ゐなか》に李《り》なにがしといふ名郡守《めいぐんしゆ》があつた。あるとき、村《むら》の者《もの》が、いつもの通《とほ》り朝馬小屋《あさうまごや》に行《い》つて見《み》ると、自分《じぶん》の大《たい》事《じ》な馬《うま》は何時《いつ》か盜《ぬす》み去《さ》られて、其代《そのかは》りに小《ちい》さな小汚《こぎた》ない驢馬《ろば》が繋《つな》いであつた。そこで早速《さつそく》郡衙《ぐんが》に訴《うつた》へると、郡守《ぐんしゆ》は暫《しば》らく首《くび》を傾《かし》げてゐたが。やがて、小者《こもの》に鹽《しほ》の包《つゝ》みを持ち來《きた》らせ、之《これ》を訴《うつた》への者《もの》に與《や》つていふやう、今夜《こんや》之《これ》を其《そ》の驢馬《ろば》にねぶらせて翌朝《あすのあさ》小屋《こや》から放《はな》せ、そして驢馬《ろば》の行《い》くに任《まか》せて、其後《そのあと》から附《つ》いて行《い》つたらば、二日《か》の中《うち》には必《かなら》ず盜人《ぬすびと》が分《わか》ると、そこで彼《かれ》は命《めい》ぜられた通《とほ》りにして翌朝驢馬《あくるあさろば》を放《はな》すと、馬《うま》は一目散《もくさん》に京城《けいじやう》の方《はう》に走《はし》つて行《い》く、何處《どこ》に行《ゆ》くかと隨《つ》いてゆくと、東大門《とうだいもん》内《ない》のさる農家《のうか》の軒先《のきさき》に行《い》つて止《と》まり、其鼻《そのはな》で戸《と》を押《お》しあけて突《つ》き進《すゝ》んだ。續《つゞ》いて自分《じぶん》も入《はい》ると、其處《そこ》の馬小屋《うまごや》には、果《はた》して自分《じぶん》の盜《ぬす》まれた馬《うま》が繋《つな》いであつた。男《をとこ》は直《たゞ》ちに其馬《そのうま》をとり戻《もど》して歸《かへ》り、郡衙《ぐんが》に行《い》つて其事《そのこと》を話《はな》した上《うへ》、どうして斯《か》うも明《あ》きらかに分《わか》つたのかと尋《たづ》ねると、郡守《ぐんしゆ》は笑《わら》ひ乍《なが》ら驢馬《ろば》に鹽《しほ》を舐《な》めさせたのは喉《のど》を餲《かは》かしたのだ。すると驢馬《ろば》は喉《のど》のかはきに堪《た》えずして、水《みづ》をもとめる。處《ところ》が大抵《たいてい》の家《うち》では、馬《うま》に水《みづ》をやるのは家《いへ》の中《うち》ばかりだから、屹度《きつと》自分《じぶん》の舊主人《きうしゆじん》の家《うち》を尋《たづ》ねて馳《は》せ歸《かへ》るに相違《さうゐ》ないと思《おも》つたのだ、どうだ、不思議《ふしぎ》はないではないか。

(廿五)弓曳きの失策

昔有名《むかしいうめい》な弓《ゆみ》ひきがあつた。一厘《り》錢《せん》を七八間《けん》も向《むか》うに糸《いと》でぶらさげて、此方《こつち》から其《そ》の穴《あな》を射《い》ぬくほどの手《て》だれであつた。或日《あるひ》夕方門口《ゆふかたかどぐち》に立《た》つてをると鴨《かも》が三羽《ば》空《そら》を鳴《な》きつれて過《すぎ》る、傍《かたはら》に立《た》つてゐた男《をとこ》が、どうだいくら汝《なんぢ》でもあれを一矢《や》で三羽《ば》一度《ど》に射《い》とめることは出來《でき》まいとからかつたので、弓《ゆみ》ひきは早速矢《さつそくや》を番《つが》へて、ヒヨウとばかりに射放《いはな》つと、三羽《ば》は一時《じ》にモンドリを打《う》つてバタ〳〵と落《お》ちて來《き》た。此事《このこと》ます〳〵名譽《めいよ》となつて、彼《かれ》の名《な》は八道《たう》にきこえた。處《ところ》が或夜《あるよ》彼《かれ》の夢《ゆめ》に、三人《にん》の少年《せうねん》が現《あら》はれて、之《これ》から、尊公《あなた》の家《うち》に御厄介《ごやつかい》になりますと言《い》ひすてゝ消《き》えて終《しま》つた。然《しか》るに遠《とほ》からずして、彼《かれ》の妻《つま》は子《こ》を孕《はら》み、つひに一時《じ》に三ッ子《こ》を產《う》むだ。弓《ゆみ》ひきは是畢竟此間《これひつきやうこのあひだ》の夢《ゆめ》が眞《まこと》となつたので、神《かみ》の賜物《たまもの》に相違《さうい》ないと信《しん》じ、非常《ひじやう》に欣《よろこ》んでゐた。處《ところ》が出產後《しゆつさんご》十日《か》目《め》にして、彼《か》の三人《にん》の子《こ》は一時《じ》に疱瘡《はうそう》にかゝり、同日《どうじつ》に死《し》んでしまつた。弓《ゆみ》ひきは打《う》つて變《かは》つた悲《かな》しみに身《み》も世《よ》もあられず泣《な》き叫《さけ》んだが、天命《てんめい》ならば仕方《しかた》もなく、朝鮮《てうせん》の習慣《しふくわん》に従《したが》つて、村《むら》はづれの大《おほ》きな木《き》の枝《えだ》に三人《にん》の骸《むくろ》をつるしておいた。處《ところ》が或夜《あるよ》弓《ゆみ》ひきの友達《ともだち》の一人《ひとり》が、酒《さけ》に酔《よ》つて道《みち》にまよひ、ひよろ〳〵として彼《か》の木《き》の蔭《かげ》に倒《たふ》れ、前後《せんご》も知《し》らずそのまゝ眠《ねむ》つてゐたが、夜中《やなか》に目《め》をさまして見《み》ると、村《むら》の方《はう》でアイゴウ〳〵と高《たか》く泣《な》き叫《さけ》ぶ聲《こゑ》が聞《き》こえる。すると頭《あたま》の上《うへ》にヒソ〳〵小《こ》供《ども》の話《はな》す聲《こゑ》がして『どうだ彼《あ》の聲《こゑ》をきいたか、己等《おれら》が鴨《かも》で居《ゐ》た時《とき》、一矢《や》で射殺《いこ》ろした讐《かたき》を今討《いまう》つのだ。泣《な》けるだけ泣《な》くがよからう』と嘲《あざけ》つてをる。男《をとこ》は驚《おどろ》いて眼《め》をあげると、之《これ》は意外《いぐわい》にも、友達《ともだち》の子供《こども》の死骸《しがい》を吊《つる》した木《き》の下《した》であつたので、足《あし》を空《そら》に急《いそ》いで飛《と》んで歸《かへ》り、友達《ともだち》に此《この》事《こと》を話《はな》すと、弓ひきは大《おほ》いに後悔《とうくわい》して、即座《そくざ》に弓《ゆみ》を二《ふた》つに折《を》り、それきり獵《かり》を断念《だんねん》したといふことである。

朝鮮の歌謡

電車の歌

鐘路《しやうろ》を走《はし》る電車道《でんしやみち》、東《ひがし》へ行《ゆ》けば東大門《とうだいもん》、西《にし》へ行《ゆ》けば西大門《せいだいもん》、お前《まへ》は東《ひがし》に妾《わし》ア西《にし》に、しばらく別《わか》れむ。

◎

此酒《このさけ》一杯《ばい》をお飲《あ》がりなされば、千年《ねん》も萬年《まんねん》も永生《ながい》きします。

◎

此酒《このさけ》一杯《ばい》をお飲《あか》りなされば、どんな願《わか》ひても成就《せいじゆう》します。

◎

此酒《このさけ》は酒《さけ》ではありませぬ、桃源《とうげん》の桃《もゝ》の雫《しづく》です。

◎遊《あそ》んで行《い》け寝《ね》て行《い》け、月《つき》のある間《ま》遊《あそ》んで行《い》け。

◎南山《なんざん》の麓《ふもと》の奬忠壇《しやうちうたん》に、軍樂隊《ぐんがくたい》が並《なら》んで擧《さゝ》げ銃《つゝ》をしてをる。

◎あそこを行《ゆ》くあの人《ひと》は、妾《わたし》ばかり見《み》て手《て》まねぎする。

◎風《かぜ》が吹《ふ》いたよ風《かぜ》が吹《ふ》いた、十六の娘《むすめ》に初風《はつかぜ》が吹《ふ》いた。

◎坊《ぼう》さん／＼道士坊《たうしぼう》さん、汝《おまへ》の寺《てら》の後《うし》ろの山《やま》は皆名山《みなめいざん》です。

妾《わたし》をすてゝ行《ゆ》く主《ぬし》は、十里《り》も行《い》かぬに足《あし》が病《や》まう。

◎

遊《あそ》んでゆけ寝《ね》てゆけ、寝《ね》て行《い》つてこそ樂《たの》しみがあれ。

◎

向《むか》ふを通《とほ》るあの若《わか》い人《ひと》、妾《わたし》に娘《こ》がありや嫁《あ》はせもしやうに。

鑄掛屋の歌

窓《まど》の外《そと》行《ゆ》く鑄掛屋《いかけや》さん、離別《わかれ》の起《おこ》る隙間《すきま》をば、塞《ふさ》ぐ手段《てだて》はないものか、商人《あきうど》答《こた》へて申《まを》すやう、漢楚《かんそ》の時《とき》の項羽《かうう》でも、力《ちから》は山《やま》をぬく位《くらゐ》、氣《き》は一世《せ》を蓋《おほ》ひしが、力《ちから》づくでは塞《ふさ》げざりき。あの三國《ごく》の諸葛亮《しよかつれう》も、上《かみ》は天文《てんもん》、下《しも》は地理《ちり》、達《たつ》せぬものはなかりしが、智慧方便《ちゑはうべん》では塞《ふさ》げざりき。況《ま》して私等《わしら》よなはしたもの、いふにや及《およ》び申《まを》すべき。

◎

綠草長堤上《りよくさうちやうていのうへ》、獨黄犢《ひとりこうし》に騎《の》る牧童《ぼくどう》よ、世上《せじやう》の事《こと》の是非《よしあし》を、そなたは知《し》りてか知《し》らずてか、牧童笛《ぼくどうふへ》のみ吹《ふ》き乍《なが》ら、笑《わら》つて答《こた》えず。

◎

人生《じんせい》は二つか三つか、此身《このみ》は四つか五つか、憐《あは》れなる人生《じんせい》は、夢《ゆめ》の身《み》をもち乍《なが》ら、一生悲《しやうかな》しいことのみして、何時《いつ》遊《あそ》ぶべき。

◎

石炭《せきたん》、白炭音《はくたんおと》して燃《も》える、妾《わたし》の胸《むね》は音《おと》もせず燃《も》える。

◎

汝《おまへ》もチンガ《總角》私《わたし》もチンガ《總角》、おゝさうだ、さうだうまい、二人《ふたり》で二

つの家建《いへた》てゝ、二人《ふたり》の総角《チョンガア》が、あの女《をんな》を抱《だ》いて、さうだ
よいねえ。

煙草の歌

煙草《たんばこ》よ煙草《たんばこ》よ、東萊蔚山《とうらいうるさん》に上陸《じやうりく》して、我《わ》が韓國《かんこく》に渡《わた》つて來《き》た煙《たん》草《ばこ》よ、汝《おまへ》の國《くに》は四時《じ》暖《あた》かに、萬國《ばんこく》に優《まさ》つて居《ゐ》るに、なぜそれを捨《す》てゝ我韓國《わがかんこく》に來《こ》んとはするぞ。莨《たばこ》は笑《わら》つて申《まを》すやう、もとより邦家《くに》を捨《す》てはせず、汝《おまへ》の國《くに》へ漫遊《まんいう》を、一寸試《ちよつとこゝろ》みに來《き》たばかり、そんなら富《と》んだ貴國《きこく》から、貧《まづ》しい國《くに》へ來《き》たからにア、定《さだ》めし我《われ》等《ら》に財寶《たから》をば、惠《めぐ》まうとてのことならむ。惠《めぐ》む財寶《たから》は金《こがね》か銀《しろがね》か、はやく財寶《たから》を打《う》ちひらき、貧《まづ》しい我等《われら》を救《すく》つてよ。『汝《おまへ》のや

うなノラクラに、空《むな》しく財寶《たから》を與《あた》へても、直《たゞ》ちに消盡《なく》して終《しま》ふだろ。それより持《もつ》て來《き》た此種子《このたね》を、汝《おまへ》の國《くに》へ蒔《ま》いて植《う》ゑ、それて汝《おまへ》を救《すく》ふべし、見《み》よ山《やま》の根《ね》を耕《たがや》して、煙草《たばこ》の種子《たね》をバラ〳〵蒔《ま》けば、晝《ひる》は溫《あた》たかな日《ひ》に照《て》らされ、夜《よる》は冷《つ》めたい露《つゆ》に濡《ぬ》れ、見《み》る〳〵中《うち》に生《を》ひ立《た》たむ。そこで上葉《じやうは》と下葉《げは》を刈《か》り、其中《そのうち》惡《わ》るいは撥《は》ねて除《の》け、鋭《すゞど》い刃物《はもの》で切《き》り刻《きざ》み、自分《じぶん》の莨入《たばこいれ》に一杯《ぱい》と、チヨンガア《總角》の莨入《たばこいれ》に二杯《はい》とを入《い》れ、瀟湘斑《しやうさうはん》の長煙管《ながきせる》で、石炭《せきたん》の火《ひ》を起《おこ》した金《かね》の大火鉢《おほひばち》から、之《これ》を吸《す》ひつけ試《こゝろ》むべし。一服吸《ふくす》へば五色《ごしき》の雲《くも》は、咽喉《のど》のあたりを舞《ま》ひ出《い》でゝ、霞《かすみ》の如《ごと》くたなびかん。更《さら》に又《また》一服吸《ふくす》へば、靑龍黃龍《せいりうわうりう》奔《はし》り出《い》でゝ御空《みそら》に走《はし》るに似《に》たるべし。

軍歌

太極《たいくきよ》はじめて開《ひら》けて後《のち》、海《うみ》の隅《すみ》なる東方《とうはう》に、太祖《たいそ》創業《さうげふ》し賜《たま》ひて、烈聖至《れつせうし》徳《とく》におはしけり。天下萬國廣世界《てんかばんこくくわうせかい》、光武《くわうぶ》の日月《じつげつ》高《たか》く飛《と》ぶ、我王聖徳《わがわうせいとく》にて、民《たみ》と樂《たの》しみを同《かな》じうし、仁義《じんぎ》禮智《れいち》は天性《てんせい》にして、孝悌忠信《かうていちうしん》を以《もつ》て導《みちび》き、雄俊《ゆうしん》を培養《ばいやう》し、富國強兵《ふこくきやうへい》の基礎《きそ》を立《た》つ、軍人等《ぐんじんら》よ〱、大韓《たいかん》[redacted]の軍人等《ぐんじんら》よ、王家《わうか》の藩屏《はんぺい》なり、國家《こくか》の干《かん》城《じやう》なり、忘《わす》るゝ勿《なか》れ〱、忠君愛國《ちうくんあいこく》を忘《わす》るゝ勿《なか》れ、有進無退《いうしんむたい》の堅《かた》き心《こゝろ》は、山河《さんか》の變《かは》らざるが如《ごと》く、万夫不當《まんぷふたう》の我勇猛《わがいうもう》、時《とき》に應《おほ》じて天下《てんか》に施《ほどこ》すべし。振《ふる》へ〱、掀天動地《きんてんどうち》の威《い》、斥候伏哨《せきこうふくせう》の奇《き》正《せい》は、堂々《だう〱》の進退《しんたい》にあらずや、一爭勝敗《さうしやうはい》は瞬時《しんじ》の間《ま》なり、彼死《かれしす》我生《わがせい》を心《こゝろ》とし、彈丸雨《だんぐわんあめ》と注《そゝ》ぐも、攻撃《こうげき》の勢《せい》を失《しつ》する勿《なか》れ、進《すゝ》め

〳〵、勝戰《しやうせん》を期《き》して進《すゝ》め、百發《はつ》百中《ちう》我射撃《わがしやげき》、射撃《しやげき》の軍器《ぐんき》分明《ぶんめい》なり、劔光矢《けんくわうや》の如《ごと》く光《ひかり》を生《しやう》ずる處《ところ》、秋風落葉《しうふうらくえう》これ敵兵《てきへい》なり、速歩《そくほ》突入《とつしん》して進《すゝ》む、無人《むじん》の境《きやう》之《これ》なり。大韓國旗《たいかんこくき》高《たか》く懸《かゝ》り、億萬《おくまん》の軍《ぐん》兵凱歌《へいがいか》するとき、父母《ふぼ》古《こ》舊汝《きうなんち》を迎《むか》へ、陸續《りくぞく》として賀《が》を致《いた》さむ。戰《たゝか》へば必《かなら》ず勝《か》ち攻《せ》むれば必《かなら》ず取《と》る。我《わ》が王洪福《わうかうふく》なり、賞罰必《しやうばつかなら》ず天地《てんち》の如《ご》く戰功讓《せんこうゆづ》ねども輝《かゞや》かむ。光《ひかり》を生《しやう》ず〳〵、我《わ》が勳章光《くんしやうひかり》を生《しやう》ず、忘《わす》るゝ勿《なか》れ〳〵、忠君愛國忘《ちうくんあいこくわす》るゝ勿《なか》れ、南山高《なんざんたか》く漢江深《かんかうふか》し、王國《わうこく》の起《き》業壯《げふさかん》なり、日《ひ》の昇《のぼ》り月《つき》の照《て》る如《ごと》く、王家《わうか》聖壽無《せいじゆむ》窮《きう》なり、千歳《せい》〳〵、萬歳《ばんせい》〳〵。

◎

月《つき》よ、明《あか》るい月《つき》よ、我妻《わがつま》の窓《まど》を照《て》らす明《あか》るい月《つき》よ、彼《か》れは一人《にん》

にてあるや、はたいかなる愛《あい》する男《をとこ》と抱《いだ》きあひつゝあるや、月よおんみが見《み》たる通《とほ》りを語《かた》れ、死《し》生決斷《せいけつだん》すべし、

◎

親《した》しからずば別《わ》かるゝこともあるまじ、別《わか》るゝことなくば相思《あひおも》ふこともあるまじ、相思不見《あひおもふてみず》、相思懷抱《あいおもふてくわいほう》、不知不親《ふちふしんなれば》、不相思《あいおもはず》なり、あゝ昔《むかし》より人生《じんせい》は、之《これ》がために白髮《はくはつ》となるなり。

◎

群山《ぐんざん》を删《けづ》りて洞庭《どうてい》の湖《みづうみ》ぞ廣《ひろ》き、桂樹《けいじゆ》を折《を》らば月《つき》一層明《そうあか》るからむ悲《かな》しむべし心《こゝろ》はあれども思《おも》ふにまかせず。

○

孔明葛巾野《こうめいかつきんや》服《そく》をつけ、南丙山《なんへいさん》の上峯《じやうはう》に登《のぼ》り、七星壇《せいたん》を築《きづ》きて東《とう》

暗黒なる朝鮮

南風《なんぷう》を祈《いね》りし後《のち》壇下《たんか》にくだり來《きた》れば、海中《かいちう》に一葉《えう》の小舟《せうしう》あり。
その壮士《さうし》は蓋《けだ》し子龍《しりう》なるべし。

◎

青山裏《せいざんり》の、碧溪水《へきけいすゐ》よ、速《はや》く行《ゆ》くを誇《ほこ》るな、一度《たび》蒼海《さうかい》に到《い》たれば
再《ふたゝ》び來《きた》り難《かた》し、緩《ゆ》る〳〵と。

◎

十年《ねん》を經營《けいえい》して、草屋《くるや》一間《かん》造《つく》り出《だ》したに、半間《はんがん》は清風《せいふう》又半間《またはんがん》は
明月《めいげつ》なり、おけよ清風明月《せいふうめいげつ》は伴侶《はんりよ》なるものな。

◎

胡蝶《こてふ》や青山《せいざん》に行《ゆ》かう、胡蝶《こてふ》や私《わたし》も行《ゆ》かう、行《ゆ》く時日《ときひ》暮《く》れなば花《はな》
の中《なか》で休《やす》んで行《ゆ》かう、其花《そのはな》が虐待《ぎやくたい》すれば、葉《は》の中《なか》でも…。

泰山《たいさん》高《たか》しと雖《いへど》も、天《てん》の下《した》の山《やま》なるを、登《のぼ》り〳〵又登《またのぼ》れば、登《のぼ》られざることはなし、さるを、人《ひと》は自《みづか》ら登《のぼ》らずして、泰山《たいさん》の高《たか》きを歎《たん》ず。

◎

此身《このみ》死《し》んで〳〵、百度《た》び死《し》んで白骨塵土《はくこつちんど》と成《な》り、魂《たましい》こそは有《あ》つても無《な》くても、君《きみ》に對《たい》して一片《ぺん》の丹心《たんしん》は、忘《わす》るべからざるを。

◎

朝早《あるは》やく目《み》を覺《さ》まして見《み》れば、主《ぬし》より手紙《てがみ》來《きた》れり、百度《た》び以上《いじやう》讀《よ》み返《かへ》して、胸《むね》に載《の》せしが、幾《いく》らも重《おも》くは無《な》けれど、噫此胸《あゝこのむね》が欝々《うつく》。

◎

世上《せじやう》に薬《くすり》も多《おほ》し、劔《けん》も多《おほ》し、然《さ》れども主《しゆ》を忘《わす》るゝ薬《くすり》無《な》く、情《じやう》を切《き》る劔《つるぎ》は無《な》し、措《お》け、忘《わす》ると切《き》ると——後生《ごせう》ぞ。

◎

汽車《きしや》は行《ゆく》ごとに汽笛《きてき》を吹《ふ》く、好《すき》ちやんは手《て》を握《にぎ》つて涙《なんた》を流《なが》すかね、アイゴテイゴ、フン、困《こま》るね。

◎

馬《うま》は行《ゆ》くごとに四ツの蹄《ひづめ》を跳《と》ぶ、好《すき》ちやんは手《て》を握《にぎ》つて涙《なんた》を流《なが》すかね、アイゴテイゴ、フン困《こま》るね。

◎

亂暴《らんばう》だよ〱、人《ひと》の大事《だいじ》の獨娘《ひとりむすめ》を、アイゴ、實《じつ》に亂暴《らんばう》だよ、アイゴテイゴ、フン困るね。

白鷗歌

梨花《りくわ》なり〳〵、春香《しゆんかう》の手《て》足《あし》が白《しろ》くて〳〵梨花《りくわ》なり。

蓮《はす》の花《はな》なり〳〵、春香《しゆんか》の唇《くちびる》が紅《あか》くて蓮《はす》の花《はな》なり。

◎

風《かぜ》が吹《ふ》く〳〵、延平海《えんぺいかい》に秋《あき》の風《かぜ》が吹《ふ》く。

◎

案山《あんざん》と主山《しゆざん》と、左《ひたり》と右《みぎ》に双龍《さうりう》の姿《すがた》なり、

放蕩兒之歌

放蕩者《はうたうしや》々々々、一人《ひとり》息子《むすこ》の放蕩者《はうたうしや》が飛《と》び出《だ》した。逶迤曲折《ゐたきよくせつ》の彼《か》の向《むこ》ふの南山《なんざん》を見《み》よ、我等《われら》も死《し》んだら、彼《あ》の山《やま》の樣《やう》な貌《かたち》にならう。

◎

前《まへ》の家《いへ》の娘《むすめ》が嫁《よめ》に行《い》つたと聞《き》いて、後ろの家《いへ》のチョンガ《總角》は首縊《くびくゝ》りに行《ゆ》く。オイ、チョンガ《總角》、結納品《ゆひなふひん》立《た》てる日《ひ》には何處《どこ》へ行《ゆ》く、祝言《しうげん》の晩《ばん》には何處《どこ》へ行《い》く。オイ、チョンガ《總角》よ、死《しに》に行《ゆ》くよりは私《わたし》の家《うち》へ奉公《ほうこう》に來《こ》い。

◎

人王山《じんわうざん》の虎《とら》が、肥《こ》へた牝犬《めいぬ》を捕《と》つて來《き》て置《お》いたが、齒《は》が脱《ぬ》けて食《く》はれないので、唯《た》だ戯《たはむ》れて居《ゐ》る。

◎

南山《なんざん》を眺《な》がむると、千種萬種《しゆたんしゆ》の草花滿開《さうくわまんかい》して居《ゐ》る。九月《ぐわつ》に月《ぐわつ》は菊花《きくへは》が滿開《まんかい》する。

氣の長い歌

氣長《きなが》く〱、十四丈氣長《じやうきなが》く、好《よ》い處《ところ》に私《わたし》を生《い》かして下《くだ》され。

寧邊歌

寧邊《へんねい》の東臺《とうたい》よ、成《な》るべく平安《へいあん》にして居《を》れ、吾《われ》も明年花《めうねんはな》が咲《さ》いたら、又來《またき》て逢《あ》はふ。

隨《つ》いて來《こ》い、隨《つ》いて來《こ》い、我《われ》に隨《つ》いて來《こ》い、後《うしろ》の東山李花帳《とうさんりくわちやう》の中《うち》に、我《われ》に隨《つ》いて來《こ》い。　◎

隨《つ》いて行《い》きたい心《こゝろ》は、仁川《じんせん》の港《みなと》の火輪船《くわりんせん》の輻輳《ふくそう》する樣《やう》だが、舅《しうと》姑《め》がやかましく云《い》ふから隨《つ》いて行《ゆ》く事《こと》が出來《でき》ない。　◎

定方山城《ていはうさんじやう》險《けば》しい道《みち》を、卵持《たまごも》つてる處女《しよちよ》が匍匐《はらば》つて行《ゆ》く。　◎

些《ち》と寒氣《さむけ》がして頭痛《づゝう》がする。大娘《おほむすめ》、小娘《こむすめ》我《われ》を生《い》かして呉《く》れよ。　◎

往《ゆ》かう〱、妾《わたし》ア往《い》かう、主《ぬし》に隨《つ》いて妾《わたし》ア往《い》かう。

愁心歌

遊《あそ》ばう〱、若《わか》い時《とき》に遊《あそ》ばう。年老《としと》つて病《やまひ》に罹《かゝ》つたらモウ遊《あそ》ぶ事《こと》も出來《でき》ない。

歳月往《としつきゆ》くな〱、天下《てんか》一色皆《いつしきみ》な年《とし》を老《と》る。

遊《あそ》びたい心《こゝろ》は、嚴冬雪寒《げんとうせつかん》に新《あたら》しい綿得《わたえ》たい程《ほど》であるが、衣食《いしよく》に追《お》はれて遊《あそ》ぶ事《こと》も出來《でき》ない。

◎

宜《よろ》しい〱、萬事《ばんじ》皆《み》な宜《よろ》しい、億兆蒼生《をくてうさうせい》等よ我《わ》が言《い》ふ事《こと》を能《よ》く聞《き》けよ、世上萬民《せじやうばんみん》は必《かなら》ず職業《しよくげふ》を守《まも》つて働《はたら》く、我等《われら》も其心《そのこゝろ》で……

◎

アー可《よ》しく〱、我《わ》が主《ぬし》は往《ゆ》く、晝夜《ちうや》十二日《にち》、入《い》ると楚國《そこく》の地《ち》が分明《ぶんめい》だ、楚國《そこく》の楚《そ》の字《じ》は楚之《その》西王《せいわう》となり、漢國《かんこく》の漢《かん》の字《じ》は漢《かん》の沛公《はいこう》となり、士《し》の字《じ》は謀士《ぼうし》と定《さだ》めて中軍《ちうぐん》とし、香《かう》の字《じ》を關雲長《くわんうんちやう》とし、馬《ば》の字《じ》は馬超《ばてう》、車《しや》の字《じ》は趙子龍《てうしりう》、軍《ぐん》の字《じ》は羅卒《らそつ》、億兆蒼生《おくてうさうせい》は水《みづ》の沸《わ》くが如《ごと》く隆《さか》んだのに、誰《たれ》か飛劍《ひけん》に殺《ころ》されたか夢《ゆめ》にも一度《ど》も還《かへ》つて來《こ》ない、

（之は邦人の將棋の駒づくしで行つた歌で、邦人の將棋は漢楚の戰に擬したものである）

別離

（之は昨今韓人間に盛に流行して居る歌なり）

借問《しやくもん》す酒家《しゆか》何處《いづこ》に在《あ》るか、牧童《ぼくどう》遙《はる》かに杏花村《けふくわそん》を指《ゆび》さす、オイ放《はな》せ放《はな》すことならぬ。死《し》んだら死《し》んでも放《はれ》すことならぬ。明沙十里《めいしやり》海棠《かいだう》の花《はな》や、花《はな》が凋《しぼ》れるとて悲《かな》しむな、オイ放《はな》せ、放《はな》すことならぬ十二度死《たびし》んでも放《はな》すことならぬ、唐明皇《たうめいくわう》の揚貴妃《やうきひ》も箸《はし》さへ放《はな》せば役《やく》に立《た》たぬ。（箸を放すとは死する事）オイ放《はな》せ、放《はな》すことならぬ。十四度死《たびし》んでも放《はな》すことならぬ。汝《なんぢ》は誰《た》れか、吾《われ》を誰《た》れとかする。常山《じやうさん》の趙子《こうし》龍《りう》なり、オイ放《はな》せ、放《はな》すことならぬ。二十四度死《たびし》んでも放《はな》さない、童子《どうじ》や、寸前何處《すんぜんどこ》に住《す》んで居《を》るか、龍山《りうざん》三街《がい》に住《す》んで居《を》ります。オイ放《はな》せ、放《はな》すことならぬ、腕《うで》が斬《き》れても放《はな》すこと出來《でき》ぬ。菖蒲《しやうぶ》の畑《はた》に金《きん》の鯉《こひ》が游《あそ》んで居《を》る。洋々《やうやう》と游《あそ》んで居《を》る。オイ放《はな》せ、放《はな》すことならぬ。足《あし》が折《を》れても放《はな》せない。月《つき》も明《あか》るい、月《つき》も明《あか》るい、月明西窓《げつめいせいそう》、彼《あ》の月《つき》が明《あか》るい、オイ放《はな》せ、然《さ》うしても放《はな》さない、頭《あたま》が斬《き》れても放《はな》さない、南山《なんさん》の松柏《しようはく》は鬱《うつ》々蒼々《〱さう〱》として、漢江《かんこう》の流水《りうする》は洋々浩々《やう〱こう〱》たり。オイ放《はな》せ、然《さ》うしても放《はな》すこと出來《でき》ない。目玉《めたま》が拔《ぬ》かれても放《はな》さない。春風桃李《しゆんふうとうり》花《はな》の咲《さ》いた夜《よる》、秋雨《しうう》に梧桐葉《ごどうば》の落《お》つる時《とき》。オイ放《はな》せ、然《さ》うしても放《はな》すことは出來《でき》ない。磔《はりつけ》にされても放《はな》さない。月白雪白天地《げつぱくせつぱくてんち》白《はく》。山深夜深客愁深《やまふかくよふかくかくしうふかし》、オイ放《はな》せ、然《さ》うしても放《はな》さない、腰《たし》が折《を》れても放《はな》さない。綠樹秦京廣《りよくじゆしんきやうひろ》き庭《には》には、我《わ》が夫《つま》の通《かよ》ふた路《みち》あり、オイ放《はな》せ、然《み》うしても放《はな》すこと出來《でき》ない。牡丹《ぼたん》の屛風《べうぶ》を立《たて》廻《ま》はして、情《なさけ》の深《ふか》き我《わ》が夫《つま》の歸《かへ》るのを待《ま》つて居《ゐ》る。オイ放《はな》せ、然《さ》うしても放《はな》せない。今《いま》に死《し》んでも放《はな》すこと出來《でき》ない。今往《いまい》つたら何時《いつ》來《く》るか、來《く》る日《ひ》を數へて呉《く》れ、オイ放《はな》せ、然《さ》うしても放《はな》すこと出來《でき》ない。盲《めくら》になつても放《はな》せない。明年《みやう》の三月《ぐわつ》になつて、花《はな》が咲《さ》いたら又逢《またあ》ひませう。オイ放《はな》せ、然《さ》うしても放《はな》すこと出來《でき》ない、全身《ぜんしん》が無《な》くなつても放《はな》さない、我《わ》が夫《つま》の家《いへ》は城內《じやうない》であるのに、城《しろ》を越《こ》へて行《ゆ》くに六ケしい。オイ放《はな》せ、然《さ》うしても放《はな》すこと出來《でき》ない、統監府《とうかんふ》から頼《たの》んで來《き》ても放《はな》すこと出來《でき》ない。此女《こやつ》よ袴《はかま》の紐《ひも》を放《はな》せ、絹《きぬ》の袴《はかま》は破《やぶ》れる、オイ放《はな》せ、然《さ》うしても放《はな》すこと出來《でき》ない。勅令《ちよくれい》が有《あ》つても放《はな》すこと出來《でき》ない。行《ゆ》くよ、それよ、お前《おまへ》能く暮《くら》して居《を》れ、明年《みやうねん》の今頃《いまごろ》に復逢《またあ》つて見《み》やう。萬歲《ばんざい》々々《〱》萬々歲《ばん〱ざい》、萬壽無窮《ばんじゆむきう》々々々々《〱ノヽ》、二千萬同胞萬壽無窮《まんどうほうばんじゆむきう》。

◎

漢陽城《かんやうじやう》の十里《り》外《そと》に、高《たか》く又低《またひく》いあの墳墓《ふんぼ》、英雄豪傑幾人《えいゆうがうけついくにん》ぞ、絶《ぜつ》世《せ》の美《び》人《じん》誰々《たれたれ》ぞ。

◎

花《はな》の三月《ぐはつ》と言《い》へど、九十の春光《しゆんくわう》に孰《いづ》れぞ。峯々《みねみね》に丹楓《たんふう》、坂々《さかさか》に黄金《こがね》の草《くさ》、早《は》や人生《じんせい》の半《なか》ばを過《す》ぎたれば、更《さら》に若返《わかがへ》る事《こと》は出來《でき》ぬ。之《これ》からは年《とし》を老《と》らずに家《いへ》も此儘《このまゝ》に、吁《あゝ》、白髪《はくはつ》よ、遠慮《えんりよ》して我《われ》を老《としよ》らさぬ樣《やう》にせよ。松風《まつかせ》は琴《こと》の音《ね》、杜鵑《ほとゝぎす》は歌《うた》の聲《こゑ》。此《こ》の山《やま》中《なか》に無事閑身《むじかんしん》の境《きかひ》は我《われ》のみ。仰《あほ》げば星《ほし》は耿々《かうかう》、俯《ふ》すれば白砂地《はくさち》に布《し》く、青天《せいてん》の廣《ひろ》い處《ところ》に秬《すき》を解《と》いて牛《うし》を繋《つな》げ、道《みち》の下《した》、亭子《ていし》の下《した》に蓑《みの》を枕《まくら》として臥《ふ》すれば、春風《はるかせ》我《われ》を醒《さ》ます、見上《みあ》ぐる層岩絶《そうかんぜつ》壁《ぺき》、見下《みおろ》す千里《り》の江山《こうさん》。月《つき》よ明《あか》るい月《つき》よ、主《ぬし》の東窓《とうそう》を照《てら》す月《つき》よ、汝我《なんぢわれ》に語《かた》れ、汝《な》が抱《いだ》くは何《いづ》れの優男《やさを》ぞ、死生決斷《しせいけつだん》、風浪竹葉《ふうらうちくえふ》は丈夫《ちやうふ》の爭《さう》なり、風勢蓮花《ふうせいれんくわ》は百萬宮女《まんきうぢよ》の湯浴《ゆあ》みなり、あの向《むか》ふの一片石《ぺんせき》は姜太公《けふたいこう》の釣臺《つりだい》なり、姜太公《けふたいこう》は何處《どこ》に行《い》つた、殘《のこ》るは空《くう》舟《しう》のみ。童子《どうじ》よ煙管《きせる》を持《も》て。

◎

無窮無盡食《むきうむじんしよく》、山《やま》や海《うみ》を飲《の》み食《く》ひせぬと誓《ちか》つたが、魚《うを》を見《み》酒《さけ》を見《み》ると、其《そ》の誓《ちかひ》も仇《あだ》なり、不老酒《ふらうしゆ》を造《つく》り、萬年盞《まんねんさん》に一杯《ぱい》注《つ》ぎ、さア召上《めしあが》れ〳〵此酒《このさけ》一杯《ぱい》召上《めしあが》れ、千萬年長壽《まんねんちやうじゆ》します。

◎

アリヤリヤン〳〵、アラリヨアリヤリヤン、浮《う》かせよ舟《ふね》浮《う》かせ。

◎

人力車《じんりきしや》が往《ゆ》くと、輪《わ》はトン／＼廻《まは》るのに、三角山表《かくさんひう》が無《な》いから往《ゆ》くこと出來《でき》ない。

◎

電車《でんしや》は往《ゆ》かふと全速力《ぜんそくりよく》出《だ》すに、主《ぬし》は手《て》を握《にぎ》つて落涙《らくるい》する。

◎

月《つき》は明《あか》るく、月朗《つきはが》らかなるに、主《ぬし》は自《おの》づと考《かんが》へる。歸《かへ》ると主《ぬし》を抱《だ》いて、妾《わたし》謝罪《あやま》つた。まお入《はい》りなさい。

興打鈴　（打鈴は歌の曲）

天安三街柳《てんあんかいやなぎ》は垂《た》れて、月《つき》は明《あか》るく、月朗《つきはがら》かなるに、主《ぬし》の氣《き》が遽《には》かに變《かは》る、二上《あが》り三下《さが》り細《ほそ》い咽《むせ》ぶ樣《やう》な聲《こゑ》に、どんな烈女《れつぢよ》も死《し》んでも厭《いと》ひは仕《し》まい。

山打鈴

果川《くわせん》の冠岳山《くわんがくさん》、念主臺上《ねんしゆたいじやう》の都《と》峯佛城《ほうぶつじやう》、望《もつ》の月が漸《やうや》う登《のぼ》り初《そ》めた。

山川草木《やまかはくさき》が生《は》へて榮《さか》えて居《ゐ》る、いざ見《み》に行《ゆ》かう、見《み》るを樂《たのし》みに。

臨津江都《りんしんこうと》の沙工《さこう》よ、此次《このつぎ》に來《く》る主《ぬし》からは、屹度《きつと》船賃《ふなちん》を取《と》らずに渡《わた》せ。

馬《うま》は往《ゆ》かうと蹄《ひづめ》を打《う》ち、主《ぬし》は手《て》を握《にぎ》つて落涙《らくるい》する、日《ひ》は落《お》ちる、西山《せいざん》日《ひ》は落《お》ちる、月《つき》は出《い》づ東嶺雲《とうれいくも》の上《うへ》に、雲《くも》の上《うへ》に月《つき》が登《のぼ》る。

馬《うま》に乘《の》つて花《はな》の中《なか》を行《ゆ》くと、馬《うま》の蹄《ひづめ》の下《した》から香《かほり》が來《く》る。其香《そのかほり》は我身《わがみ》の香《かほ》り。

梅花歌

此《こ》の岐《わか》れ路《みち》、彼《か》の岐《わか》れ路《みち》、洞口《どうこう》の外《そと》に立《た》つて居《ゐ》る爺《おやぢ》は、木《き》で造《つく》られて、二ツのチョン髷《まげ》を頭《あたま》に結《ゆ》つてる、網巾沙帽《もうきんさぼう》、帶《おび》がはつきり見《み》える、でも宜《よろ》しい梅花《ばいくわ》なり。

四隅《すみ》が明《あか》るい溫突室《おんどるべや》に、肥《ふと》つた大《おほ》きな娘《むすめ》が臥《ね》てる、でも宜《よろ》しい梅花《ばいくわ》なり。

主《ぬし》を見《み》る時《とき》は情《じやう》も深《ふか》かつたが、指《ゆび》がはづれて足縮《あしちぢ》まる頃《ころ》は昔《むかし》の情《じやう》も皆《み》な切《き》れる、あゝ梅花《ばいくわ》なり。

錢《ぜに》を二錢《せん》呉《く》れ二錢《せん》お呉《く》れ、二錢《せん》ばかりを何《な》んにする、後《うしろ》の家《いへ》から杏《あんず》を買《か》ふて、前家《まへ》の娘《むすめ》に目《め》を冥《つぶ》らせる、でも宜《よろ》しい梅花《ばいくわ》なり。

彼《あ》の娘《むすめ》の目《め》を見《み》や、表面《うはべ》は閉《と》ぢて居《ゐ》ても、心《こゝろ》の目《め》は明《あ》いて居《ゐ》る。其處《そこ》が梅花《ばいくわ》なり。

往《ゆ》く時《とき》に還《かへ》る時《とき》に、色《いろ》丈《た》け見《み》せても、男子《をとこ》の肝臓《かんざう》を皆《み》な溶《と》かす、
そは梅花《ばいくわ》なり。

漁夫之辭

晃々《くわう〳〵》天邊《てんぺん》日輪《にちりん》紅《あか》く、扶桑《ふさう》に高《たか》く浮《う》いてある、兩谷《りやうこく》の霧《きり》は月《つき》の峯《みね》を馳《か》け廻《まは》る。蘆花《ろくわ》は雪《ゆき》になり、漁村《ぎよそん》に犬《いぬ》が吠《ほ》へる、子規《ほとゝぎす》飛んで行《ゆ》くな、我《われ》はお前《まへ》を捕《とら》へはせぬ、承相《しようせう》が棄《す》てたから、お前《まへ》を隨《したが》へて此處《こゝ》迄《まで》來《き》た。歳月《さいげつ》よ往《ゆ》くな、玉鬢紅顔《ぎよくびんかうがん》皆《み》な老《おい》る、遊《あそ》ばふ〳〵若《わか》い時《むら》に遊《あそ》ばふ。老人《としより》になつては遊《あそ》ばれぬ、梧《ご》桐月明《どうげつめい》、明《あか》るい月《つき》も、晦日《みそか》になてつは眞暗《まつくら》よ、仙洞桃花《せんどうとうくわ》、桃《もゝ》の花《はな》も、四月《ぐわつ》にな

つては散《ち》り果《は》てる、人生若《じんせいわか》きに遊《あそ》ばずば何《なに》かせん、行《ゆ》かう〱見物《けんぶつ》に行《ゆ》かう、天下《てんか》第《だい》一勝地《しようち》、江山東《こうざんひがし》の方《かた》にある、四時《じ》の景色《けしき》一様《やう》でない。名山《めいざん》は此處《こゝ》なり、春風《しゆんぷう》に鶴《つる》が氷骨《ひようこつ》を動《うご》かす、江山《こうざん》を一見《けん》せん、同伴者《どうはんしや》は誰《た》れ〱、朴岐達《ぼくきたつ》に洪黄雲《こうくわううん》、風流韻致《ふうりういんち》兼《かね》備《そなは》り、詩軸《しじく》一冊《さつ》、硯《すゞり》一個《こ》墨《すみ》一丁《ちやう》筆《ふで》一本《ぽん》、行装《ぎやうさう》を身《み》輕《がる》にし、多《おほ》からず少《すく》なからず四五人《にん》で、竹杖《つえ》に便《たよ》り草鞋穿《わらんじば》き千里《り》江山《こうざん》を見《けん》物《ぶつ》に行《ゆ》かう、四大門《たいもん》を出《で》て、平々大道廣《へい〱たいだうひろ》く、長林路上《ちやうりんろじやう》行《ゆ》く程《ほど》に、青々《せい〱》たるは柳《やなぎ》、黄々《くわう〱》たるは鶯《うぐひす》、ア、黄金《わうごん》の様《やう》なあの鶯《うぐひす》、揚《やう》柳狂風《りうきやうふう》に身《み》を揚《あ》げながら囀《さゝ》づる、囀《さへ》づる山《やま》の間《はざま》に春風《しゆんぷう》が紅《くれなる》いなり。一方《ぱう》には眺《なが》むれば畑《はた》を耕《たがや》して居《ゐ》る伊尹《ゐいん》は鋤鍬《すきくは》荷《にな》ふて憩《いこ》ふてる。春分《しゆんぶん》の節《せつ》、氣分明《きぶんあきら》かなり、他《た》の一方《ぱう》を眺《なが》むれば、落々《らく〱》長松《ちやうしよう》垂《た》れてある枝《えだ》に、獨《ひと》り留《とま》つて啼《な》いてるあの杜鵑《ほとゝぎす》は我《わ》が主《ぬし》の死《し》んだ魂《たましひ》か、木《こ》の葉《は》を見《み》ては默《だま》つて居《ゐ》て自身《じしん》を顧《かへりみ》ては悲《かな》しいと啼《な》いて居《ゐ》る。小滿《せうまん》の節氣《せつき》分明《ぶんあきら》かなり。鸚鵡《あうむ》が飛《と》んで來《く》る、杜鵑《ほとゝぎす》蝶《てふ》童鳴《どうな》く聲《こゑ》は、丈夫《ちやうふ》の肝膽《かんたん》を皆《み》な鎔《と》かす。頻《しきり》に進《すゝ》めば、別《べつ》に天地《てんち》あり人寰《ひとけん》に非《あら》ず、石徑斜《せきけいなゝ》めに通《つう》ずる處《ところ》、鎖《くさり》を吊《つる》してある。之《これ》に攀《よ》ぢて登《のぼ》ると、天下《てんか》の勝地江山《しようちこうさん》一眸《ぼう》に入《い》る。眺《なが》むれば天涯《てんがい》に浮《う》いたるは雲《くも》、雲《くも》の涯《はて》に浮《う》いたのは山又山《やままたやま》、高《たか》くは萬壑《かく》千峯《ぼう》、下《した》は白沙地《はくさち》、飛爐峯《ひろうほう》を皆《み》な見《み》て、竹杖芒鞋洞口《ちくちやうばうあいどうこう》に入《い》れば、人跡《じんせき》は絶《た》へて風冷《かぜつめ》たく、一青龍《せいりう》一白虎《はくこ》、天作佛《てんさくぶつ》か分明《ぶんめい》なり、怪異又神《くわいゐまたしん》奇《き》、男子《だんし》生《せい》を世《よ》に享《う》けて此《こ》の景《けい》を見《み》るは榮華《えいぐわ》なり。

◎

お前《まへ》は死《し》んだら萬頃《けい》の波《なみ》になり、私《わたし》が死《し》んだら月《つき》の光《ひかり》になる。
東南《とうなん》の風《かぜ》そよ〳〵波《なみ》はうねり〳〵。

朝鮮人の俳句

十七字形式を敎へたら朝鮮人が盛んに俳句を作り出した。奇想天來、常識て想像も付かぬ樣な抱腹絶例すべき名句續々と出來る。左に二三十句お笑草に供する。但し作者は立ろに漢詩を作る丈の學問もあり文筆の才もある人間なのだ。

俳句《はいく》作《つく》る吾《われ》は文學博士《ぶんがくはかせ》かな
雨《あめ》が降《ふ》る溫突《おんどる》の妻戀《つまこひ》しかな
氣《き》を入《い》れて作《つく》れどできぬ俳句《はいく》哉《かな》
日本《につぽん》は盲目《めくら》少《すくな》き御國《みくに》哉《かな》

僧侶《そうりよ》をば尊《たふと》ぶ風《ふう》の日本《にほん》かな

太官《たいくわん》は官妓《キーサン》を妾妻《めかけつま》は角《つの》　（妾は角を出す意）

他《た》に女《をんな》持てば奥様《おくさま》牛《うし》ハンカチ《同様》　（牛の様な角を出す意）

五月雨《さみだれ》や隣《となり》の壁《かべ》に美人《びじん》哉《かな》

五月雨《さみだれ》や便所《べんじよ》と井戸《ゐど》とつづき哉《かな》　（韓人家屋の不潔なる意）

新町《しんまち》の夜はキイサン《女郎》の博覧會《はくらんくわい》　（新町は京城日本人の遊廓なり）

只酔《たゞゑ》ふて歸《かへ》るに妻《つま》がりんき哉《かな》

ひやかして歸《かへ》れば妻《つま》は待《ま》ちませり

韓人《かんじん》はカーカー《去れ》と云《い》ふ巡査《じゆんさ》かな

スンゴン《韓人巡査》にチョン《ピストル》を持《も》たせぬ不思議《ふしぎ》哉《かな》　（日本巡査のみピストルを携帯するを恨む意）

和服《わふく》着《き》て南山公園散歩《なんざんこうえんさんぽ》哉《かな》

娘《むすめ》には關係《くわんけい》してもよろしかな　（娘には亭主無き故恐ろゝに足りぬ意）

商店《しやうてん》の女《をんな》は奥樣《おくさま》となる娘哉《むすめかな》

吾《わ》が妻《つま》も新町《しんまち》を知《し》りこまり哉《かな》　（新町は女郎屋）

日本人足胸出《につぽんじんあしむねた》して走《はし》るかな　（韓人は裸體を忌む）

かしわとは鳥《とり》の肉《にく》なりマシ《味》チヨツソ《宜し》

車乘《くるまの》り鬚《ひげ》ある人《ひと》がチヨンサラミ《好丈夫》

キイサン《韓妓生》は日本人《にはんじん》も好《す》いてくる

おすしとは卷《ま》きたるバブ《飯》の名《な》なりけり

腰卷《こしまき》の赤《あか》きを出《た》すがカルボ《淫賣婦》哉《かな》

日本語《につぽんご》韓語《かんご》もわかるコヤン哉《かな》

和服《わふく》着《き》たヨボー《韓人》妾《めかけ》の涼《すゞ》みかな

暗黒なる朝鮮

水票橋《すゐへうきやう》兩班《ヤンバン》カルボー《淫賣婦》二人《にん》哉《かな》
美《うつく》しき花《はな》を持《も》ちたる女《をんな》かな
モーラー《解らぬ》とテョウソンマル《朝鮮語》を云《い》ふて哉《かな》
チンコウカイ《泥峴》、イルポンサラミ《日本人》ばかりなり
公園《こうえん》は人《ひと》の集《あつま》る處《ところ》かな
髪《かみ》切《き》つて秋風《あきかせ》寒《さむ》しサヌンバン
先生《せんせい》と俳句《はいく》を作《つく》るスリイッソ《酒有りや》
大臣《たいじん》は日韓巡査《にちかんじゆんさ》護衛《ごゑい》哉《かな》
日本《につぽん》は朝鮮《てうせん》の東船《ひがしぶね》で行《ゆ》く
雨《あめ》が降《ふ》る日本《にほん》の傘《かさ》がチョッソ《可》なり
奥《おく》さんは淫賣《いんばい》でなき女哉《をんなかな》

南山《ざん》に統監族《とうかんき》あり國《くに》の恥辱《はぢ》

周衣
ツルマキに風《かぜ》の涼《すゞ》しき涼《すゞ》みかな

妓生
キイサンとハイカラと行《ゆ》く鐘路《しようろ》哉《かな》

妓生
キイサンもひさし髮《かみ》にて白《しろ》リボン

妓生
キイサンは頭《あたま》の上《うへ》から日本化《にほんくわ》し

妓生
キイサンは首《くび》から上《うへ》は日本人《にほんじん》

妓生
キイサンを尊《たふと》む風《ふう》は野蠻哉《やばんかな》

妓生
キイサンの赤《あか》き傘《かさ》見る夕日《ゆふひ》かな

暗黒なる朝鮮 終

昭和拾七年參月廿參日修理

明治四十一年十月五日印刷
明治四十一年十月十日發行

暗黑なる朝鮮
定價金六拾錢

不許複製

著作者　韓國京城旭町一丁目　薄田貞敬

發行者兼印刷者　韓國京城本町二丁目　森山美夫

印刷所　東京市牛込區市ヶ谷加賀町　株式會社秀英舍第一工場

發行所　韓國京城本町二丁目
電話百四十五番
振替口座九千〇五十九番
日韓書房

發行所　東京市神田表神保町二、
電話本局千五百卌九番
振替口座百三十五番
同文館

日韓書房編輯部編纂

新選 韓國地理

洋装美本
定價金七十錢
郵税金八錢
十一月發賣

韓國の地理書は我幾多學者の手に由りて出版され其數尠しとせず而も多くは足未だ韓半島を踏まず所謂學者經して千里を語るの類なり且つ其記する所舊韓國の事に止まり未だ我日本帝國保護圏内に入りし以後の韓半島を記錄せる地理書を見ず於此弊房新朝鮮地理を出版し以て斯界の缺陷を補はんとす過去の朝鮮を知り併せて現在の朝鮮を知らんとする者は本書を讀め

京城日報社、島越靜岐、薄田斬雲共著

朝鮮漫畫

洋裝頗美本
定價金六十錢
郵稅金六錢

畫と文と相俟つて。獨特の興味ある朝鮮漫畫である。寫眞には一寸困難な夜の出來事や、韓人の作業や、其の他の風俗を滑稽漫畫に仕立てたものである。

畫者は長く京城に在つて、毎日韓人の風俗を研究して居る人である。一ト月位朝鮮見物をして漫然筆を下したのとは異り、尤も適切に眞を穿つたものである。之に對する說明の筆者も、已にヨボ記を綴り、今又暗黑なる朝鮮を綴つた人である以上、畫と文と兩々相俟つて奇拔な朝鮮漫畫の出來る事は弊房之を保證致します。

元大東新聞社長菊池謙讓先生著

大院君傳

韓國最近外交史

洋装菊判

全一册

定價金八拾錢

郵税金八錢

韓半島の最近政治史は崇高と雄大の氣象を見ずと雖も百鬼喚叫し千妖密語し策士縱横し變幻出沒奇態百出の狀殆ど一大ドラマを見るの感あり然して之が大立物は實に李朝の梟雄大院君なり大院君を傳するは則ち朝鮮の最近政治史を語るものなり今此恠傑大院君を傳するに或は彼と握手して慇懃國事を謀り或は彼の一敵國となりて論難攻擊し半島の政治界に縱横驅馳せし漢城の文豪菊地長風先生の壯麗なる筆を以てす先に朝鮮王國出でゝ高評を博し今又本書出づ必ずや天下の耳目を聳動せん乞ふ刮目して一本を座右に備へられんことを

京城日報社[redacted]著（再版發賣）

朝鮮生活 よぼ記

洋装美本全一册
定價金六拾錢
郵税金六錢
前金に非らざれば送本せず

此は著者か京城生活一年間に拾ひ上げたる朝鮮土産とも見るべきものなり。『朝鮮て何んな處かしら』とは、内地人の等しく發する疑問なり、之に對する外形の一班は寫眞餘通に依つて窺はるべく、内面の一班は此著に就て知らるべし。ヨボ記の稱は、朝鮮人を普通ヨボと呼ぶより案じ出されたり。篇中收むる所、ヨボ國、月の南山、鳳兒、余が朝鮮正月、滯韓一年、珍粉韓話京城雜記、渡韓其他にして、著者は此著に依つて、生きたる朝鮮の一班を世に紹介せんとて。尤も趣味ある觀察の筆を振へるもの、一變して朝鮮生活の眞相目前に開展せらる、弊房今著者に乞ふて之を可憐なる一小册子となし、廣く大方の眷顧を乞はんとす。

座《なか》ら韓國の風俗風景を見るは本畫帖なり

韓國風俗風景寫眞帖

定價各金廿五錢
郵税金　二　錢

第一輯目次

第二輯目次

第三輯目次

鍋島侯爵題辭　德久恒範先生序文
長谷川大將題辭　伊藤祐侃先生跋
大隅伯爵序文　柿原治郎先生著

日韓いろは辭典

上製頗美本全一册
定價金一圓六十五錢
特價金一圓五十錢
郵稅金十四錢

發行所　東邦協會
韓國京城本町二丁目
發賣元　日韓書房
電話一四五番
振替九〇五九番

渡韓者に必要なる地圖及會話書

日韓書房編輯編纂（第四版發賣）（二萬部印刷）

最新詳密 韓國全圖

大判一枚竪二尺六寸横一尺八寸
壹百五十萬分の一
定價金二十錢　郵税二錢

●附詳密なる郵便線路圖入
日韓書房編輯部編纂（第三版發賣）

最新詳密 京城市街全圖

大判一枚　定價金二十錢
郵税　二　錢

韓國總理大臣秘書官
韓國學部事務官 上邸正巳先生著

京城案内記

洋裝大和綴美本全一册
定價金三十錢郵税金八錢

柿原次郎著 **日韓いろは辭典**
三十日間速成 **日韓會話**
日韓韓日 **新會話**
朝鮮語獨習書
いろは引韓語案内
日韓會話獨習

價金一圓半錢
郵税金十錢
定價金四十錢
郵税金四錢
定價金四十錢
郵税金四錢
定價金廿五錢
郵税金四錢
定價金三十錢
郵税金四錢
定價金廿五錢
郵税金二錢

韓國大地圖
分道詳密 **韓國新地圖**
最新韓國全圖
實測詳密 **韓國新地圖**
最近踏査 **日韓全圖**
漢譯萬國全圖

價金四十五錢
郵税金四錢
定價金五十錢
郵税金六錢
定價金十五錢
郵税金二錢
定價金十五錢
郵税金二錢
定價金廿五錢
郵税金四錢
定價金四十錢
郵税金四錢

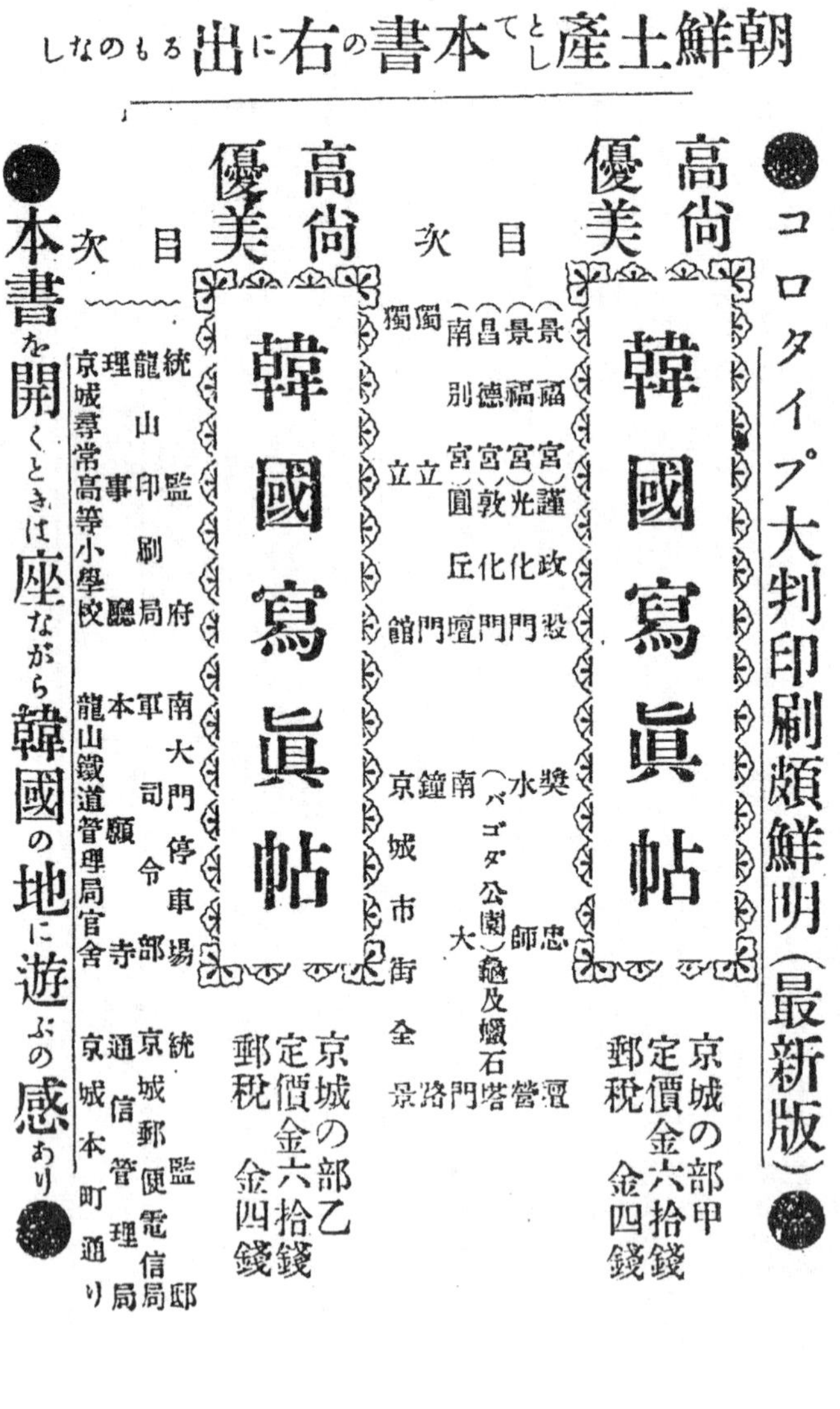
朝鮮土産として本書の右に出るものなし
●コロタイプ大判印刷頗鮮明(最新版)●
高尚優美
韓國寫眞帖
目次
(景福宮)謹政殿
(景福宮)光化門
(昌德宮)敦化門
(南別宮)圜丘壇
獨立門
獨立館
奬忠壇
水師營
(パゴダ公園)龜及蠟石塔
南大門
鐘路
京城市街全景
京城の部甲
定價金六拾錢
郵稅金四錢
高尚優美
韓國寫眞帖
目次
統監府
龍山印刷局
理事廳
京城尋常高等小學校
南大門停車場
軍司令部
本願寺
龍山鐵道管理局官舍
統監邸
京城郵便電信局
通信管理局
京城本町通り
京城の部乙
定價金六拾錢
郵稅金四錢
●本書を開くときは座ながら韓國の地に遊ぶの感あり●

이시준 숭실대학교 일어일본학과 교수
숭실대학교 동아시아언어문화연구소 소장
일본설화문학, 동아시아 비교설화 · 문화

장경남 숭실대학교 국어국문학과 교수
한국고전산문, 동아시아속의 한국문학

김광식 숭실대학교 동아시아언어문화연구소 전임연구원
한일비교설화문학, 식민지시대 역사 문화

숭실대학교 동아시아언어문화연구소
식민지시기 일본어 조선설화집자료총서 1

암흑의 조선

초판인쇄 2012년 05월 01일
초판발행 2012년 05월 14일

저 자 우스다 잔운(薄田斬雲)
편 자 이시준 · 장경남 · 김광식
발 행 인 윤석현
발 행 처 제이앤씨
등록번호 제7-220호
책임편집 이신

우편주소 132-702 서울시 도봉구 창동 624-1 현대홈시티 102-1206
대표전화 (02)992-3253
전 송 (02)991-1285
홈페이지 www.jncbms.co.kr
전자우편 jncbook@hanmail.net

ISBN 978-89-5668-910-4 94380 정 가 44,000원